COURS

DE

GÉOMÉTRIE DESCRIPTIVE

à l'usage des Elèves des Ecoles Impériales

d'Arts et Métiers,

par

L. E. AUBRÉ,

Professeur de Dessin à l'Ecole de Châlons.

1853.

à Châlons s/m. chez Barbat, Imprimeur Lithographe.

GÉOMÉTRIE DESCRIPTIVE.

1re PARTIE.

1. La Géométrie Descriptive a pour objet :

1° De représenter sur un plan, d'une manière simple, intelligible et précise, l'image d'un corps ou d'un système de corps existant de manière à pouvoir le reproduire identiquement : c'est ce qu'on entend par Faire un lever. 2° De résoudre, à l'aide de figures tracées sur un plan, tout problème relatif à l'exécution exacte d'un corps ou d'un système de corps que l'esprit a conçu ; ce qui s'appelle Faire un projet.

2. On appelle Dessin, Épure, Appareil, Trait, la série de figures et de constructions qu'exige la résolution d'un problème.

La Géométrie Descriptive est réellement l'art du Dessin géométrique industriel ; et, quand l'esprit aura conçu les constructions à l'aide desquelles un problème de la géométrie de l'espace pourra être résolu, on devra, avec les procédés de la Géométrie Descriptive, pouvoir tracer ces constructions sur un plan.

3. Si l'on imprime un mouvement quelconque à un plan ou à une surface en général, on ne change rien à la disposition de ses parties ; et les points, les angles que ses lignes forment entre elles, les longueurs des lignes finies conservent leurs relations et leurs grandeurs.

4. Quand on fait tourner un plan autour de son intersection avec un autre plan, jusqu'à ce qu'il se confonde avec celui-ci, on dit qu'on rabat le premier plan sur le second.

5. Un corps est déterminé, quand, étant défini géométriquement, on peut, à l'aide des données, trouver les points, les lignes et les surfaces qui le limitent et le composent ; et à quoi on parvient par la méthode des projections.

Du Point.

6. La méthode la plus simple consiste à faire usage de deux plans rectangulaires: l'un H, perpendiculaire à la direction du fil à plomb, s'appelle **plan horizontal**; l'autre V, parallèle à cette même direction, s'appelle **plan vertical**. Leur intersection LT prend le nom de **ligne de terre**.

Ces deux plans s'appellent aussi **plans de projection**.

Pl. 1   *fig. 1*   7. Les plans de projection étant supposés prolongés indéfiniment au-delà de la ligne de terre, partagent l'espace en deux parties ou régions. La partie LTH du plan horizontal, située en avant du plan vertical, se nomme **partie antérieure**; la partie LTH', située derrière le plan vertical, se nomme **partie postérieure**. La partie LTV du plan vertical, située au-dessus du plan horizontal, se nomme **partie supérieure**; et la partie LTV', située au-dessous du plan horizontal, se nomme **partie inférieure**.

Ces deux plans forment encore quatre angles dièdres que l'on désigne par les parties qui les comprennent, savoir:

$HLTV$, Angle Antérieur-Supérieur, qu'on écrit $\widehat{A,S}$

$H'LTV$, Angle Postérieur-Supérieur, - - - - - - - $\widehat{P,S}$

$H'LTV'$, Angle Postérieur-Inférieur - - - - - - - $\widehat{P,I}$

$HLTV'$, Angle Antérieur-Inférieur $\widehat{A,I}$

fig. 1   8. Si, d'un point o de l'espace, on abaisse une perpendiculaire sur le plan horizontal HH', le pied o^h de cette perpendiculaire est la projection horizontale du point o, et la droite oo^h est la ligne projetant horizontalement le point o; de même si, du point o, on abaisse une perpendiculaire sur le plan vertical VV', le pied o^v de cette perpendiculaire est la projection verticale du point o, et la droite oo^v est la ligne projetant verticalement le point o.

9. Le plan déterminé par les droites oo^h, oo^v coupe les deux plans H et V suivant deux droites $o^h k$, $o^v k$ qui sont perpendiculaires à LT et, par conséquent, perpendiculaires entre elles: la figure $oo^h k o^v$ est donc un rectangle. Donc:

1º La distance oo^h du point o au plan horizontal est mesurée par la distance $o^v k$ de sa projection verticale à la ligne de terre.

2º La distance oo^v du point o au plan vertical est mesurée par la distance $o^h k$ de sa projection horizontale à la ligne de terre.

3º Les perpendiculaires, abaissées des projections d'un même point sur la ligne de terre, coupent cette ligne au même point.

10. La position d'un point dans l'espace est déterminée par ses deux projections, car le point o doit se trouver sur la perpendiculaire élevée par o^h sur le plan horizontal, et sur celle élevée par o^v sur le plan vertical; il est donc à l'intersection de ces perpendiculaires.

On déterminera encore le point o en portant, à partir de o^h sur $o^h o$ une grandeur égale à $k o^v$, ou bien en portant à partir de o^v sur $o^v o$ une grandeur égale à $k o^h$.

Un point est encore déterminé quand il doit appartenir à la fois à deux droites, ou à une droite et un plan.

Pl.1 fig. 1 — 11. Si l'on conçoit que le plan vertical tourne autour de la ligne de terre comme charnière pour se rabattre sur le plan horizontal de manière que la partie supérieure LTV du plan vertical se confonde avec la partie postérieure LTH' du plan horizontal, alors la partie inférieure LTV' du plan vertical se confondra avec la partie antérieure LTH du plan horizontal; dans ce mouvement, la droite $o^v k$, ne cessant pas d'être perpendiculaire à LT et ne changeant pas de longueur, viendra se rabattre suivant le prolongement de $o^h k$, et le point o^v se placera en o' à une distance de LT égale à $o^v k$.

En considérant les deux plans ainsi rabattus, on pourra donc représenter sur un plan ou sur une feuille de dessin, les projections des points, des lignes, en un mot toutes les constructions que l'on exécuterait dans l'espace.

12. On doit donc conclure que les deux projections d'un même point de l'espace sont situées sur la même perpendiculaire à la ligne de terre et que

Deux points pris arbitrairement l'un sur le plan horizontal et l'autre sur le plan vertical ne sont les projections d'un même point de l'espace qu'autant qu'ils se trouvent sur la même perpendiculaire à la ligne de terre.

13. Nous désignerons un point de l'espace par une minuscule, et ses projections par la même lettre affectée de l'indice h ou v selon que la projection sera horizontale ou verticale. on dit qu'un point est donné, quand les deux projections de ce point sont données; et quand on se propose de trouver un point, c'est trouver ses deux projections.

14. Un point peut occuper dans l'espace plusieurs positions par rapport aux plans de projection; en lisant l'épure, on reconnaît dans quelle région ou dans quel angle dièdre il est situé, d'après les positions de ses projections par rapport à la ligne de terre.

fig. 2 — 1.º La projection horizontale o^h étant en dessous de la ligne de terre, indique que le point o de l'espace est en avant du plan vertical; et la projection verticale o^v étant en dessus de LT, indique que le point o est en dessus du plan horizontal; il est donc dans le dièdre $\widehat{A,S}$.

fig. 2 — 2.º m^h indique que le point m est derrière le plan vertical, et m^v indique qu'il est au dessus du plan horizontal. il est donc dans l'angle dièdre $\widehat{P,S}$.

fig. 2 — 3.º n^h indique que le point n est derrière le plan vertical, et n^v indique qu'il est au dessous du plan horizontal; il est donc dans l'angle dièdre $\widehat{P,I}$.

fig. 2 — 4.º p^h indique que le point p est en avant du plan vertical, et p^v indique qu'il est en dessous du plan horizontal; il est donc dans l'angle dièdre $\widehat{A,I}$.

14a. Lorsqu'un point est situé sur l'un des plans de projection, il est lui-même sa projection sur ce plan, et sa projection sur l'autre est sur la ligne de terre.

fig. 3 — Ainsi le point q est sur le plan horizontal et en avant du plan vertical.

fig. 3 — Le point r est sur le plan horizontal et derrière le plan vertical.

fig. 3 — Le point s est sur le plan vertical et en dessous du plan horizontal.

fig. 3 — Le point t est sur le plan vertical et en dessus du plan horizontal.

fig. 4 — Lorsqu'un point est situé sur la ligne de terre, il n'a pas d'autre projection que lui-même : tel est le point k.

16. Lorsqu'un point est également distant des plans de projection, il est situé sur l'un des plans bisecteurs des angles dièdres ; ses projections sont distinctes et également éloignées de la ligne de terre, s'il se trouve dans l'angle dièdre $\hat{A,S}$, tel est le point v ; ou dans l'angle dièdre $\hat{P,I}$, tel est le point u.

Ses projections se confondent en un seul point, s'il se trouve dans l'angle dièdre $\hat{A,I}$, tel le point x ; ou dans l'angle dièdre $\hat{P,S}$, comme le point y.

Sur l'épure, on tracera les lignes de terre en traits aussi fins que possible ; les perpendiculaires à la ligne de terre seront écrites en éléments très courts et aussi fins que la ligne de terre ; les points de projection seront un peu plus gros.

De la ligne droite.

15. La projection d'une droite sur un plan est une autre droite ; car si, par une droite D de l'espace, on fait passer un plan P perpendiculaire au plan de projection, ce plan P contiendra toutes les perpendiculaires abaissées des divers points de la droite sur le plan de projection ; les pieds de ces perpendiculaires ne pourront donc se trouver que sur l'intersection des deux plans ; cette intersection est donc la projection de la droite.

17. La projection horizontale d'une droite est l'intersection du plan horizontal et d'un second plan mené par la droite perpendiculairement au premier ; ce second plan s'appelle plan projetant horizontalement la droite.

De même la projection verticale d'une droite est l'intersection du plan vertical et d'un second plan mené par la droite perpendiculairement au premier ; on l'appelle plan projetant verticalement la droite.

18. Nous désignerons une droite de l'espace par une majuscule ; et ses projections par la même lettre affectée de l'indice h ou v, selon qu'on indiquera la projection horizontale ou la projection verticale ; ainsi D^h et D^v sont les projections horizontale et verticale de la droite D. Quelquefois nous désignerons une droite par deux de ses points, surtout une droite finie de longueur ; ainsi on dira la droite (a, b), pour désigner celle qui passe par les points a et b.

19. Une droite est généralement déterminée par ses deux projections. En effet si par D^h on fait passer un plan perpendiculaire au plan horizontal, et par D^v un plan perpendiculaire au plan vertical, la droite D devant se trouver sur chacun de ces plans, sera leur intersection.

Si D^h et D^v sont perpendiculaires à LT, les plans projetants se confondent et ne peuvent plus servir à déterminer la droite ; mais si on connaît les projections de deux de ses points, leur position dans l'espace déterminera parfaitement celle de la droite. Donc une droite est déterminée par les projections de deux de ses points.

20. On appelle trace horizontale d'une droite son point de rencontre avec le plan horizontal, et trace verticale, son point de rencontre avec le plan vertical. Ces deux points sont très propres à fixer la direction d'une droite par rapport aux plans

projection, et, par suite, sa direction dans l'espace.

Les traces d'une droite se confondent, lorsque cette droite coupe la ligne de terre; alors elles ne suffisent plus pour la déterminer.

21. Problème 1. Étant données les traces d'une droite, trouver les projections de cette droite.

Soient a la trace horizontale, et b la trace verticale d'une droite D; puisque a est située sur le plan horizontal, sa projection verticale sera sur LT (n° 14?) et sur la perpendiculaire abaissée du point a sur cette ligne; par conséquent en a'. On a ainsi deux points a' et b de la projection verticale de D, en les unissant on obtient D'. De même, la trace verticale b se projette horizontalement sur LT, par conséquent en b^h, et joignant b^h et a, on obtient D^h.

22. Problème 2. Trouver les traces d'une droite, dont on connaît les deux projections.

La trace horizontale, appartenant au plan horizontal et à la droite D, sera projetée verticalement sur LT et sur D'. Donc à leur intersection a'; mais la projection horizontale D^h doit aussi contenir cette trace; on la trouvera donc en a, à l'intersection de D^h et de la perpendiculaire à LT menée par a'. De même en prolongeant D^h jusqu'à sa rencontre avec la ligne de terre, on obtient b^h projection horizontale de la trace verticale; enfin on trouvera cette trace verticale b à la rencontre de D' et de la perpendiculaire à LT menée par b^h.

Donc, pour trouver la trace d'une droite sur l'un des plans de projection, il faut prolonger la projection de nom contraire jusqu'à sa rencontre avec la ligne de terre, élever en ce point une perpendiculaire à la ligne de terre, et l'intersection de cette perpendiculaire et de l'autre projection est la trace demandée.

23. Si on prolonge la droite D au delà de ses traces, la partie ac est sous le plan horizontal, ainsi que l'indique le point c; elle est donc invisible; de même la partie bd est située derrière le plan vertical, elle est aussi invisible; la seule partie visible de la droite est donc la portion ab de cette droite comprise dans l'angle dièdre $\widehat{A,S}$

Les parties visibles des lignes données ou trouvées seront écrites en traits pleins plus forts que la ligne de terre, et les parties invisibles seront ponctuées en points ronds de même grosseur que le trait plein.

24. Une droite peut affecter, dans l'espace et par rapport aux plans de projection, plusieurs positions que l'on exprime par les situations de ses projections par rapport à la ligne de terre et par la manière d'écrire ces projections.

1° La droite peut être oblique par rapport aux deux plans de projection, et telle que la portion comprise entre ses traces horizontale et verticale soit située dans l'un des quatre angles dièdres; alors ses traces seront situées sur les parties des plans de projection qui forment cet angle dièdre.

Ainsi la portion ab de la droite D est située dans l'angle dièdre $\widehat{A,S}$;

celle mn de la droite M est située dans ------- $\widehat{P,S}$

celle pq de la droite P est située dans ------- $\widehat{P,I}$

celle xy de la droite X est située dans ------- $\widehat{A,I}$

Remarquons que, d'après la manière dont les projections de ces parties sont écrites, on peut lire la position des droites sans le secours de la notation; car, de ce que la projection de la première droite, qui est au-dessous de la ligne de terre, est pleine, on conclut que c'est la projection horizontale de cette droite (n° 28); donc a en est la trace horizontale; par suite b en est la trace verticale, et la portion ab est dans $\widehat{A, S}$; tandis que la projection de la troisième droite P, qui est au-dessous de la ligne de terre, étant ponctuée, indique que c'est la projection verticale de cette droite; donc g en est la trace verticale; et, par suite, p en est la trace horizontale; donc la portion pg de la droite P est dans l'angle dièdre $\widehat{P, I}$.

Pl. 1   fig. 8.   2° La droite peut être parallèle au plan horizontal; sa projection horizontale lui est parallèle, car le plan qui la projette horizontalement est conduit suivant une droite parallèle au plan horizontal, son intersection avec ce dernier plan où la projection horizontale de la droite est donc parallèle à cette droite; sa projection verticale est parallèle à la ligne de terre, parce que son plan projetant verticalement est parallèle au plan horizontal.

La droite D est au-dessus, et la droite N au-dessous du plan horizontal. La droite M est sur le plan horizontal; sa projection verticale se confond avec LT.

fig. 9.   3° Lorsqu'une droite est parallèle au plan vertical, sa projection verticale est parallèle à la droite elle-même, et sa projection horizontale est parallèle à ligne de terre.

La droite D est en avant du plan vertical, la droite M sur ce plan, et la droite N en arrière de ce plan.

Pl. 2   fig. 10.   4° Lorsqu'une droite est parallèle à la ligne de terre, ses projections sont parallèles à cette ligne; car la droite est alors parallèle à chacun des plans de projection. La figure représente quatre droites situées chacune dans un des quatre angles dièdres.

fig. 11.   La figure présente quatre autres droites situées chacune sur l'une des régions des plans de projection.

fig. 12   Enfin la droite peut être confondue avec la ligne de terre.

La droite peut être à égale distance des plans de projection; elle est alors située sur l'un des plans bissecteurs des angles dièdres; ses projections seront séparées et placées à égale distance de la ligne de terre, si elle appartient au plan bissecteur des angles dièdres $\widehat{A, S}$ et $\widehat{P, I}$; elles seront confondues (fig. 13.) si elle appartient au plan bissecteur des dièdres $\widehat{P, S}$ et $\widehat{A, I}$.

fig. 14   5° Lorsqu'une droite D est perpendiculaire au plan horizontal, sa projection horizontale est un point, car les lignes, projetant horizontalement les divers points de cette droite, se confondent; sa projection verticale est une perpendiculaire à la ligne de terre, parce que le plan projetant verticalement la droite est aussi perpendiculaire au plan horizontal; donc D', intersection de ce plan projetant et du plan vertical, sera perpendiculaire au plan horizontal, et par conséquent à LT.

La droite D est en avant du plan vertical; la droite M sur ce plan, et la droite N en arrière de ce plan.

fig. 15   6° Lorsqu'une droite est perpendiculaire au plan vertical, sa projection verticale est un point, et sa projection horizontale est une perpendiculaire à la ligne de terre.

7° Lorsqu'une droite et la ligne de terre sont rectangulaires, les projections de la droite se confondent en une seule perpendiculaire à cette ligne de terre. En effet, chacun des plans projetant la droite D est perpendiculaire à LT, donc ils se confondent en un seul dont les intersections avec les plans de projection sont nécessairement perpendiculaires à cette ligne.

Il a déjà été dit (N° 19) que les projections d'une droite ainsi disposées ne peuvent servir à la déterminer, à moins que l'on ne connaisse les projections de deux de ses points. Les traces des droites de la figure sont connues, on a donc pu écrire convenablement, exprimer la position de chacune d'elles comprise dans l'un des quatre angles dièdres.

8° Lorsqu'une droite coupe la ligne de terre, ses traces se confondent en un seul point;

Pl. 2. fig. 17

Elle peut traverser les angles dièdres $\widehat{A, S}$ et $\widehat{P, I}$; alors ses projections font, d'un même côté, des angles aigus l'un au-dessus l'autre au-dessous avec la ligne de terre.

fig. 18

Elle peut traverser les angles dièdres $\widehat{P, S}$ et $\widehat{A, I}$; dans ce cas les angles aigus, formés par les deux projections et la ligne de terre sont tous deux au-dessus ou tous deux au-dessous de cette ligne.

fig. 19

Elle peut être telle que ses projections se confondent en une seule droite; c'est lorsqu'elle sera située sur le plan bissecteur des angles dièdres $\widehat{P, S}$ et $\widehat{A, I}$, car chacun de ses points est également distant des deux plans de projection (N° 14).

fig. 20.

9° Enfin elle peut être perpendiculaire à la ligne de terre; alors ses traces, ne suffisant plus pour la déterminer, il faut se donner un autre point. Elle peut affecter deux positions l'une D traversant les angles dièdres $\widehat{A, S}$ et $\widehat{P, I}$, et l'autre M traversant les angles dièdres $\widehat{P, S}$ et $\widehat{A, I}$.

25. On voit donc que, dans certains cas, les projections d'une droite ne sont pas suffisantes pour la déterminer, tandis que sa position est toujours complètement déterminée quand on connaît les projections de deux de ses points.

26. Deux droites, qui ne sont pas perpendiculaires à la ligne de terre et que l'on trace arbitrairement sur les plans de projection, peuvent généralement représenter les projections d'une droite de l'espace.

Deux droites, dont une seule est perpendiculaire à la ligne de terre, ou qui lui étant toutes deux perpendiculaires ne la coupent pas au même point, ne peuvent être les projections d'une même droite de l'espace.

fig. 21

27. Lorsque deux droites se coupent, les intersections de leurs projections sont les projections de leur point d'intersection, et se trouvent par conséquent sur la même perpendiculaire à la ligne de terre.

Soient D et C deux droites qui se coupent en un point o; de ce que le point o appartient à chacune des droites D et C, sa projection horizontale doit se trouver sur D' et sur C', par conséquent à leur intersection o'. De même la projection verticale du point o, appartenant à D'' et à C'', se trouvera à leur intersection o''. Donc o' et o'' projections du même point de l'espace, seront sur la même perpendiculaire à la ligne de terre.

fig. 21

28. Réciproque. Lorsque les projections de deux droites se coupent en deux points situés sur la même perpendiculaire à la ligne de terre, les droites se coupent dans l'espace; il est évident que le point o appartient à chacune des droites D et C, puisque ses projections appartiennent aux projections de chacune de ces droites. Donc D et C se coupent dans l'espace en un point o.

fig. 22

29. Il résulte de là que, lorsque deux droites ne se coupent pas dans l'espace, les intersections de leurs projections ne se trouvent pas sur la même perpendiculaire à la ligne de terre; et réciproquement, lorsque les projections de deux droites ne se coupent pas sur la

même perpendiculaire à la ligne de terre, les droites ne se coupent pas dans l'espace.

30. Si l'une des droites est telle que ses projections soient perpendiculaires à la ligne de terre, on ne peut savoir à la seule inspection de la figure, si les droites se coupent ou ne se coupent pas.

Pl. 2 fig. 23

31. Lorsque deux droites sont parallèles, leurs projections de même nom sont aussi parallèles, car les plans projetants sont parallèles deux à deux.

fig. 23

32. **Réciproque.** Lorsque les projections de deux droites sont parallèles entre elles et obliques par rapport à la ligne de terre, les droites sont parallèles dans l'espace. En effet, les plans projetant la droite D sont respectivement parallèles aux plans projetant la droite C; les droites D et C sont donc les arêtes de deux angles dièdres dont les faces sont parallèles deux-à-deux, donc ces droites sont parallèles.

Si les projections sont perpendiculaires à la ligne de terre, on a vu que leurs plans projetants ne suffisent pas pour déterminer les droites; on ne peut donc reconnaître immédiatement sur la figure si les droites sont parallèles dans l'espace; on peut cependant y parvenir par l'observation suivante.

fig. 24

33. Lorsque deux droites sont parallèles, si on prend une portion quelconque de chacune d'elles, les projections de ces portions sont en proportion.

En effet. Soient ab et cd deux grandeurs prises arbitrairement sur chaque droite; unissant les extrémités a et c, b et d, on obtient deux droites qui se coupent en un point o, et dont les projections $a^v c^v$ et $b^v d^v$, $a^h c^h$ et $b^h d^h$ se coupent en o^v et en o^h sur la même perpendiculaire à LT (N°27):

Il vient donc : $\quad a^v b^v : c^v d^v :: a^v o^v : c^v o^v \quad$ et $\quad a^h b^h : c^h d^h :: a^h o^h : c^h o^h$

On a aussi $\quad a^v o^v : c^v o^v :: ki : kx \quad$ et $\quad a^h o^h : c^h o^h :: ki : kx$, donc; à cause du rapport commun $\ldots\ldots\ldots\ldots\ a^v o^v : c^v o^v :: a^h o^h : c^h o^h$, ce qui prouve l'égalité de rapports des deux premières proportions; on en tire donc :

$$a^v b^v : c^v d^v :: a^h b^h : c^h d^h.$$

Il est évident que cette relation a lieu, quelle que soit la direction des projections des droites. On peut donc dire que, deux droites dont les projections sont perpendiculaires à la ligne de terre, sont parallèles dans l'espace, si, connaissant deux points de chacune d'elles, les projections des parties comprises sont en proportion. La réciproque est vraie.

fig. 25

34. **Problème.** Par un point donné, mener une parallèle à une droite donnée.

1° Soient D la droite et o le point donnés. Si par o^h et o^v, on mène C^h et C^v respectivement parallèles à D^h et à D^v; la droite C sera la parallèle demandée (N°32)

fig. 26

2° Les projections de la droite donnée D sont perpendiculaires à la ligne de terre; mais on connaît deux de ses points a et b, et soit o le point donné; les projections de la droite cherchée se confondent évidemment en une perpendiculaire à LT, il faut donc en chercher un second point. Si on joint le point o au point a, si par le point b et un point quelconque m de oa on fait passer une droite, cette droite mb rencontrera la droite C cherchée en un point dont les projections sont p^h et p^v, car on a :

$$a^h b^h : o^h p^h :: a^v b^v : o^v p^v. \quad (N°23, \text{ réciproque}).$$

De la ligne courbe.

35. Si, de tous les points d'une courbe, on abaisse des perpendiculaires sur le plan horizontal, la suite des pieds de ces perpendiculaires est une autre ligne que l'on appelle projection horizontale de la courbe de l'espace. Toutes ces perpendiculaires, qui sont parallèles, forment une surface cylindrique que l'on appelle Cylindre projetant horizontalement la courbe. De même en abaissant des perpendiculaires sur le plan vertical, la suite des pieds de ces perpendiculaires donne lieu à la projection verticale de la courbe, et la série de ces perpendiculaires forme le cylindre projetant verticalement la courbe.

36. 1° Lorsqu'une courbe est située sur un plan perpendiculaire à l'un des plans de projection, au plan horizontal par exemple, sa projection horizontale se confond avec l'intersection des deux plans, et est, par conséquent, une ligne droite; sa projection verticale est une courbe.

2° Si une courbe est située sur un plan perpendiculaire à la ligne de terre, ses deux projections sont deux droites perpendiculaires à cette ligne, et ne suffisent plus pour la déterminer; il faut en outre connaître les projections de ses divers points; ainsi la courbe C n'est pas complètement définie par ses projections, et la courbe K au contraire l'est suffisamment par la connaissance des projections de ses points a, b, c, d, f, g.

37. Les projections d'une tangente à une courbe sont tangentes aux projections de la courbe en les projections du point de contact; car la tangente à une courbe est le prolongement d'un élément, les projections de cette tangente doivent donc être les prolongements des projections de cet élément.

40. Quand deux courbes se coupent dans l'espace, les intersections de leurs projections sont les projections de leur point d'intersection, et se trouvent par conséquent sur la même perpendiculaire à la ligne de terre; et réciproquement.

41. On appelle Traces d'une courbe, les points en lesquels elle perce les plans de projection.

42. Problême. Trouver les traces d'une courbe.

Les points de rencontre de la courbe C et du plan horizontal sont projetés verticalement sur C' et sur LT, donc en a' b' c' d', les perpendiculaires à LT élevées par ces points coupent C^h en a, b, c, d, qui sont les traces horizontales de la courbe. De même les traces verticales sont projetées horizontalement sur C^h et sur LT, donc en m^h et en n^h, d'où l'on obtient m.ebn.

Du Plan.

43. La position d'un plan est déterminée dans l'espace lorsqu'il est assujetti à passer: 1° Par trois points non situés en ligne droite;

2° Par une droite et un point extérieur à cette droite.

3° Par deux droites qui se coupent.

4° Par deux parallèles.

44. On appelle traces d'un plan, les intersections de ce plan avec chacun des plans de projection.

La trace horizontale est l'intersection de ce plan et du plan horizontal; sa projection verticale se confond avec la ligne de terre (N° 24, 2°)

La trace verticale est l'intersection de ce plan et du plan vertical; sa projection horizontale se confond avec la ligne de terre. (N° 24, 3°)

45. Les traces d'un plan coupent la ligne de terre au même point; car ce point est l'intersection de trois plans, par suite les traces d'un plan déterminent sa position dans l'espace (N° 43, 3°)

46. Nous désignerons un plan dans l'espace par une majuscule, et ses traces horizontale et verticale par les lettres H et V avec la lettre qui désigne le plan pour indice.

Pour indiquer le plan déterminé par deux droites A et B qui se coupent, ou par deux parallèles M et N, on dira le plan (A,B) ou le plan (M,N).

Celui déterminé par une droite A et un point o, le plan (A, o).

Celui déterminé par trois points a, b, c non en ligne droite, le plan (a, b, c).

Pl. 3   fig. 29.

47. Problème. Connaissant la projection horizontale d'une droite d'un plan, trouver sa projection verticale.

1° Le plan P est donné par ses traces.

La droite D, étant située sur le plan, ne pourra rencontrer le plan horizontal qu'en un point de la trace horizontale H^P du plan P; la trace horizontale a de cette droite sera donc à la rencontre de H^P et de D^h; on en trouve la projection verticale a^v en abaissant du point a une perpendiculaire sur LT. (N° 21). Ce point a^v appartient à la projection verticale de la droite D; et cette droite D ne peut rencontrer le plan vertical qu'en un point de la trace verticale V^P du plan P; la trace verticale de D, se trouvant sur V^P, sera projetée horizontalement sur LT (N° 44), et comme cette projection horizontale appartient aussi à D^h, elle ne peut être qu'en b^h, intersection de D^h et de LT; donc la trace verticale b de D est l'intersection de V^P et de la perpendiculaire à LT élevée par b^h; joignant b et a^v, on a D^v projection verticale cherchée.

fig. 30

Si D^h ne rencontre pas LT dans les limites du dessin, on ne peut pas obtenir la trace verticale de D; mais on trouvera un autre point de la manière suivante; si l'on conçoit, sur le plan P, une droite A, dont les traces soient dans les limites de l'épure; sa projection horizontale A^h coupera H^P et LT sur l'épure; on en conclut la projection verticale A^v en joignant C^v et la trace verticale b. La droite A, située sur le plan P, rencontre la droite D en un point projeté horizontalement en d^h, à l'intersection de A^h et de D^h (N° 27) et dont la projection verticale sera en d^v sur A^v; mais ce point d appartient à la droite D, donc joignant a^v et d^v on a D^v projection verticale cherchée.

Les droites telles que A sont dites **auxiliaires**; on les écrit en éléments longs, un peu plus forts que la ligne de terre.

Avant d'aller plus loin, observons qu'en pratique la direction d'une droite n'est bien exprimée qu'autant que les deux points qui la déterminent sont à la plus grande distance possible ; et que la position d'un point, résultant de l'intersection de deux droites, ne sera convenablement fixée qu'autant que ces droites ne se couperont pas sous un angle trop aigu ou inférieur à 25° ou 20° ; il est évident que l'angle de 90° est le plus avantageux.

Ainsi A^h a été tracée de manière à couper D^h le plus loin possible de la trace horizontale a, et aussi de manière à donner lieu à une projection verticale A^v, telle que l'angle qu'elle fait avec la perpendiculaire à LT menée par d^h ne soit pas trop aigu.

Pl. 3. fig. 31 et 32.   2° Le plan est donné par deux droites qui se coupent ou par deux parallèles.

Soient (A, B) le plan et D^h la projection horizontale d'une droite D de ce plan : cette droite D, prolongée suffisamment, rencontre la droite A en un point a et la droite B en un point b, dont les projections horizontales sont a^h et b^h (n°27 et 28) et dont on trouve les projections verticales en a^v et b^v sur A^v et B^v ; et, comme ces deux points appartiennent aussi à la projection verticale de la droite D, en les unissant on a D^v.

3° Si le plan est donné par une droite A et un point o on joint le point o à un point a de la droite A, ou par le point o, on mène une parallèle à la droite A, et l'on est ramené à l'un des cas précédents.

4° Si le plan est donné par trois points a, b, c non situés en ligne droite, on joint ces points deux à deux, ou par l'un d'eux : a par exemple, on mène une parallèle à la droite qui unit les deux autres b, c, et on est encore ramené à l'un des cas précédents.

fig. 33.   48. Problème. Connaissant l'une des projections d'un polygone plan, et la seconde projection de deux côtés, compléter la seconde projection du polygone.

Ce problème n'est que la conséquence du précédent, on en comprendra donc la solution par la seule lecture de la figure.

49. Problème. Connaissant la projection horizontale d'un point d'un plan, trouver sa projection verticale.

fig. 34.   Soient (A,B) le plan donné et o^h la projection horizontale du point o, situé sur ce plan : si par le point o et sur le plan donné on trace une droite quelconque C, sa projection horizontale passe par o^h et coupe A^h et B^h en deux points a^h et b^h qui sont les projections horizontales des points en lesquels C coupe A et B (n°27 et 28) ; on en trouve les projections verticales en a^v et b^v sur A^v et sur B^v ; et, par suite, celle de la droite (a.b) ou C^v ; mais le point o appartient à la droite ab, donc sa projection verticale sera en o^v sur $a^v b^v$.

50. D'après ce qui précède, on voit que, pour que la représentation graphique d'un plan soit complète, il suffit de connaître, soit les projections de trois de ses points non situés en ligne droite, soit celles d'une droite et d'un point, soit celles de deux droites qui se coupent, soit celles de deux parallèles, soit généralement ses deux traces ; c'est-à-dire qu'à l'aide de ces seules données, quand on connaîtra une des projections d'un point d'un plan, on pourra toujours déterminer l'autre. C'est ainsi du reste que l'on s'assure si une surface quelconque est complètement décrite.

fig. 35.   51. Problème. Trouver les traces d'un plan donné par trois points.

Soient m, n, o les points donnés ; en joignant ces points deux à deux, on obtient trois droites du plan ; dont les traces horizontales a, b, c appartiennent à la trace horizontale H^h du plan, et dont les traces verticales d, f, g appartiennent à la trace verticale V^v de ce plan

Les droites H^p et V^p doivent se couper sur LT. (n° 43).

Si le plan est donné par deux droites qui se coupent ou par deux parallèles, ses traces seront déterminées par celles des droites données.

Pl. 3. fig. 36 et 37.

Si le plan est donné par une droite D et un point o, joignant le point donné o à un point d de la droite, ou, par le point o, menant une parallèle à D, on obtient une seconde droite du plan, dont les traces H^p et V^p seront déterminées par celles a, b et c. d des droites.

52. Un plan peut affecter dans l'espace plusieurs positions que l'on reconnaît aisément d'après la direction des traces.

fig. 39.

1° Lorsqu'un plan est oblique par rapport aux deux plans de projection, ses traces font des angles aigus soit avec la même partie de LT, tel est le plan P; soit avec des parties différentes, tel est le plan Q; et quand, dans ce dernier cas, ces angles sont égaux, les traces sont dans le prolongement l'une de l'autre; telle est le plan R.

fig. 40.

2° Lorsqu'un plan est perpendiculaire au plan horizontal, sa trace verticale est perpendiculaire à la ligne de terre; toutes les lignes, qui sont tracées sur ce plan, se projettent horizontalement sur H^p.

fig. 41.

3° Si le plan P est perpendiculaire au plan vertical, sa trace horizontale est perpendiculaire à LT; toutes les figures tracées sur ce plan se projettent verticalement sur V^p.

fig. 42.

4° Lorsqu'un plan est perpendiculaire à la ligne de terre, ses deux traces se confondent en une seule droite perpendiculaire à cette ligne.

fig. 43.

5° Lorsqu'un plan est parallèle au plan horizontal, il n'a pas de trace sur ce plan, et sa trace verticale est parallèle à la ligne de terre; le plan P est au-dessus du plan horizontal, et le plan Q est au-dessous. Toute figure tracée sur ce plan se projette horizontalement en vraie grandeur, et verticalement sur sa trace verticale. (n° 52, 3°)

fig. 44.

6° Lorsqu'un plan est parallèle au plan vertical, il n'a pas de trace sur ce plan, et sa trace horizontale est parallèle à la ligne de terre; toute figure, située sur ce plan, se projette verticalement en vraie grandeur, et horizontalement sur sa trace horizontale. Le plan P est en avant du plan vertical et le plan Q est en arrière.

fig. 45.

7° Lorsqu'un plan est parallèle à la ligne de terre, ses traces sont toutes deux parallèles à cette ligne. La figure indique les quatre positions que le plan peut affecter, par rapport aux plans de projection.

Si le plan parallèle à la ligne de terre est également incliné par rapport aux plans de projection, ses traces sont à la même distance de la ligne de terre, dans le cas des plans P et R; et elles se confondent dans le cas des plans Q et T. (fig. 46)

fig. 47.

8° Lorsqu'un plan passe par la ligne de terre, ses deux traces se confondent avec cette ligne; elles ne peuvent plus alors servir à le déterminer; mais comme un plan est déterminé par une droite et un point, on choisit la ligne de terre et l'on se donne un point que l'on note par la même lettre que le plan. Le plan P, c'est-à-dire celui qui passe par LT et le point p, traverse les angles dièdres $\widehat{A,S}$ et $\widehat{P,I}$; le plan Q, ou celui qui passe par LT et le point q, traverse les angles dièdres $\widehat{P,S}$ et $\widehat{A,I}$.

9° Le plan peut se confondre avec un des plans de projection; alors le point donné aura une projection sur la ligne de terre.

On voit donc maintenant qu'un plan, dans un cas particulier, ne peut pas être déterminé par ses traces, tandis qu'il l'est toujours par une droite et un point.

53. On peut dès à présent reconnaître l'avantage de la notation que nous suivons et que Mr. Ch. Olivier a mise en usage. Les points, les droites, les plans ont leur notation particulière qui fait disparaître toute ambiguïté et toute confusion. Ainsi sur la fig. 2, Pl. 1, on voit de suite que le point o est dans l'angle dièdre $\widehat{A, B}$, et que le point n est dans l'angle dièdre $\widehat{P, I}$: les figures 10, Pl. 2 et 45, Pl. 3, ne diffèrent que par la notation qui indique que, dans la figure 10, il s'agit d'une droite parallèle à la ligne de terre, tandis que dans la fig. 45, il s'agit d'un plan, parallèle à cette même ligne; la fig. 17, qui représente une droite coupant la ligne de terre, est reproduite au premier cas de la fig. 39 qui représente un plan, la notation seule fait apprécier cette différence, car ainsi que dans les figures précédentes, les lignes sont écrites absolument de la même manière. Du reste plus on avancera dans le cours plus on comprendra l'utilité de cette notation.

34. Parmi les droites que l'on peut tracer sur un plan, il faut distinguer :

1°. Les horizontales du plan; elles sont parallèles au plan horizontal et par conséquent parallèles à la trace horizontale du plan donné; leur projection horizontale est donc parallèle à cette trace, et leur projection verticale est parallèle à la ligne de terre. (N°. 24, 3°.)

2°. Les verticales du plan; elles sont parallèles au plan vertical, et par conséquent parallèles à la trace verticale du plan donné; leur projection verticale est donc parallèle à cette trace (N°. 31), et leur projection horizontale est parallèle à la ligne de terre (N°. 24, 3°.).

3°. Les lignes de plus grande pente par rapport au plan horizontal; elles sont perpendiculaires à la trace horizontale du plan donné, et de toutes les droites tracées sur ce plan, ce sont celles qui font le plus grand angle avec le plan horizontal. En effet : par un point o du plan P menons oa perpendiculaire et ob oblique à H'; abaissons oo^h perpendiculaire au plan H, et joignons le point de rencontre o^h aux points a et b. Les triangles $oo^h a$ et $oo^h b$ sont rectangles en o^h; si, à partir de o^h, on porte sur $o^h b$ une longueur $o^h a' = o^h a$, et que l'on joigne a' au point o on a : triangle $oo^h a$ = triangle $oo^h a'$, comme ayant les côtés de l'angle droit égaux; donc angle oao^h = angle $oa'o^h$. Considérant les deux triangles $oa'o^h$ et obo^h, on a : angle $oa'o^h$ angle obo^h; donc aussi angle oao^h angle obo^h; ce qui prouve que la droite oa, qui est perpendiculaire à H', est, de toutes les droites du plan P issues du point o, celle qui fait le plus grand angle avec le plan horizontal.

Sa projection ao^h est aussi perpendiculaire à H'. En effet : à partir du point a, et de l'autre côté du point b, portons sur H' une grandeur $ac = ab$, et tirons les droites oc, $o^h c$, $o^h b$; on a : $oc = ob$; donc aussi $o^h c = o^h b$ comme projections d'obliques égales; donc oa est perpendiculaire sur le milieu de bc.

Ainsi les lignes de plus grande pente par rapport au plan horizontal sont perpendiculaires à la trace horizontale du plan donné, leur projection horizontale est aussi perpendiculaire à cette trace; et leur angle avec le plan horizontal est l'angle rectiligne du dièdre formé par le plan P et le plan horizontal.

4°. Les lignes de plus grande pente par rapport au plan vertical; elles sont perpendiculaires à la trace verticale du plan donné, leur projection verticale est aussi perpendiculaire à cette trace, et leur angle avec le plan vertical est l'angle rectiligne du dièdre formé par le plan donné et le plan vertical.

55. *Problème.* Tracer sur un plan une horizontale et une parallèle au plan vertical.

Pl. 4. fig. 49 — La projection verticale A^v de l'horizontale A doit être parallèle à LT (N°34, 1°); sa trace verticale doit se trouver sur A^v et sur V^p; donc à leur intersection a qui se projette horizontalement en a^h sur LT; a^h appartient à la projection horizontale A^h de A, et comme cette horizontale A est parallèle à H^p, A^h sera la parallèle à H^p menée par a^h.

De même la verticale B du plan P a pour projection horizontale B^h parallèle à LT (N°34, 2°); sa trace horizontale est en b sur H^p, et se projette verticalement en b^v sur la ligne de terre; enfin, menant par b^v une parallèle B^v à V^p, on a la projection verticale de la verticale cherchée.

Les deux droites A et B, situées sur un même plan P, se coupent; donc m^v et m^h, intersections de leurs projections, seront sur la même perpendiculaire à LT (N°27).

fig. 50 — 2° Le plan est donné par deux droites qui se coupent.

L'horizontale A, tracée sur le plan MN, a pour projection verticale A^v parallèle à LT (N°54, 2°); elle coupe M et N en deux points, projetés verticalement en m^v et n^v (N°27) et horizontalement en m^h et n^h sur M^h et sur N^h; joignant donc m^h et n^h, on obtient A^h.

De même la verticale B du plan MN a pour projection horizontale B^h parallèle à LT; elle coupe M et N en p et en q dont on trouve les projections verticales en p^v et en q^v, qui déterminent B^v.

56. *Problème.* Tracer sur un plan les lignes de plus grande pente.

fig. 51. — 1° Le plan P est donné par ses traces.

La projection horizontale M^h de la ligne de plus grande pente par rapport au plan horizontal doit être perpendiculaire à H^p (N°54, 3°); on en trouve la projection verticale M^v en projetant sa trace horizontale m en m^v sur la ligne de terre, et en déterminant sa trace verticale p que l'on joint à m^v (N°47, 1°).

De même la projection verticale N^v de la ligne de plus grande pente par rapport au plan vertical doit être perpendiculaire à V^p (N°54, 4°); on en trouve la projection horizontale N^h en joignant sa trace horizontale q à la projection horizontale n^h de sa trace verticale n.

fig. 52. — 2° Le plan est donné par deux parallèles.

Soit (C, D) le plan donné.

Puisque la projection horizontale d'une ligne de plus grande pente par rapport au plan horizontal est perpendiculaire à la trace horizontale du plan donné, elle sera aussi perpendiculaire à la projection horizontale de toute horizontale tracée sur ce plan; traçant donc une horizontale A sur le plan (C, D) (N°55, 2°) et menant M^h perpendiculaire à A^h, on a la projection horizontale de la ligne de pente M cherchée, on en déduit M^v (N°47, 2°).

Pour obtenir la ligne de plus grande pente par rapport au plan vertical, on trace une verticale B du plan (C, D) (N°55, 2°), d'où on déduit la ligne de pente N cherchée.

Les deux droites M et N, situées sur le plan (C,D), se coupent; donc o' et o" se trouvent sur la même perpendiculaire à LT.

Pl.4.   fig. 53   56. Bis. Un plan est complètement déterminé par une ligne de plus grande pente par rapport à l'un des plans de projection; car, si M est la ligne de plus grande pente d'un plan par rapport au plan horizontal, prenant un point o sur cette droite, menant par o" une perpendiculaire A'' à M'', et par o' une parallèle A' à LT, on a une horizontale A du plan donné; (No. 34, 3°); ce plan est alors complètement déterminé.

57. Problème. Par un point donné mener un plan parallèle à un autre plan donné.

On sait que lorsqu'un plan est conduit suivant deux droites parallèles à un autre plan, il est parallèle à cet autre plan; par conséquent si, par le point o donné, on mène deux droites A et B respectivement parallèles à deux autres droites du plan donné, le plan (A,B) sera le plan parallèle cherché.

fig. 54   1° Le plan est donné par ses traces.

Soient P le plan et o le point donnés; on connait deux droites H^p et V^p (No. 44) du plan P; si, par o", on mène A'' parallèle à H^p, et B'' parallèle à LT; puis, par o', si on mène A' parallèle à LT et B' parallèle à V^p, on a deux droites A et B passant par le point donné et respectivement parallèles à deux autres droites H^p et V^p du plan donné P (No. 32); le plan (A,B) est donc le plan cherché.

Il est clair que A est une horizontale et B une verticale du plan cherché. (No. 34, 1° et 2°)

Si on demande le plan par ses traces, il suffit de remarquer que la trace verticale a de A appartient à la trace verticale V^x du plan cherché X, et que la trace horizontale b de B appartient à H^x; et comme H^x et V^x doivent être respectivement parallèles à H^p et à V^p ou à A'' et à B'', il est facile de les tracer; de plus elles doivent couper LT au même point.

fig. 55   2° Les traces du plan donné P sont parallèles à LT; alors les parallèles à H^p et à V^p menées par le point o, se confondent en une seule droite K parallèle à LT; il faut donc tracer une troisième droite C sur le plan P (No. 47, 1°), et par le point o mener une parallèle M à cette droite C; le plan parallèle (K, M) est ainsi déterminé. Si on veut trouver ses traces, ce sont les parallèles H^x et V^x à la ligne de terre menées par les traces a et b de M.

fig. 56   3° Le plan est donné par deux droites D et C qui se coupent; il suffit par le point o de mener N et M respectivement parallèles à D et à C.

fig. 57   4° Le plan est donné par deux parallèles D et C; c'est le cas analogue à celui du plan parallèle à la ligne de terre; les parallèles à D et à C, menées par le point o, se confondent en une seule droite M; il faut donc tracer une 3me droite F sur le plan (D, C), (No. 47, 2°) et par le point o mener N parallèle à F.

5° Si le plan est donné par trois points, ou par une droite et un point, il est facile de ramener la question à celle de deux droites qui se coupent ou de deux parallèles.

Problèmes Fondamentaux.

58. On sait que lorsqu'un plan est parallèle à l'un des plans de projection, au plan horizontal par exemple, toutes les figures, tracées sur ce plan, se projettent horizontalement en vraie grandeur; de sorte que, connaissant la projection horizontale F^h d'une figure F, toute opération exécutée sur F^h pour la résolution de tel problème, sera exactement la même que celle exécutée sur la figure F de l'espace pour la résolution du même problème; tandis que si le plan est oblique par rapport aux plans de projection, on est obligé de recourir à des opérations plus compliquées dont l'exécution est souvent fort longue; et, par cela même, nuit à l'exactitude du résultat.

Ainsi, pour plus de clarté, supposons qu'il s'agisse de déterminer la distance d'un point o à une droite D: ce qui revient à mesurer la perpendiculaire oa abaissée du point o sur la droite D; si le plan (D, o) est parallèle au plan horizontal, de même que oa est perpendiculaire à D, $o^h a^h$ sera perpendiculaire à D^h; et $o^h a^h$ sera égale en longueur à oa. On a donc à résoudre un des problèmes les plus simples de la Géométrie plane, abaisser d'un point o^h une perpendiculaire sur une droite D^h; et la distance oa demandée est immédiatement connue par $o^h a^h$.

Mais si le plan (D, o) est oblique par rapport aux plans de projection, les projections de D et de la perpendiculaire oa ne sont généralement pas perpendiculaires; il faut alors faire l'opération indiquée par la Géométrie de l'espace, c'est-à-dire, par le point donné o mener un plan perpendiculaire à la droite donnée D, chercher le point de rencontre du plan et de la droite, et joignant ce point d'intersection au point donné, on a la distance demandée; mais tout cela étant représenté sur les plans de projection ne donne lieu qu'aux projections de cette distance dont il reste à trouver la vraie grandeur. Évidemment cette opération est non seulement plus longue que la première, mais encore elle conduit à un résultat moins préférable, en ce qu'il dépend de l'exactitude d'un plus grand nombre d'opérations partielles.

Si on peut changer de plans de projection, en prenant l'un d'eux parallèle au plan (D, o), ou bien, conservant les mêmes plans de projection, si on peut amener le plan (D, o) à être parallèle à l'un d'eux, on pourra alors procéder par les moyens simples de la Géométrie plane.

Nous aurons donc à résoudre les deux problèmes suivants:

1º Connaissant les projections d'une figure de l'espace sur deux plans rectangulaires, trouver les projections de cette figure sur un troisième plan perpendiculaire à l'un des deux premiers. C'est ce qu'on appelle **changer de plans de projection**.

2º Connaissant la projection d'une figure de l'espace sur deux plans rectangulaires, trouver les projections de cette figure sur les mêmes plans après l'avoir fait tourner autour d'un axe fixe d'une quantité angulaire donnée.

Chacun de ces deux problèmes se subdivise en plusieurs cas que nous allons examiner.

59. Toute ligne de terre sera désignée par les lettres L et T avec ou sans accent,

ces lettres étant toujours placées de la même manière par rapport aux plans de projection, c'est-à-dire qu'en se supposant au-dessus du plan horizontal et en avant du plan vertical, on ait L à gauche et T à droite. Les projections des points et des lignes sur les nouveaux plans de projection seront désignées par la même lettre que le point de l'espace affecté de h ou de v portant le même nombre d'accents que les lettres L et T de la nouvelle ligne de terre; les traces de plans seront aussi désignées par les lettres H et V affectées du même nombre d'accents.

Pl. 4. fig. 58.

60. Problème. Changer de plan vertical par rapport à un point.

Soient o^h, o^v les projections d'un point o sur les deux plans H et V caractérisés par la ligne de terre LT; soit L'T' la ligne de terre résultant de l'intersection du plan horizontal et d'un nouveau plan vertical V'; la disposition des lettres L' et T' fait voir que la partie supérieure du plan V' est rabattue sur la droite du dessin. De ce que le plan horizontal est toujours le même, o^h ne change pas, et la nouvelle projection verticale o^v du point o se trouvera sur la perpendiculaire à L'T' menée par o^h (N°. 12), et comme ce point o est toujours à la même distance du plan horizontal, o^v sera à une distance $o^v i'$ de L'T' égale à celle de $o^v i$ à LT. (N°. 9, 1°.)

Les fig. 58 et 59 montrent combien il est important de bien disposer les lettres L et T. En effet, dans les deux figures, LT indique que le point o est en avant du plan vertical et au-dessous du plan horizontal; par la disposition de L' et de T' (fig. 58), on voit que o^h est au-dessous de L'T', donc le point o se trouve en avant du nouveau plan vertical V', (N°. 14, 1°.) par conséquent o^v doit être au-dessous de L'T', de l'autre côté de o^h; par celle de L'T' (fig. 59), comme o^h est au-dessous de L'T', on reconnaît que le point o est derrière le nouveau plan vertical V' (N°. 14, 2°.) par conséquent o^v doit être du même côté de L'T' que o^h.

Observation. Les lignes telles que $o^v x y z o^v$ sont simplement d'indication et non de construction; elles servent à aider dans la lecture de la figure sans qu'on ait besoin de recourir au texte; ainsi $o^v x$ et $o^v z$ ont été menées respectivement perpendiculaires à LT et à L'T' par l'intersection o^s de ces droites, puis on a tiré $o^v x$ parallèle à LT; de o^s comme centre avec $o^s x = o^v i$ pour rayon on a décrit l'arc de cercle $x y z$, enfin $z o^v$ est parallèle à L'T'; donc $i' o^v = i o^v$. Il faut bien se garder de s'en servir pour obtenir les points demandés, parce que l'exactitude du résultat dépendrait alors de celle des différentes opérations partielles nécessaires à la construction de ces lignes; il est beaucoup plus simple et d'une meilleure exécution de se servir du compas à pointes qui donnera aussi exactement que possible $i' o^v = i o^v$. Dans les figures compliquées, les lignes d'indication sont d'une grande utilité; pour les reconnaître, nous les écrirons aussi fines que possible en éléments un peu longs séparés par un élément beaucoup plus court.

61. Problème. Changer de plan horizontal par rapport à un point. (à résoudre)
Du reste on en trouve la solution dans le problème suivant.

fig. 58.

62. Problème. Changer de plans de projection par rapport à un point.

Changeant d'abord de plan vertical seulement, on détermine la nouvelle projection verticale o^v comme précédemment (N°. 60).

Changeons maintenant de plan horizontal; soit L'T'' la nouvelle ligne de terre dont la notation indique que la partie antérieure du nouveau plan horizontal H'' est rabattue sur la gauche du dessin. De ce que le plan vertical V' ne change pas, le point o est toujours en avant de ce plan, ainsi que le fait voir la position de o^v par rapport à

L'T', donc la nouvelle projection horizontale o" se trouvera au dessous de L"T" (fig. 14, 1°), sur la perpendiculaire à L"T", menée par o" et à une distance i'o" de L"T" égale à la dis-tance i'o" de o" à L'T'.

Il est évident que le plan H" n'est pas horizontal, mais on lui conservera ce nom, par analogie, pour le distinguer d'un plan vertical V ou V' qui lui-même peut ne pas être parallèle à la verticale.

Ainsi quand on connaîtra les projections d'un point sur deux plans rectangu-laires, on pourra déterminer les projections de ce même point sur deux autres plans rectangulaires et donnés de position par rapport aux premiers.

Remarquons encore l'influence de la notation des lignes de terre. Ainsi (fig. 58 et 59) la position de L"T" par rapport à o" est la même, la disposition seule des lettres L" et T" diffère; dans la première (fig. 58), la partie antérieure du plan H" est rabattue à gauche du dessin; et o" indique que le point o est en avant du plan vertical V', tandis que dans la seconde (fig. 59) la partie antérieure du plan H" est rabattue vers la droite du dessin, et o" indique que le point o est derrière le plan vertical.

Le point o (fig. 58) est situé dans l'angle dièdre Â,S des plans V' et H", et (fig. 59) il est situé dans l'angle dièdre P,Î des mêmes plans.

Pl.4 fig. 60

63. Problème. Changer de plans de projection par rapport à une droite.

Soient D la droite donnée par ses projections sur les plans H et V et L'T' la trace d'un nouveau plan vertical V'; ayant pris deux points sur la droite, la trace horizontale a par exemple, et un point quelconque b, comme le plan horizontal reste provisoirement le même, D" ne change pas, la trace horizontale a se projette en a" sur L'T' (fig. 14. a) et le point b en b" dans la partie supérieure du plan vertical (fig. 60), à une distance i'b" de L'T' égale à i b" joi-gnant a" et b", on a évidemment D".

Changeons maintenant de plan horizontal et soit L"T" la trace de ce nouveau plan, le plan vertical V' restant le même, les points a et b qui sont en avant de ce plan, se projettent en a b" et en b b" dans la partie antérieure du plan horizontal H" (fig. 64, 1°); joignant a b" et b b", on a D b" la nouvelle projection horizontale de la droite donnée D. Remarquons que D b" coupe L"T" en c" qui doit être la projection verticale d'un point appartenant à la droite D et au plan horizontal H" (fig. 14, a), c'est-à-dire la trace horizontale de D; on la trouvera à l'intersection de D b" et de la perpendiculaire à L" et T", menée par c".

Observation. On n'écrira en lignes pleines que les lignes de terre qui caractérisent les plans de projection correspondant aux données et aux résultats. Ainsi LT caractérise les plans H et V sur lesquels on a écrit les données, et L"T" caractérise les plans H" et V' auxquels on doit rapporter ces données. L'T' au contraire n'est qu'auxiliaire, en ce qu'elle indique la combinaison des plans H et V, combinaison nécessaire pour arriver à celle des plans H" et V'. On écrira ces lignes de terre en lignes mixtes, c'est-à-dire en éléments séparés par un ou plusieurs points.

fig. 61.

64. Problème. Changer de plans de projection par rapport à un plan.

1° Soient P le plan donné par ses traces sur les plans de projection H et V, et L'T' la trace d'un nouveau plan vertical V'. Pour déterminer la trace du plan P sur le plan V', remarquons que le plan horizontal restant le même, H" ne change pas, et son intersection

g avec $L'T'$ est un point de la nouvelle trace verticale V'^p; un second point x de cette trace sera projeté horizontalement sur $L'T'$, et sa projection verticale x^v fera connaître celle x'^v (N°: 60). Or, si par ce point et sur le plan P, on fait passer une horizontale A, la trace b de cette droite sur le plan V sera à la même distance du plan horizontal que le point x; portant donc $b^h b$ de x^h en x^v, et joignant g et x on a V'^p.

On pourra choisir le point a^h en lequel $L'T'$ coupe LT, lorsque ce point sera assez éloigné du point g pour donner lieu à un point a^1 de V'^p, dont la distance au point g soit convenable pour bien déterminer V'^p. Il deviendra alors inutile de tracer l'horizontale passant par le point a. Pour indiquer que le point a appartient aux deux plans V et V', nous le soulignerons sur le plan V', en l'affectant d'un indice numérique; et si le point appartient seulement à un plan auxiliaire de projection nous placerons l'indice numérique un peu au-dessous de la lettre qui désigne le point.

2° Si H'^p et $L'T'$ ne se coupent pas dans les limites du dessin, on est obligé de prendre un second point m dont la projection horizontale soit sur $L'T'$, et dont on trouve la hauteur au-dessus du plan horizontal au moyen d'une horizontale M, qu'on trace par le point m sur le plan P.

On changera de plan horizontal d'une manière analogue.

Dans le cas où l'une des nouvelles traces ne se trouverait pas dans les limites du dessin, on tracerait sur le plan donné une droite dont on pourrait déterminer la projection de même nom que la trace qui manque, et le plan serait bien défini par les nouveaux plans de projection par cette droite et l'autre trace.

Pl. 4. fig. 62.

65. Problème. Ramener une droite à être parallèle au plan vertical.

La solution consiste à prendre pour nouveau plan vertical de projection un plan V' parallèle à la droite donnée D, et à déterminer la projection de D sur ce nouveau plan V'.

La droite D devant être parallèle au plan V', $L'T'$ sera donc parallèle à D^h (N°: 24, 3°); puis on cherchera D^v (N°: 63.)

Pour rendre la droite parallèle au plan horizontal, il faut changer de plan horizontal, et prendre $L'T'$ parallèle à D^v (N°: 24, 2°).

fig. 63

66. Problème. Ramener une droite à être perpendiculaire au plan vertical.

C'est déterminer un système de plans de projection dont le plan vertical soit perpendiculaire à la droite D; alors le plan horizontal sera parallèle à cette droite. Ramenant donc la droite D à être parallèle au plan horizontal (N°: 63), $L'T'$ doit être parallèle à D^v, et on détermine D^h (N°: 63). Il est évident que tout plan perpendiculaire à la droite D doit l'être aussi au nouveau plan horizontal H', et peut par conséquent être considéré comme le nouveau plan vertical cherché. La trace $L''T''$ de ce nouveau plan vertical V'' sera alors perpendiculaire à D^h (N°: 24, 5°), et D'^v sera un point situé sur le prolongement de D^h à une distance de $L'T''$ égale à celle d'un point quelconque de D^v à LT'.

De même pour ramener la droite à être perpendiculaire au plan horizontal, il faut d'abord rendre la droite parallèle au plan vertical, puis prendre un plan horizontal tel que sa trace sur le nouveau plan vertical V' soit perpendiculaire à D^v, nouvelle projection verticale de la droite.

Pl. 5. fig. 64.

67. Rendre un plan perpendiculaire au plan horizontal.

C'est choisir pour nouveau plan horizontal un plan perpendiculaire au plan vertical V et au plan donné: $L'T'$ doit donc être perpendiculaire à V^P (N° 32, 2°), puis on détermine H'^P (N° 64).

De même pour rendre un plan perpendiculaire au plan vertical, on prend pour nouveau plan vertical celui caractérisé par une ligne de terre perpendiculaire à la trace horizontale du plan donné.

Pl. 3. fig. 65

68. Problème. Rendre un plan perpendiculaire à la ligne de terre.

C'est prendre pour nouveaux plans de projection deux plans perpendiculaires au plan donné P. Changeant d'abord de plan vertical (N° 67), on trace $L'T'$ perpendiculaire à H^P, et on en conclut V'^P. Puis le nouveau plan horizontal H'' devant être perpendiculaire au plan V' et au plan donné P, sa trace $L'T''$ sera perpendiculaire à V'^P et la nouvelle trace horizontale H''^P se confond avec le prolongement de V'^P (N° 32, 4°).

fig. 66.

69. Rendre un plan parallèle à la ligne de terre.

On y parvient de deux manières.

1° Par un changement de plan horizontal, en prenant $L'T'$ parallèle à V^P (N° 32, 7°). Le nouveau plan H', étant parallèle à V^P, doit couper le plan P suivant une parallèle H'^P à cette droite; on obtient un point a^1 de H'^P par le procédé ordinaire (N° 64); ou reste en cherchant un second point b de H'^P, la construction fera voir que cette droite est parallèle à $L'T'$.

2° Par un changement de plan vertical, en prenant $L'T'$ parallèle à H^P (N° 32, 7°); et on en déduit V'^P comme dans le cas précédent.

fig. 67

70. Problème. Rendre un plan parallèle au plan horizontal.

C'est prendre un système de plans de projection dont le plan horizontal soit parallèle au plan donné P; alors le nouveau plan vertical sera perpendiculaire à ce plan P. Nous commencerons donc par rendre le plan P perpendiculaire au plan vertical, en prenant $L'T'$ perpendiculaire à H^P (N° 32, 2°) et on déduit V'^P; puis nous prendrons pour nouveau plan horizontal celui dont la trace $L''T''$ est parallèle à V'^P, car les deux plans H'' et P, perpendiculaires à un même plan V', et conduits suivant les parallèles $L''T''$ et V'^P, sont parallèles.

De même pour rendre un plan parallèle au plan vertical, on commence par le rendre perpendiculaire au plan horizontal, et on change de plan vertical en prenant la nouvelle ligne de terre parallèle à la trace du plan donné sur le nouveau plan horizontal.

fig. 68

71. Problème. Connaissant les projections d'un point sur deux plans rectangulaires, trouver sa projection sur un troisième plan quelconque.

Prenons un nouveau plan vertical de projection perpendiculaire au plan P, et soit $L'T'$ sa trace; V'^P sera la nouvelle trace verticale du plan P, et o' la nouvelle projection verticale du point o; on peut maintenant considérer le plan P comme un nouveau plan horizontal, V'^P sera $L''T''$, et la nouvelle projection du point o sera en o''. Ce point o'' se confond avec celui m en lequel le point o se projette sur le plan P, car la ligne projetant le point o est perpendiculaire au plan P; donc m' se trouvera sur $L'T'$. Rapportant le point m aux deux plans primitifs de projection, on détermine m' sur la perpendiculaire à $L'T'$ menée par m'' à une distance de $L'T' = m\,m''$; puis on trouve m'' sur la perpendiculaire à LT menée par m', à une distance de LT égale à celle de m' à $L'T'$.

Ce problème, dont la solution consiste à déterminer le pied de la perpendiculaire abaissée du point o sur le plan P, reviendra dans la suite du cours. Nous pourrons faire voir alors l'avantage des changements de plans de projection comme moyen expéditif d'exécution.

Rotation autour d'un axe.

72. Pour bien comprendre la rotation d'une figure autour d'un axe, il est important de se pénétrer des trois principes suivants qui du reste sont évidents.

1° Lorsqu'une figure est située sur un plan parallèle à l'un des plans de projection, sa projection sur ce plan est une figure identique.

2° Lorsqu'une figure est située sur un plan perpendiculaire à l'un des plans de projection, sa projection sur ce plan se confond avec la trace du plan qui la contient.

3° Lorsqu'une figure tourne autour d'un axe, sa projection sur un plan perpendiculaire à cet axe tourne autour du pied de l'axe en restant identique à elle-même; tandis que sa projection sur tout autre plan change de forme à chaque instant.

La rotation peut se faire autour d'un axe perpendiculaire ou parallèle à l'un des plans de projection ou dirigé d'une manière quelconque. Après la rotation, les différentes parties de la figure ont changé de position dans l'espace; on a donc à déterminer les projections d'une figure identique à la première. Dans ce cas, comme nous conservons les mêmes plans de projection, nous n'accentuons plus les indices h et v; l'accentuation aura lieu pour les lettres caractéristiques des points, des lignes et des plans.

Pl. 5.　　fig. 69

73. Problème. Faire tourner un point d'un angle donné autour d'un axe vertical, et trouver ses projections dans sa nouvelle position.

Soient A l'axe de rotation et m le point donnés: la perpendiculaire R abaissée du point donné m sur l'axe A est horizontale; elle se projette horizontalement en R^h dans sa vraie grandeur, et verticalement en R^v parallèle à LT (N°: 24, 2°). Dans la rotation du point m autour de l'axe A, la droite R ne change pas de longueur et ne cesse pas d'être perpendiculaire à l'axe de rotation; le point m décrit donc un arc de cercle dont le centre est l'intersection a de l'axe A et de la perpendiculaire R; le rayon de cet arc est la distance $R = ma$, cet arc de cercle est situé sur un plan perpendiculaire à l'axe de rotation et par conséquent parallèle au plan horizontal, il se projette donc horizontalement en vraie grandeur; a^h, projection horizontale du centre, se confond avec A^h (N°: 24, 5°); $R^h = R$; donc la circonférence C^h décrite de a^h comme centre avec R^h pour rayon, est la projection horizontale de la circonférence décrite par le point m; la projection verticale C^v de cette circonférence est la parallèle à LT menée par m^v (N°: 32, 5°).

Si par le point a et sur le plan de la circonférence C on fait passer une droite R' faisant avec R un angle égal à la quantité angulaire dont le point m doit tourner, on trouve la nouvelle position m' du point m à l'intersection de R' et de l'arc décrit par le même point m. Puisque le plan de cet arc est horizontal, l'angle $m\,a\,m'$ = l'angle $m^h a^h m'^h$; R^h et R'^h font entre elles un angle égal à l'angle donné; m'^h est donc à l'intersection de R'^h et de C^h, d'où on déduit m'^v.

fig. 70

74. Problème. Faire tourner un point d'un angle donné autour d'un axe perpendiculaire au plan vertical.

Par une construction analogue à celle du problème précédent, on détermine les projections m'^h, m'^v de la nouvelle position m' du point m.

75. Problème. Faire tourner une droite d'un angle donné autour d'un axe vertical.

1° La droite est parallèle à l'axe de rotation, ou verticale.

Pendant la rotation, la droite donnée D ne cesse pas d'être parallèle à l'axe ; il suffit donc de chercher la nouvelle position d'un de ses points, par exemple celle d' de sa trace horizontale d, et de mener par d' une parallèle à D ; ce sera la nouvelle position D' de la droite D.

Dans le mouvement, la droite D, restant constamment parallèle à elle-même engendre une surface cylindrique droite circulaire.

2° La droite donnée coupe l'axe en un point m ; ce point appartient évidemment à chacune des positions de la droite D ; par conséquent en déterminant la nouvelle position d'un point quelconque de D, et la joignant au point m, on aura celle D' de la droite. Ainsi, la trace horizontale d de la droite D se trouvant dans les limites du dessin, nous la prenons de préférence parce que le cercle qu'elle décrit, se trouvant sur le plan horizontal, se projette verticalement sur la ligne de terre, et la figure se trouve simplifiée. Après la rotation, cette trace d se trouve en d' que l'on joint à m^h, et on a D'^h ; d' se projette verticalement en d'^v sur LT, et menant $d'^v m^v$ on a D'^v.

La droite D dans ce mouvement a engendré une surface conique droite circulaire, car elle est assujettie à passer par le même point m en parcourant une circonférence C, dont le centre est la projection du point m.

3° La droite donnée et l'axe ne sont pas dans le même plan.

Prenant deux points m et n sur la droite ; on en détermine les nouvelles positions m' et n' comme dans les cas précédents, et en les unissant on obtient la nouvelle position D' de la droite.

Si les points m et n sont également éloignés de l'axe de rotation, les arcs qu'ils parcourent sont de même rayon et par conséquent égaux ; leurs projections horizontales se trouvent sur la même circonférence, et quand on a déterminé m'^h, on détermine n'^h en portant la même ouverture de compas $m^h m'^h$ de n^h en n'^h ; on a ainsi D'^h ; on en déduit m'^v sur C, n'^v sur R^v, et par suite D'^v.

Lorsque les limites de la figure ne permettent pas de prendre m et n également éloignés de l'axe ; on peut prolonger D^h au rayon jusqu'à la rencontre n^h de la circonférence passant par m^h et, prenant arc $n^h n'^h =$ arc $m^h m'^h$, on peut tracer D'^h ; il est alors facile de fixer la nouvelle position d'un point p quelconque de D en décrivant de a^h comme centre l'arc de cercle de rayon $a^h p^h$ dont l'intersection avec D'^h donne p'^h ; on en déduit p'^v que l'on joint à m'^v pour avoir D'^v.

On peut encore tracer la circonférence tangente à D^h, et mener le rayon R^h du point de contact v^h ; puis on détermine v^v. Construisant l'angle $R^h a^h R'^h$ égal à celui donné, on mène, par l'intersection v'^h de R'^h et de la circonférence de rayon R^h, une tangente à cette circonférence ; ce sera D'^h ; on trouvera la projection verticale v'^v sur la parallèle R^v à la ligne de terre menée par v^v (76-75). Prenant alors un point quelconque m sur D, on détermine m'^h à l'intersection de D'^h et de l'arc décrit de a^h comme centre avec $a^h m^h$ pour rayon ; on en déduit m'^v que l'on joint à

$v_r v$ et on a ainsi déterminé D'^v.

Il n'est pas inutile de recommander que, pour l'exactitude de toute construction, quand on veut mener une tangente à une circonférence ou élever une perpendiculaire à une droite, il faut faire usage du compas, et non de l'équerre à angle droit qui n'est presque jamais juste; quelques précautions qu'on ait prises pour la dresser, au bout de peu de temps, l'angle n'est plus droit parce que le bois a <u>travaillé</u>; l'équerre ne doit être employée que pour tracer des parallèles; encore faut-il que celles-ci ne soient pas à une trop grande distance, et qu'elles n'aient pas une grande longueur.

S'il s'agissait de faire tourner la droite D autour d'un axe perpendiculaire au plan vertical, on trouverait sa nouvelle position par des constructions analogues.

Pl. 5   fig. 74

76. Problème. Faire tourner un plan d'un angle donné autour d'un axe vertical.

Soient A l'axe de rotation et P le plan donnés. Dans le mouvement, la trace horizontale H^P, ne sortant pas du plan horizontal, ne cessera pas d'être tangente à la circonférence décrite du point A^h comme centre avec la perpendiculaire $A^h v$ pour rayon; construisant l'angle $R A^h R'$ égal à l'angle donné, le point v' intersection de R' et de la circonférence de rayon $A^h v$, sera la nouvelle position du point v et par conséquent le point de contact de la circonférence et de H^P dans la nouvelle position de celle-ci; on aura donc cette nouvelle position H'^P en élevant une perpendiculaire à R' par le point v'. L'intersection w de H'^P et de LT appartient à la nouvelle trace verticale V^P; pour avoir un second point de V^P, traçons une horizontale B du plan P (N° 55), et déterminons la nouvelle position B' de cette horizontale. Dans la rotation les différents points de B conservent leurs distances respectives à l'axe de rotation et au plan horizontal conséquemment B^h ne cessera pas d'être tangente à la circonférence décrite du point A^h comme centre avec $A^h b^h$ pour rayon, par suite B'^h sera la perpendiculaire à R' menée par b'^h nouvelle position du point b; d'ailleurs B'^h doit être parallèle à H'^P puisqu'elle n'a pas cessé d'être horizontale, et B'^v se confond avec B^v. Joignant w à la trace verticale b' de B', on obtient V'^P.

Si H'^P ne rencontrait pas LT, dans les limites du dessin, on obtiendrait un second point de V'^P en déterminant la nouvelle position C' d'une seconde horizontale C du plan donné et sa nouvelle trace verticale c'.

Lorsque la disposition des données le permet, on simplifie un peu la figure en prenant l'horizontale du plan P dont la projection horizontale passe par A^h.

Par des constructions analogues, on trouverait la nouvelle position du plan P, après l'avoir fait tourner autour d'un axe vertical d'une quantité angulaire donnée.

fig. 75

77. Problème. Amener une droite dans une position parallèle au plan horizontal.

Par un point a de la droite donnée D, abaissons une perpendiculaire A sur le plan vertical (N° 24. 6°), et prenons cette droite pour axe de rotation. Dans le mouvement de la droite D, le point a ne quitte pas l'axe A et quand elle sera arrivée dans la position parallèle au plan horizontal, sa projection verticale D'^v sera parallèle à LT et passera par a^v; on connaît donc D'^v. Pour trouver D'^h remarquons qu'un point quelconque δ de la droite D décrit un arc de cercle C, dont le plan, perpendiculaire à l'axe de rotation est parallèle au plan vertical; donc cet arc de cercle se projette identiquement sur le plan vertical, et horizontalement suivant la parallèle C^h à LT menée par δ^h; son centre, situé sur l'axe A est projeté verticalement en

A^v; par conséquent on trouve d'^v à l'intersection de D'^v et de l'axe C^v décrit du point A^v comme centre avec $A^v d'^v$ pour rayon. On en déduit d'^h; et joignant a^h et d'^h, on a D'^h.

Pour amener la droite D dans une position parallèle au plan vertical, on la fait tourner autour d'un axe vertical jusqu'à ce qu'elle soit parallèle à ce plan. (N^o: 73)

Pl. 5.   fig. 76

78. Problème. Amener une droite dans une position perpendiculaire au plan horizontal.

Lorsque la droite D sera perpendiculaire au plan horizontal, elle sera parallèle au plan vertical; ramenons la donc d'abord en D' parallèle à ce dernier plan, en la faisant tourner autour d'un axe vertical A. (N^o: 77). Maintenant si par un point b' de D', nous menons une perpendiculaire B au plan vertical, cette droite B peut être considérée comme un axe de rotation autour duquel on fera tourner D'; le point b' de cette droite est fixe sur l'axe B; donc lorsqu'elle sera arrivée dans la position perpendiculaire au plan horizontal, sa projection verticale D''^v sera la perpendiculaire à LT passant par b'^v et sa projection horizontale D''^h se confondra avec b'^h (N^o: 24, 3°). Pour trouver les projections d'un point d' de la droite D' dans la nouvelle position D'', on observe que les points de D' ont décrit des arcs de cercle situés dans un même plan perpendiculaire à l'axe de rotation B, et par conséquent parallèle au plan vertical; leurs projections horizontales se confondent en une seule droite D'^h ou H^x, trace horizontale du plan projetant D'; et leurs projections verticales sont identiques; donc, décrivant du point B^v comme centre un arc de cercle de rayon $b'd'^v$, l'intersection de D''^v et de cet arc de cercle est la projection verticale d''^v de la nouvelle position d'' du point d'.

On voit donc que pour amener une droite dans une position perpendiculaire au plan horizontal, il faut d'abord l'amener parallèle au plan vertical, en la faisant tourner autour d'un axe perpendiculaire au plan horizontal, puis on l'amène perpendiculaire au plan horizontal en la faisant tourner autour d'un axe perpendiculaire au plan vertical.

De même pour amener une droite dans une position perpendiculaire au plan vertical, il faut d'abord l'amener parallèle au plan horizontal en la faisant tourner autour d'un axe perpendiculaire au plan vertical, puis on l'amène perpendiculaire au plan vertical en la faisant tourner autour d'un axe vertical.

fig. 77

79. Problème. Amener un plan dans une position perpendiculaire au plan vertical.

Traçant une droite sur le plan donné P, une horizontale B par exemple (N^o: 55), par un point b de cette horizontale menant une perpendiculaire A au plan horizontal (N^o: 24, 5°), on peut considérer cette droite A comme un axe de rotation autour duquel on fera tourner le plan P. Si, du point A^h comme centre, on décrit une circonférence tangente à H^P, dans le mouvement cette dernière droite sera toujours en contact, et lorsque le plan P sera dans la position perpendiculaire au plan vertical, H^P sera la perpendiculaire à LT menée tangentiellement à la circonférence. Pour trouver V^P, on remarque que le point b appartient à l'axe A et au plan P, puisqu'il est situé sur l'horizontale B de ce plan P; il est donc fixe sur l'axe, et sa projection verticale b'' appartient à la nouvelle trace verticale V^P du plan P (N^o: 52, 3°); joignant donc ω et b'' on a V^P.

On voit sur la figure que le plan P peut occuper deux positions qui répondent à la question.

Ainsi pour amener un plan à être perpendiculaire au plan vertical, il faut le faire tourner autour d'un axe vertical.

De même pour amener un plan à être perpendiculaire au plan horizontal, il faut le faire tourner autour d'un axe perpendiculaire au plan vertical.

Pl. 3 fig. 78

80. Problème. Amener un plan dans une position perpendiculaire à la ligne de terre.

Le plan P dans cette position sera perpendiculaire à la fois aux deux plans de projection; on l'amènera d'abord en P' perpendiculaire au plan vertical (Nᵒ 79), en le faisant tourner autour d'un axe vertical A; puis on amènera le plan P' en P", perpendiculaire au plan horizontal, en le faisant tourner autour d'un axe B perpendiculaire au plan vertical. Remarquons que, dans ce dernier mouvement, le plan P' ne cesse pas d'être perpendiculaire au plan vertical, donc lorsqu'il sera en P", il sera perpendiculaire à la fois aux deux plans de projection et par conséquent à la ligne de terre. Donc $H^{P''}$ et $V^{P''}$ se confondent en une seule perpendiculaire à la ligne de terre (Nᵒ 52, 4°).

fig. 79

81. Problème. Amener un plan dans une position parallèle à la ligne de terre.

Par un point b pris sur le plan P (Nᵒ 49), menons une verticale A autour de laquelle nous ferons tourner le plan P jusqu'à ce qu'il soit parallèle à la ligne de terre. Dans cette nouvelle position P' du plan P, H^P qui, dans le mouvement, n'a pas cessé d'être en contact avec la circonférence de rayon $A^h r$, prendra la position $H^{P'}$ parallèle à LT (Nᵒ 52, 7°). Pour trouver un point de $V^{P'}$ on ne peut plus faire usage d'une horizontale du plan P' puisqu'elle serait parallèle à LT; il faut tracer une autre droite C du plan P, (Nᵒ 47) que pour plus de simplicité on fera passer par le point b qui est commun au plan P et à l'axe A; on cherchera la trace verticale c' de la droite C, lorsqu'elle aura été amenée dans sa nouvelle position C'; menant enfin par le point c' une parallèle à la ligne de terre, on a $V^{P'}$ la trace verticale du plan P dans sa nouvelle position P'.

Il n'est pas utile de tracer la droite C sur le plan P pour en déduire C' sur le plan P'; car celui-ci est parfaitement représenté par sa trace horizontale $H^{P'}$ et le point b qui est fixe sur l'axe A; C'sera déterminée par le point b et le point d' de $H^{P'}$.

On voit sur la figure que la trace verticale c' de C' est mal déterminée, parce que C'' et la perpendiculaire à LT menée par c^h se coupent sous un angle trop aigu; le point c' a été trouvé plus exactement par la construction suivante. L'arc de cercle décrit de A^h comme centre avec $A^h c^h$ pour rayon est la projection horizontale de l'arc décrit par le point c, si on suppose que la droite C' tourne autour de l'axe A pour revenir dans sa position primitive C. L'intersection c^h de cet arc de cercle et de C^h est évidemment la projection horizontale de la position primitive c du point c', et on en trouve la projection verticale c' sur C''; menant par c' une parallèle à LT, c'est la projection verticale de l'arc décrit par le point c'; cette parallèle doit donc passer par c''. Si C'' et la perpendiculaire à LT s'étaient coupées sous un angle trop aigu, on aurait ramené C' en C'' parallèle au plan vertical, et la position correspondante du point c eut été déterminée dans les meilleures conditions possibles.

fig. 80

82. Problème. Amener un plan dans une position parallèle au plan horizontal.

Le plan P, dans sa nouvelle position, sera perpendiculaire au plan vertical; on l'amènera donc dans une position P' perpendiculaire à ce plan, en le faisant tourner autour d'un axe vertical A passant par un point b du plan P (No 79); puis on fera tourner le plan P' autour d'un axe B perpendiculaire au plan vertical, jusqu'à ce qu'il soit dans une position P" parallèle au plan horizontal; dans ce dernier mouvement, le plan P' est toujours resté perpendiculaire au plan vertical, et sa trace verticale VP' qui n'a pas cessé d'être en contact avec la circonférence de rayon B^{v}t', prendra la position VP" tangente à cette même circonférence et parallèle à la ligne de terre. (No 52, 5°)

De même pour amener un plan dans une position parallèle au plan vertical, on le rend d'abord perpendiculaire au plan horizontal en le faisant tourner autour d'un axe perpendiculaire au plan vertical, puis on l'amène parallèle au plan vertical en le faisant tourner autour d'un axe vertical.

83. Les problèmes que nous venons de résoudre, sur les changements de plans de projection et sur les mouvements de rotation autour d'un axe perpendiculaire à l'un des plans de projection, sont la base des opérations de la Géométrie descriptive. Tantôt on fait usage de l'un de ces principes, tantôt de l'autre, tantôt de ces deux principes combinés. En observant que changer de plan vertical, c'est faire tourner le plan vertical jusqu'à ce qu'il soit dans la position convenable à l'égard de la figure que l'on veut projeter, et que, dans le mouvement de rotation, on fait au contraire tourner la figure jusqu'à ce qu'elle soit dans une position convenable à l'égard des plans de projection, on conçoit que, dans certains cas on peut employer indifféremment l'une ou l'autre méthode; mais il est quelquefois plus simple d'employer l'une plutôt que l'autre.

Pl. 6.   fig. 81

84. Problème. Faire tourner une droite d'un angle donné autour d'un axe parallèle au plan horizontal.

Soient D la droite et A l'axe de rotation. Dans le mouvement, un point quelconque a de la droite décrit un arc de cercle dont le plan est perpendiculaire à l'axe de rotation, et dont les projections sur tout plan perpendiculaire à cet axe sont identiques. Soit donc L'T' la trace du nouveau plan vertical auxiliaire perpendiculaire à l'axe A (No 24, 6°), sur lequel on détermine les nouvelles projections D^v de la droite, et A^v de l'axe de rotation (No 63). La question est ramenée à faire tourner la droite D autour d'un axe A perpendiculaire au plan vertical V; en opérant comme au No 75, on trouve les projections D$^{'h}$ et D$^{'v}$ de la droite D dans sa nouvelle position D'. Rapportant la droite D' aux deux anciens plans de projection, comme le plan horizontal n'a pas changé D$^{'h}$ ne change pas, et on détermine les projections verticales a$^{'v}$ et b$^{'v}$ des points a' et b' de D' en portant, à partir de LT, sur les perpendiculaires à cette ligne menées par a$^{'h}$ et b$^{'h}$, des grandeurs i'a$^{'v}$, j'b$^{'v}$ respectivement égales à i a$^{'v}$ et j b$^{'v}$; joignant enfin a$^{'v}$ et b$^{'v}$ on a D$^{'v}$.

De même pour faire tourner la droite autour d'un axe parallèle au plan vertical, on prend un nouveau plan horizontal auxiliaire perpendiculaire à l'axe de rotation sur lequel les arcs de cercle décrits par les divers points de la droite se projettent identiquement; on détermine les projections de la droite D dans sa nouvelle position D'; puis on rapporte la droite D' aux deux premiers plans de projection.

fig. 82

85. Problème. Faire tourner un plan d'un angle donné autour d'un axe

parallèle au plan vertical.

Soient P le plan donné et A l'axe de rotation, parallèle au plan vertical. Tous les points du plan P, en tournant autour de l'axe A, décrivent des arcs de cercle dont les plans sont perpendiculaires à cet axe, et dont les projections sur tout plan perpendiculaire à ce même axe sont des arcs de cercle identiques ; prenons donc un nouveau plan horizontal auxiliaire perpendiculaire à l'axe A et par suite au plan vertical V ; la nouvelle ligne de terre $L'T'$ sera perpendiculaire à A^v (N° 24, 5°) A^h sera la nouvelle projection horizontale de l'axe A (N° 66), et H'^P la nouvelle trace horizontale du plan P, dont on détermine un point b' en cherchant la nouvelle trace horizontale b' de la verticale B du plan P. Faisons maintenant tourner le plan P autour de l'axe A, pour l'amener dans la position P' (N° 76) ; ses traces seront alors $H'^{P'}$ tangente en i' à la circonférence de rayon $A^h i$, et $V^{P'}$ dont on obtient un point c, trace de l'horizontale C' du plan P'. Rapportant enfin le plan P' aux deux anciens plans de projection V et H, la trace verticale $V^{P'}$ reste la même puisque le plan vertical V n'a pas changé, et on aura la trace horizontale $H^{P'}$, en joignant l'intersection ω de $V^{P'}$ et de $L'T'$ à la trace b, de la verticale B amenée en B' dans la nouvelle position du plan. Si $V^{P'}$ ne rencontre pas $L'T'$ dans les limites du dessin ou coupe cette ligne sous un angle trop aigu, on déterminera un second point de $H^{P'}$ en cherchant la trace sur le plan H d'une deuxième verticale du plan P'.

Pour simplifier la figure, la verticale B a été prise telle que sa trace b' sur le plan horizontal H' soit l'intersection de H'^P et de A^v prolongée, et l'horizontale C' de manière que sa trace verticale c soit l'intersection de V^P et de A^h. On voit aussi qu'il est inutile de tracer les projections horizontales des verticales B et B' des plans P et P'.

S'il s'agit de faire tourner le plan P autour d'un axe parallèle au plan horizontal, on prend un nouveau plan vertical auxiliaire perpendiculaire à l'axe de rotation, sur lequel les arcs de cercle décrits par les divers points du plan P se projettent dans leur vraie grandeur ; on détermine les traces du plan P dans sa nouvelle position P' ; puis on rapporte ce plan P' aux deux premiers plans de projection.

Pl. 6.   fig. 83

86. **Problème.** Faire tourner une droite d'un angle donné autour d'un axe quelconque.

Soient D la droite donnée et A l'axe de rotation. Dans le mouvement, les divers points de la droite D décrivent des arcs de cercle dont les plans sont perpendiculaires à l'axe A et dont les projections sur tout plan perpendiculaire à cet axe sont identiques. Il faut donc rapporter les deux droites A et D à un système de plans de projection dont l'un soit perpendiculaire à l'axe A. Or on a vu (N° 66) que pour ramener une droite à être perpendiculaire à l'un des plans de projection, au plan horizontal par exemple, il faut prendre pour nouveau plan vertical un plan V' parallèle à la droite, et pour plan horizontal un autre plan perpendiculaire à cette droite ; par conséquent la trace $L'T'$ du nouveau plan vertical V' doit être parallèle à A^h, et nous déterminons les nouvelles projections verticales A^v de l'axe et D^v de la droite (N°s 68 et 63). Le nouveau plan horizontal est perpendiculaire à l'axe A, sa trace $L''T''$ doit donc être perpendiculaire à A^v ; on obtient A^h pour la nouvelle projection horizontale de l'axe, et $D^{h'}$ pour celle de la droite D. Si maintenant on fait tourner la droite D de la quantité angulaire donnée autour de l'axe A qui est perpendiculaire au plan horizontal (N° 78), sa projection horizontale $D^h{}''$ viendra en $D'^h{}''$, et on en déduit $D'^v{}''$ en projetant c''^h et $d'^h{}''$ en c''^v et d'^v sur les parallèles à $L''T''$ menées par c'' et d''. Rapportant enfin la droite D' aux deux premiers plans de projection, on trouve d'abord D'^h en déterminant c''^h et d'^h à des distances de LT' égales à celles de c''^h et de $d'^h{}''$ à $L''T''$, et dans la partie antérieure par rapport à $L'T'$; puis on obtient D'^v en déterminant également c''^v et $d'^v{}''$ à des distances de LT égales à celles de d'^v et de c''^v à $L'T'$.

Pl. 6.   fig. 34

87. Problème. Faire tourner un plan d'un angle donné autour d'un axe quelconque.

Soient P le plan donné et A l'axe de rotation. Dans le mouvement du plan P autour de l'axe, ses divers points décrivent des arcs de cercle dont les plans sont perpendiculaires à l'axe A, et dont les projections sur tout plan perpendiculaire à cet axe seront identiques. Il faut donc, comme dans le problème précédent, prendre un nouveau système de plans de projection dont l'un sera perpendiculaire à l'axe de rotation A, et l'autre par conséquent lui sera parallèle. Prenons donc le nouveau plan vertical parallèle à l'axe A, et, pour plus de simplicité, nous choisirons celui qui le projette horizontalement ; alors la nouvelle ligne de terre $L'T'$ se confondra avec A^h ; la position A_1 de l'axe A sur le plan V' sera donnée par celles a_1 et b_1 des points a et b, positions qui sont à des distances de $L'T'$ égales à celles de a^v et de b^v à LT ; la trace horizontale H^P du plan P reste la même, et on a obtenu un point $\underline{c}$ de V'^P en remarquant que l'intersection c^h de LT et de $L'T'$ est la projection horizontale de l'intersection dans l'espace de V^P et de V'^P ; on trouvera donc le point $\underline{c}$ de V'^P à une distance de $L'T'$ égale à celle du point c de V^P à LT. Le nouveau plan horizontal étant perpendiculaire à l'axe de rotation, sa trace $L''T''$ sera perpendiculaire à A, et A^h se trouve évidemment sur cette nouvelle ligne de terre ; on a déterminé un point m'_1 de la nouvelle trace horizontale H''^P en cherchant la trace m sur le plan H'' de la verticale B du plan P, et joignant m'_1 à l'intersection de V'^P et de $L''T''$, on a H''^P. Faisons maintenant tourner le plan P autour de l'axe A (N° 85), H''^P prendra la position $H''^{P'}$ tangente à la circonférence décrite de A^h comme centre tangentiellement à H''^P. L'axe A étant situé sur le plan V' rencontre V'^P en un point k, qui reste fixe pendant la rotation ; ce point k, appartient donc également à $V'^{P'}$. Rapportant le plan P' aux deux plans primitifs de projection, d'abord au plan horizontal H, on trouve un point n de $H^{P'}$ en déterminant la trace n sur le plan H de la verticale C' du plan P' ; on connaît donc $H^{P'}$. Enfin on a un second point q', de $V^{P'}$ en cherchant la trace sur le plan V d'une horizontale E' du plan P' ; cette trace q' est à la même distance de LT que celle q sur le plan V de cette même horizontale E à $L'T'$.

88. Rabattre un plan sur un autre, c'est faire tourner le premier autour de son intersection avec le second jusqu'à ce qu'il se confonde avec celui-ci (N° 4) ; on conçoit donc que, lorsqu'on a rabattu un plan sur l'un des plans de projection, on doit avoir la véritable forme des figures tracées sur le plan.

Ce problème n'est autre que celui de faire tourner un plan autour d'un axe parallèle à l'un des plans de projection : on en voit fréquemment l'application en Géométrie Descriptive, surtout lorsqu'une figure doit être compliquée et qu'il faut éviter une confusion que pourrait occasionner l'emploi des autres méthodes.

fig. 35

89. Problème. Rabattre sur le plan horizontal un plan donné par ses traces, et trouver le rabattement d'une droite de ce plan.

Soient P le plan donné et D la droite dont on se donne seulement l'une des projections, D^h par exemple, et on en conclut D^v (N° 47.) Pour rabattre le plan P sur le plan horizontal, il faut le faire tourner autour de sa trace horizontale comme axe de rotation (N° 88). Dans ce mouvement, un point quelconque du plan, le point m par exemple, décrit un arc de cercle dont le centre est sur H^P, et dont le plan est perpendiculaire à cette droite; si nous prenons le plan de cet arc de cercle pour nouveau plan vertical de projection, la nouvelle ligne de terre $L'T'$ passera par m^h et sera perpendiculaire à H^P (N° 24, 6°). H^P ne change pas et V'^P est la nouvelle trace verticale du plan P. (N° 64). De ce que le plan V' est perpendiculaire à H^P, il l'est aussi au plan P, par suite D'^v se confond avec V'^P (N° 52, 3°). On connait donc les nouvelles projections des points m et n de la droite D. Si l'on fait tourner le plan P autour de H^P, le point m décrit l'arc de cercle dont le centre est D^v et le rayon $D'^v m^v$. Cet arc de cercle étant situé sur le plan V' ne peut rencontrer le plan horizontal qu'en un point de $L'T'$, qui est le rabattement m' du point m; l'arc décrit par un second point n de la droite D est sur un plan parallèle au plan vertical V'; il se projette donc identiquement sur ce plan suivant l'arc de rayon $D'^v n^v$ dont la projection horizontale est la parallèle à $L'T'$ menée par le point n^h. Le point en lequel cet arc de cercle rencontre le plan horizontal est le rabattement n' du point n; sa projection verticale est donc à l'intersection n'^v de $L'T'$ et de l'arc de rayon $D'^v n^v$ (N° 42); d'où l'on conclut n'. Joignant m' et n', on a D' rabattement de la droite D. Il est clair que D^h et D' prolongées suffisamment doivent couper H^P au même point d qui est la trace horizontale de la droite D.

Pour rabattre le plan P sur le plan vertical, il faut le faire tourner autour de sa trace verticale comme axe de rotation, jusqu'à ce qu'il se confonde avec le plan vertical (N° 83).

Pl. 6. fig. 85.

90. Problème réciproque. Connaissant le rabattement sur le plan horizontal d'une droite d'un plan donné par ses traces, déterminer les projections de la droite.

Soit D' le rabattement d'une droite du plan P; supposons ce plan P rabattu sur le plan horizontal, et faisons le tourner autour de H^P pour le ramener dans sa position primitive; la droite D sera entraînée par le plan, et ses divers points décriront des arcs de cercle dont les centres sont sur H^P, et dont les plans sont perpendiculaires à cette trace. Si nous prenons pour nouveau plan vertical de projection le plan de l'arc décrit par le point m par exemple, sa trace $L'T'$ sera perpendiculaire à H^P, et passera par m'. Déterminons V'^P (N° 64) et remarquons que le plan V' étant perpendiculaire à H^P, l'est aussi au plan P; donc la projection verticale D'^v de la droite D se confondra avec V'^P (N° 52, 3°). Le point m' décrit sur le plan V' un arc de cercle dont le centre est k, intersection de H^P et de $L'T'$, et dont le rayon est $k m'$; la rencontre de cet arc et de V'^P détermine la position m_1 du point m sur le plan P, et on trouve m^h sur $L'T'$ (N° 14 a), puis enfin m^v à une distance de LT égale à celle de m_1 à $L'T'$. Un second point n' de D' se projette verticalement en n'^v sur $L'T'$ (N° 14 a); le plan de l'arc qu'il décrit est parallèle au plan vertical V', donc cet arc se projette identiquement sur ce plan, suivant celui qui a pour rayon $k n'^v$ et sa projection horizontale est la parallèle à $L'T'$ menée par n'; l'intersection de D'^v ou V'^P et de l'arc de rayon $k n'^v$ donne la projection verticale n^v du point n, d'où on conclut n^h. Enfin on obtient n^v à une distance de LT égale à celle de n'^v à

$L'T'$ joignant m^h et n^h, m^v et n^v, on a D^h et D^v projections de la droite D. Si on prolonge suffisamment D^v et D^h, ces droites couperont H^P au même point d qui est la trace horizontale de la droite D; par suite d^v doit se trouver à l'intersection de D^v et de LT.

Problèmes sur la droite et le Plan

Droites et Plans perpendiculaires.

91. Lorsqu'une droite est perpendiculaire à un plan, les projections de la droite sont respectivement perpendiculaires aux traces du plan. En effet le plan projetant horizontalement la droite D est perpendiculaire au plan horizontal et au plan P, il l'est donc à leur intersection H^P; donc celle-ci doit être perpendiculaire à D^h qui passe par son pied dans le plan projetant. Par un raisonnement analogue, on ferait voir que D^v doit être perpendiculaire à V^P.

Réciproquement. Lorsque les projections d'une droite sont perpendiculaires aux traces d'un plan, la droite et le plan sont perpendiculaires dans l'espace. En effet: Le plan projetant horizontalement la droite D, étant perpendiculaire à H^P, l'est aussi au plan P; donc l'intersection de ces deux plans projetants ou la droite D elle même est perpendiculaire au plan P.

Pl. 7. fig. 85 bis

92. *Problème.* Par un point donné mener une droite perpendiculaire à un plan donné.

1° Le plan P est donné par ses traces.

Les projections X^h et X^v de la droite cherchée seront les perpendiculaires à H^P et à V^P menées par les projections o^h et o^v du point donné o (N°: 91).

fig. 86

2° Le plan est donné par deux droites qui se coupent.

Soient (D, C) le plan et o le point donnés; traçant une horizontale A et une verticale B du plan donné (N°: 55), la projection horizontale X^h de la droite cherchée X sera la perpendiculaire à A^h menée par o^h, et sa projection verticale X^v sera la perpendiculaire à B^v menée par o^v.

fig. 87

93. *Problème.* Par un point donné, mener un plan perpendiculaire à une droite donnée.

Soient D la droite et o le point donnés. Pour résoudre ce problème, il suffit de déterminer deux droites du plan cherché P. Or, ses traces devant être respectivement perpendiculaires à D^h et à D^v, si par o^h on mène A^h perpendiculaire à D^h, et si par o^v on mène A^v parallèle à LT, la droite A sera une horizontale du plan cherché (N°: 54, 1°); puis si par o^v on mène B^v perpendiculaire à D^v, et par o^h, B^h parallèle à LT, la droite B sera une verticale du même plan; donc le plan (A, B) est perpendiculaire à la droite D. Si on veut en avoir les traces on obtiendra la trace verticale V^P en menant une perpendiculaire à D^v par la trace verticale a de l'horizontale A; et on aura la trace horizontale H^P en menant une perpendiculaire à D^h par la trace horizontale b de la verticale B; si on a opéré juste, H^P et V^P couperont la ligne de terre au même point

Si la trace d'une des droites A et B ne se trouve pas dans les limites du dessin, on pourra toujours tracer sur le plan (A, B) une autre droite (N° 47, 2°) dont la trace servira à déterminer celle du plan.

Pl. 7.   fig. 88.   94. **Problème.** Par une droite donnée mener un plan perpendiculaire à un plan donné.

Soient D la droite et P le plan donnés. Par un point o de la droite D, abaissons une perpendiculaire M sur le plan P; M^h passera par o^h, et sera perpendiculaire à H^P; de même M^v passera par o^v et sera perpendiculaire à V^P (N° 91). Le plan (D, M) sera celui cherché. On en connaîtra les traces, en cherchant celles des droites D et M (N° 55) ou, si elles ne se trouvent pas sur l'épure, en cherchant celles d'autres droites que l'on aura tracées sur leur plan (N° 47).

On observera que les traces de même nom de deux plans perpendiculaires entre eux ne sont généralement pas perpendiculaires.

Si la droite D était donnée perpendiculaire au plan donné P, le problème serait indéterminé, parce que tout plan passant par cette droite serait perpendiculaire au plan P.

fig. 89   95. **Problème.** Par un point donné mener une droite perpendiculaire à une droite donnée.

Soient D la droite et o le point donnés. La droite D et le point o déterminent un plan que nous rendrons parallèle au plan horizontal, en le faisant tourner autour d'une de ses horizontales; et, pour plus de simplicité, nous choisirons celle A qui passe par le point o (N° 55, 2°). Il est évident que, quand le plan (D, o) occupera la position H' parallèle au plan horizontal, sa trace verticale $V^{H'}$ se confondra avec A' (N° 32, 5°). Le mouvement de rotation imprimé au plan (D, o) aura donc pour but d'opérer le rabattement de ce plan sur le plan horizontal H', en le faisant tourner autour de l'axe A, qui est l'intersection de ces deux plans. Or, on a vu (N° 89) que, pour cette opération, il faut avoir recours à un nouveau plan vertical auxiliaire V' perpendiculaire à l'axe de rotation A; et sur lequel les arcs décrits par les divers points du plan tournant (D, o) se projettent suivant des arcs de cercle identiques. Pour rendre la figure plus simple, nous supposerons le plan vertical V' rabattu sur le plan horizontal H', au lieu de l'être sur le plan horizontal H; la nouvelle ligne de terre sera alors située sur le plan H', et les nouvelles projections verticales des points du plan (D, o) se trouveront à des distances de cette ligne égales à celles de ces mêmes points au plan H'. Il est clair que les constructions, se passant sur un plan parallèle au plan horizontal, auront des projections horizontales identiques; par conséquent les opérations exécutées sur ces projections seront absolument les mêmes que celles exécutées sur le plan H; il s'ensuit donc qu'en opérant sur ces projections horizontales, nous sommes obligés d'affecter de la lettre h tous les points et toutes les lignes que nous obtiendrons, même les projections verticales auxiliaires.

Prenons donc pour le nouveau plan vertical auxiliaire V' celui de l'axe décrit par le point d de la droite D: la projection horizontale $L'^h T'^h$ de la trace $L' T'$ sur le plan H' passera par d^h et sera perpendiculaire à A^h. On obtiendra la position d_1 du point d sur le plan V' en portant, sur la perpendiculaire à $L' T'$ menée par d^h, une grandeur $d^h d_1$ égale à la distance de d^h à $V^{H'}$ ou A' (N° 9, 1°). Le point a de la droite D est situé sur l'axe de rotation, sa projection sur le plan V' sera donc a^v, intersection de A et de LT; joignant d et a^v, on a la nouvelle projection verticale D^v de la droite D. Dans le mouvement du plan (D, o), le point d décrit sur le plan V' un arc de cercle dont le centre est A^v et dont le rayon est $A^v d$; l'intersection de $L'T'$ et de cet arc de cercle donne le rabattement d' du point d sur le plan horizontal H'; et comme le point a est resté fixe sur l'axe, en joignant d' et a on a D' rabattement de la droite D sur le plan H'. On peut maintenant abaisser une perpendiculaire du point o sur la droite D', et le pied x' de cette perpendiculaire se projette verticalement en x'^v sur $L'T'$ (N°. 14 a). Ramenant le plan (D, o) dans sa position primitive (D, o) en le faisant tourner autour du même axe A, la droite X' entraînée dans le mouvement ne cessera pas d'être perpendiculaire à D'; son point o situé sur l'axe, reste fixe, et son pied a' décrit un arc de cercle qui se projette identiquement sur le plan V' suivant l'arc de rayon $A^v x'^v$, et l'intersection de cet arc et de D^v donne x^v, projection verticale auxiliaire du point x; lorsque le plan (D, o) est arrivé dans son ancienne position on trouve x^h à l'intersection de la parallèle à $L'T'$ menée par x' et de la perpendiculaire à $L'T'$ menée par x^v; si on a bien opéré, cette intersection x^h doit se trouver sur D^h. Enfin comme x^v est au-dessous de $L'T'$, on obtient x^v au-dessous de A^v, à une distance de cette ligne égale à celle de x^v à $L'T'$. joignant o^h et x^h, o^v et x^v, on a X^h et X^v, projections de la perpendiculaire X cherchée. Si on a bien opéré, on doit trouver x^v sur D^v.

Intersection des droites et des Plans.

96. Lorsque deux surfaces se coupent, la nature géométrique de leur ligne d'intersection dépend de celle de chacune de ces surfaces; et l'on est généralement obligé de déterminer cette intersection par points; on fait alors usage de surfaces auxiliaires qui coupent les deux premières chacune suivant une ligne, et ces lignes se coupent en un point qui appartient à l'intersection demandée, car il est commun aux deux surfaces données. Il est facile de concevoir que les surfaces auxiliaires ne doivent pas être prises arbitrairement; elles doivent être telles que leurs intersections avec les deux surfaces données puissent être obtenues d'une manière très simple, et que le tracé de ces intersections ne présente pas de difficultés.

Ainsi pour obtenir l'intersection de deux plans, la surface auxiliaire à employer est le plan, car ce dernier coupera chacun des deux autres suivant une droite dont il suffit de connaître deux points pour que le tracé soit exact. Ce plan devra en outre être choisi de telle sorte que ses intersections avec les plans donnés se coupent dans les limites du dessin et sous des angles convenables.

97. **Problème**. Trouver l'intersection de deux plans dont les traces se coupent dans les limites du dessin.

Soient P et Q les plans donnés.

Pl. 7. fig. 90 1° Toutes les traces sont obliques par rapport à la ligne de terre. Le point i, intersection des traces horizontales des plans donnés, est commun à ces deux plans; il appartient donc à leur intersection I; sa projection verticale est i^v sur LT (N°. 14 a); de même le point j, intersection de V^P et de V^Q, appartient à l'intersection I, et sa projection horizontale est j^h

sur LT. Joignant i et j^h, i^v et j, on a I^h et I^v. On remarquera que les points i et j sont les traces de l'intersection I des plans P et Q.

Pl. 7.   fig. 91   2° L'un des plans, Q par exemple, est perpendiculaire au plan horizontal; la projection horizontale I^h de l'intersection I se confondra avec H^Q (N°. 32, 2°), et on obtiendra I^v comme précédemment, en projetant verticalement le point i en i^v sur LT, et en joignant i^v au point j, intersection de V^P et de V^Q.

fig. 92   3° Les traces de chacun des plans P et Q sont en ligne droite; on en conclut que les intersections i de H^P et de H^Q, et j de V^P et de V^Q sont à égale distance de la ligne de terre; que l'intersection I et la ligne de terre sont rectangulaires, et qu'enfin la partie ij de cette intersection est dans l'angle dièdre $\widehat{P,S}$ (N°. 24, 7°). Du reste on peut très bien exprimer la direction de l'intersection I, en la projetant en I^h sur un nouveau plan horizontal auxiliaire H' qui lui soit parallèle (N°. 63), et par conséquent perpendiculaire à LT; on peut alors se convaincre que cette droite I est la base d'un triangle isocèle dont les côtés égaux sont ses projections ij^h et $i^v j$ sur les deux premiers plans de projection.

fig. 93   4° Les quatre traces se coupent en un même point de la ligne de terre. Le point i, étant à la fois l'intersection des traces horizontales et des traces verticales des plans donnés, il en résulte que les traces horizontale et verticale de l'intersection se confondent en ce même point i. Pour trouver un second point de l'intersection, prenons un plan auxiliaire R dont nous cherchons les intersections A et B avec chacun des plans donnés (N°. 97). Le point de rencontre k de ces intersections appartient à l'intersection I des plans donnés (N°. 96) joignant donc i et k^h, j et k^v, on a I^h et I^v. Si l'on a bien opéré, k^h et k^v se trouvent sur la même perpendiculaire à LT. (N°. 27). Le plan auxiliaire A doit être choisi de manière que ses traces coupent celles des plans donnés sous un angle convenable, et que ses intersections avec chacun de ceux-ci ne se coupent pas sous un angle trop aigu.

fig. 94   98. Problème. Trouver l'intersection de deux plans dont les traces horizontales ne se coupent pas dans les limites du dessin.

1° L'intersection j des deux traces verticales V^P et V^Q appartient à l'intersection I cherchée. Si, par le point m de H^P le plus éloigné possible de LT, on fait passer un plan R parallèle au plan Q (N°. 37), ce plan R coupera le plan P suivant une parallèle à l'intersection des plans P et Q; ses traces H^R et V^R seront respectivement parallèles aux traces H^Q et V^Q du plan Q, et son intersection avec le plan P est la droite A (N°. 97). Si donc par j^h et par j on mène I^h et I^v respectivement parallèles à A^h et à A^v, on aura les projections de l'intersection I des plans P et Q.

On peut employer cette construction lorsque les traces des plans donnés ne font pas entre elles des angles trop aigus.

fig. 95   2° Prenons un plan auxiliaire R parallèle au plan vertical, et tel que sa trace horizontale H^R soit le plus éloignée possible de la ligne de terre; ce plan R coupera les plans P et Q chacun suivant les droites A et B parallèles au plan vertical; on connaît un point a de la première par l'intersection de H^P et de H^R, et un point b de la seconde par l'intersection de H^Q et de H^R (N°. 97). A^h et B^h se confondent avec H^R (N°. 32, 6°), A^v et B^v seront les parallèles à V^P et à V^Q menées par les points a^v et b^v (N°. 34, 2°). Ces deux droites A et B se coupent en un point k qui est commun aux deux plans donnés; il appartient donc à leur intersection I; joignant donc ce point k au point j, intersection des deux traces verticales, on x.

l'intersection demandée.

fig.96   **99. Problème.** Trouver l'intersection de deux plans dont les traces horizon-tales sont parallèles.

Le point j, intersection des deux traces verticales V^P et V^Q, est la trace verticale de l'intersection I des plans donnés P et Q. Comme ces deux plans passent par deux droites parallèles H^P et H^Q, ils se coupent suivant une parallèle à ces droites; donc I^h sera la parallèle à H^P et à H^Q menée par j^h, et I^v sera la parallèle à LT menée par j (N° 34). Il résulte de là que l'intersection I est horizontale.

De même lorsque deux plans qui se coupent ont leurs traces verticales parallèles, leur intersection est parallèle à ces traces et, par suite, au plan vertical.

fig.97   **100. Problème.** Trouver l'intersection de deux plans dont aucunes traces ne se coupent dans les limites du dessin.

1° Soient P et Q les plans donnés. Prenons un plan auxiliaire R parallèle au plan vertical, et tel que sa trace horizontale H^R soit le plus éloignée possible de la ligne de terre; ce plan coupera les plans P et Q chacun suivant une droite A et B parallèle au plan vertical; ces droites A et B se coupent elles-mêmes en un point k qui appartient à l'intersection I cherchée. On trouvera un second point g de l'intersection I en prenant un second plan auxiliaire T parallèle au plan horizontal, et tel que sa trace verticale V^T soit le plus éloignée possible de LT. Ce plan T coupe les plans P et Q chacun suivant une horizontale C et D dont l'intersection g appartient à l'intersection I des plans donnés P et Q. Joignant donc k et g, on obtient cette intersection.

fig.98   2° Il peut arriver que les points k et g soient trop rapprochés pour que leurs projections k^h, g^h et k^v, g^v établissent convenablement celles I^h et I^v de l'intersection I. Il peut aussi arriver que l'un des plans auxiliaires, R par exemple, coupe les plans donnés suivant des droites A et B qui ne se rencontrent pas dans les limites du dessin. Alors si, par le point k, obtenu comme précédemment par le plan auxiliaire R, on conçoit un plan R_1 parallèle à la ligne de terre et dont la trace verticale soit V^R parallèle à LT (N° 32, 7°), ce plan R_1 coupe le plan P évidemment suivant pk, et le plan Q suivant qk. Prenant un second plan auxiliaire R' parallèle au premier R et passant par LT, ses traces se confondront avec cette ligne (N° 38, 8°); il coupera le plan P suivant $p'g$ et le plan Q suivant $q'g$ respecti-vement parallèle à pk et qk, et dont l'intersection g est un second point de l'intersection I des plans P et Q. Il est inutile de s'occuper de la projection horizontale du point g, car on voit sans peine qu'elle se trouve en dehors des limites de l'épure. Joignant k^v et g^v on a I^v. Par le point k, faisons passer un autre plan X parallèle à LT et dont la trace horizontale soit H^X; les intersections de ce plan auxiliaire avec les plans P et Q seront sk et tk; un second plan X', parallèle au plan X, coupera le plan P suivant s'm, et le plan Q suivant t'm, et l'intersection m de ces deux droites est un autre point de l'intersection I des plans P et Q, mais m n'en peut déterminer que la projection horizon-tale m^h, attendu que m^v est au delà des limites du dessin. Joignant donc m^h et k^h on a I^h.

Pour éviter toute confusion dans la figure, on fera passer le plan auxiliaire pour la ligne de terre, lorsque le point de l'intersection des plans donnés auquel il donne lieu n'est pas au delà de cette ligne; ce qui est indiqué par la direction des lignes pk'' et qk'', tel est le plan R'. Dans le cas contraire, on le prendra en dehors de LT: tel est le plan X'.

3°. Il peut encore arriver qu'aucun des plans auxiliaires, tel que le plan A, parallèle à l'un des plans de projection ne puisse donner un point de l'intersection demandée; on peut alors tracer sur chacun des plans donnés deux droites qui se coupent ou deux parallèles (N°. 47), en ayant soin de ne prendre ni des horizontales ni des verticales de ces plans; et on sera conduit à résoudre le problème suivant:

fig. 99

101. Problème. Trouver l'intersection de deux plans donnés, l'un par deux parallèles et l'autre par deux droites qui se coupent.

Soient (A,B) (C,D) les plans donnés. Un plan auxiliaire parallèle au plan horizontal, et dont V^R est la trace verticale, détermine sur le plan (A,B) une horizontale M, et sur le plan (C,D) une autre horizontale N. Les projections verticales M'' et N'' de ces droites se confondent avec V^R (N°. 52, 5°), et on en conclut M^b et N^b (N°. 33). Ces horizontales M et N se coupent en un point n qui appartient à l'intersection I des plans donnés; donc n^b est un point de I^b, et par suite n'' est un point de I''. Un second plan auxiliaire T parallèle au plan vertical détermine sur chacun des plans (A,B) et (C,D) une parallèle au plan vertical X et Y; ces deux droites se coupent en un point m, qui est un second point de l'intersection I demandée. Pour s'assurer de l'exactitude de l'opération, on remarquera que la droite I, étant située à la fois sur les deux plans donnés, doit rencontrer chacune des droites données; donc ses projections doivent couper celles de chacune des droites A, B, C, D, en des points situés sur une même perpendiculaire à la ligne de terre.

fig. 100

102. Problème. Trouver l'intersection de deux plans parallèles à la ligne de terre.

L'intersection I cherchée doit être parallèle à la ligne de terre, donc ses projections seront parallèles à la ligne de terre; par conséquent il nous suffit, pour les tracer, de connaître un point de chacune d'elles. Prenons un nouveau plan vertical perpendiculaire à la ligne de terre; sa trace $L'T'$ sera perpendiculaire à LT et, par suite, aux traces des plans donnés, et les nouvelles traces verticales des plans P et Q sont V'^P et V'^Q (N°. 44). H^P et H^Q, étant perpendiculaires à LT, indiquent que les plans P et Q sont perpendiculaires au nouveau plan vertical V' (N°. 52, 3°); donc leur intersection I sera perpendiculaire à ce plan, par conséquent I' se confond en un point qui est l'intersection de V'^P et de V'^Q d'où on déduit I^b perpendiculaire à $L'T'$ (N°. 24, 6°) et par suite parallèle à LT. On aura un point de I en cherchant la projection sur le plan vertical V d'un point i de I, projection que l'on obtient à une distance de LT égale à celle de i' à $L'T'$.

On peut prendre le nouveau plan de projection oblique par rapport à l'un des deux premiers, alors la nouvelle projection I' de I sera la parallèle à $L'T'$ menée par l'intersection j de V'^P et de V'^Q (N°. 99).

Si les traces V'^P et V'^Q se coupent sous un angle trop aigu, on peut prendre un plan auxiliaire R; qui coupe les plans donnés suivant les droites A et B dont l'intersection k appartient à l'intersection I de ces plans. Il est évident que k^b et k'' doivent se couper sur la même perpendiculaire à LT.

103. Problème. Trouver l'intersection de deux plans donnés par leur ligne de plus grande pente par rapport à l'un des plans de projection.

1° Soient P et Q les lignes de plus grande pente par rapport au plan horizontal de deux plans P et Q; un plan auxiliaire R, parallèle au plan horizontal, coupera les plans P et Q chacun suivant une horizontale A et B; les projections horizontales A^h et B^h de ces droites doivent être perpendiculaires à P^h et à Q^h (№ 54, 3°); et leurs projections verticales A^v et B^v se confondent avec V^R (№ 52, 5°). L'intersection k de ces droites est un point de l'intersection I des plans donnés. Un second plan auxiliaire horizontal T dont, pour plus de simplicité, nous faisons passer la trace verticale V^T par l'intersection de P^v et de Q^v, coupe chacun des plans donnés suivant deux autres horizontales M et N, respectivement parallèles à A et à B; leur intersection g est un second point de l'intersection I des plans P et Q. Joignant donc k et g, on a l'intersection I demandée. Comme cette droite est située à la fois sur les deux plans P et Q, elle doit rencontrer chacune des lignes de pente P et Q; donc les intersections p^h et p^v, q^h et q^v de I^h et de I^v avec P^h et P^v, Q^h et Q^v sont situées deux à deux sur la même perpendiculaire à LT, ce qui sert à vérifier l'opération.

2° Les lignes de pente P et Q peuvent être telles que leurs projections horizontales soient parallèles; alors les traces horizontales des plans P et Q sont parallèles, et les horizontales A et B, M et N, déterminées par les plans auxiliaires horizontaux R, T étant aussi parallèles, ne sont plus suffisantes pour faire connaître l'intersection I. Traçons sur le plan R une droite ab, et sur le plan T une droite $m\,d$ parallèle à ab: les droites ab et $m\,d$ déterminent un plan qui coupe le plan P suivant la droite am; car les points a et m sont communs au plan P et $(ab, m\,d)$, et le plan Q suivant la droite bd qui n'est autre que la droite Q. Les deux droites am et bd se rencontrent en un point g qui appartient à l'intersection I des plans donnés; menant donc par g^h une parallèle I^h aux droites A^h, B^h, M^h et N^h, et par g^v une parallèle I^v à LT, on a les projections de l'intersection demandée (№ 99). On vérifiera l'opération en s'assurant que I^h coupe P^h en un point p^h qui est sur la même perpendiculaire à LT que le point p^v en lequel I^v coupe P^v.

104. Problème. Étant données deux droites que l'on suppose se couper hors des limites du dessin et un point d'une troisième droite qui doit passer par leur intersection, déterminer cette droite.

Soient A et B les droites et m le point donnés; il suffit de déterminer un second point de la droite cherchée I. Remarquons que le plan (A, m), déterminé par la droite A et le point m, coupe celui (B, m) de la droite B et du même point m suivant une droite qui doit passer par l'intersection des droites A et B; c'est donc la droite I demandée. Or, un plan auxiliaire, passant par le point m, coupera le plan (A, m) suivant une droite am, le plan (B, m) suivant une autre droite bm, et le plan (A, B) suivant une troisième droite ab. Un second plan auxiliaire, parallèle au premier (a, b, m), coupera les trois plans (A, m), (B, m), (A, B) suivant les droites pn, qn, pq respectivement parallèles à am, bn, ab; donc le point n, intersection de pn et de qn, appartient à l'intersection des plans (A, m) et (B, m). Joignant donc les points m et n, on a la droite cherchée I.

Comme le plan auxiliaire mené par le point m est arbitraire, on fera en sorte que les projections des droites a m et b n ne fassent entre elles et avec les projections des droites données des angles convenables pour que les intersections de ces droites entre elles soient bien déterminées.

Pl. 8   fig. 104

105. Problème. Trouver une droite qui coupe deux autres droites non situées sur le même plan, et qui soit parallèle à une troisième droite.

Soient M et N deux droites non situées sur le même plan, et D la troisième droite à laquelle la droite demandée X doit être parallèle. Si par chacune des droites M et N on fait passer un plan parallèle à D, ces deux plans se couperont suivant une parallèle à cette dernière; ce sera donc la ligne cherchée. Prenons les points m et n sur chacune des droites M et N, et, pour plus simplicité dans la figure, nous les choisissons tels que leurs projections verticales m' et n' se confondent; par chacun des points m et n menons les parallèles G et K à la droite D, et déterminons l'intersection des plans (M, G) et (N, K) (Nᵒ 101). Un plan auxiliaire T, parallèle au plan horizontal, coupera les plans (M, G) (N, K) suivant deux horizontales S et U, dont l'intersection s est un point de l'intersection des deux plans (M, G) et (N, K); par conséquent si, par le point s, on mène X parallèle à D, on aura la droite cherchée; et, si l'on a opéré exactement, les intersections de ses projections et de celles des droites M et N doivent se trouver sur les mêmes perpendiculaires à LT.

On pourra déterminer un second point a de X en faisant usage d'un deuxième plan auxiliaire R que, pour ne pas changer la figure, nous avons pris parallèle au plan vertical.

fig. 105

106. Problème. Trouver l'intersection d'une droite et d'un plan.

Si par la droite donnée D on fait passer un plan R, ce plan coupera le plan donné P suivant une droite A dont l'intersection x avec la droite donnée D est le point cherché.

Ce plan auxiliaire doit être tel que les projections de son intersection A avec le plan P ne coupent pas les projections de D sous un angle trop aigu, afin que le point d'intersection x de la droite D et du plan P soit bien déterminé. Le plan auxiliaire, dont l'emploi est généralement préférable, est l'un des plans projetant la droite, parce qu'on peut en avoir immédiatement la représentation graphique. C'est aussi pour la même raison qu'on fait quelquefois usage des suivants:

L'un des plans pour lesquels la droite D est de plus grande pente par rapport à l'un des plans de projection.

Le plan mené par la droite D parallèlement à la ligne de terre.

Le plan dont la trace horizontale est parallèle à H^P;

Le plan dont la trace verticale est parallèle à V^P.

fig. 105

1ᵉ Le plan P est donné par ses traces.

Le plan R, projetant horizontalement la droite D, coupe le plan P suivant une droite A (Nᵒˢ 97 et 98, 2ᵉ), dont l'intersection x avec D est le point cherché. Par cette construction on obtient x' d'où on déduit x^h; pour vérifier ce dernier, on peut chercher l'intersection S du plan P avec le plan projetant verticalement D; S^h doit évidemment passer par x^h.

Le point x partage la droite D en deux parties dont l'une, cachée par le plan P, est invisible; elle doit donc être écrite en points ronds. Comme les corps sont toujours supposé placés dans l'espace entre le spectateur et le plan de projection, on conçoit que la partie invisible de la droite sera celle qui est plus près du plan de projection que la partie correspondante du plan. On peut le reconnaître de la manière suivante: Prenant un point d sur la droite tel que sa projection verticale d^v se confonde avec un point s de V^P et par conséquent du plan P, on voit, en lisant les projections horizontales, que le point d de la droite est plus éloigné du plan vertical que le point s du plan; donc la projection verticale $d^v x^v$ de la partie dx de la droite D sera écrite en ligne pleine; et, par contre, la partie de D^v au delà de x^v sera pointillée. Par un raisonnement analogue, on verra que la partie $d^h x^h$ de D^h doit également être écrite en ligne pleine.

Pl. 8 — fig. 106.   2°. Le plan est donné par une figure plane.

Le plan R, projetant horizontalement la droite D, coupe le plan donné suivant une droite A dont la projection horizontale A^h se confond avec H^R ou D^h (N°: 52, 2°). Déterminant A^v (N°: 47, 2°), on trouve x^v intersection de D^v et de A^v et on en déduit x^h. On peut vérifier ce dernier point en construisant l'intersection B du plan T projetant verticalement la droite D, et dont la projection horizontale B^h doit passer par x^h. On déterminera les parties visibles et invisibles de D^h et de D^v comme précédemment.

fig. 107.   3°. La droite est parallèle à la ligne de terre.

Le plan R, projetant horizontalement la droite D est parallèle au plan vertical (N°: 52, 6°); il détermine sur le plan donné une verticale A, dont l'intersection x avec la droite donnée D est le point cherché. Comme vérification on peut opérer par le plan projetant verticalement D.

fig. 108.   4°. La droite est perpendiculaire à l'un des plans de projection, au plan horizontal par exemple. Alors tout plan R passant par D sera perpendiculaire au plan horizontal; sa trace horizontale passera donc par D^h. Si le plan P est donné par ses traces, on prendra le plan auxiliaire R parallèle au plan vertical: il coupera donc le plan P suivant une verticale A de ce plan, et on aura le point cherché x à l'intersec-

fig. 109. -tion de D^v et de A^v. Si le plan P est donné par deux droites M N on prendra le plan R tel que son intersection A fasse avec les droites M et N et la droite donnée D des angles convenables pour que le point x soit bien déterminé; ce dont on peut s'assurer à priori.

fig. 110.   5°. La droite D est située dans un plan perpendiculaire à la ligne de terre; ses projec-tions ne suffisent plus pour la déterminer. il faut alors avoir celles de deux de ses points a et b (N°: 27, 7°). Ses plans projetants se confondent, et leurs traces sont une seule ligne droite perpendiculaire à LT; les intersections de ces plans avec le plan P ne peuvent plus faire connaître le point x, puisque leurs projections se confondent avec celles de D. Prenons alors un nouveau plan vertical auxiliaire de projection parallèle à D et par conséquent per-pendiculaire à LT; et choisissons celui qui projette horizontalement cette droite; sa trace $L'T'$ se confond avec D^h et D^v; Déterminant V'^P et la position D, de D sur ce plan ver-tical V'. (N°: 63 et 64), on trouve le point x, à l'intersection de D et de V'^P; on en conclut x^h sur D^h, puis enfin x^v sur D^v à une distance de LT égale à celle du point x, à $L'T'$. Il est facile de voir que la partie ba de la droite D doit être écrite en ligne pointillée.

fig. 111.   107. **Problème.** Par un point donné, mener une droite qui coupe deux autres droites non situées sur le même plan.

Soient A et B deux droites de l'espace, et o le point donné. Si par le point o et par l'une des droites, A par exemple, on conçoit un plan (A, o) et qu'on cherche l'intersection b de l'autre droite B et de ce plan, la droite X, qui joindra les deux points o et b, sera celle cherchée; car, étant située dans le plan (A, o), elle doit couper la droite A.

Joignons donc le point o à un point m de la droite A; le plan R, projetant verticalement B, coupe le plan (A, o) suivant une droite a p dont la projection verticale $a^v p^v$ se confond avec V^R ou B^v (Nᵒˢ 32, 2°), et on déduit $a^h p^h$ (Nᵒˢ 47, 2°). L'intersection b^h de $a^h p^h$ et de B^h est la projection horizontale de l'intersection b de la droite B et du plan (A, o), et on en conclut b^v sur B^v; menant donc la droite o b, on obtient celle X demandée; car elle coupe la droite A au point x (Nᵒ 28). On peut vérifier le point x en cherchant l'intersection x de la droite A et du plan (B, o).

Remarquant que la droite X est située dans les deux plans (A, o) et (B, o) on peut encore la trouver en déterminant l'intersection de ces deux plans (Nᵒ 101).

Angles des Droites et des Plans.

108. Si deux droites A et B ne se rencontrent pas dans l'espace, et que par un point a de l'une A on mène une parallèle M à l'autre B, l'angle A a M mesure l'inclinaison de la droite A sur la droite B, et est dit **l'angle** de ces deux droites.

Par conséquent l'angle de deux droites rectangulaires est droit.

L'angle de deux parallèles est nul.

Dans tous les cas on sera donc conduit à chercher l'angle de deux droites qui se coupent.

Pl. 8   fig. 112   109. **Problème.** Trouver l'angle de deux droites.

Soient A et B deux droites qui se coupent en un point o; si on ramène le plan (A, B) parallèle au plan horizontal en le faisant tourner autour d'une de ses horizontales a b (Nᵒ 33), l'angle formé par les projections horizontales des droites A et B dans leur nouvelle position A' et B' sera ^{t} l'angle cherché (Nᵒ 58); prenant donc pour nouveau plan vertical de projection le plan de l'arc décrit par le point o autour de l'axe de rotation a b, on trouve o, à une distance de L'T' égale à celle de o^v à $a^v b^v$, puis on en déduit le rabattement o' du point o (Nᵒ 93); comme les points a et b sont restés fixes sur l'axe de rotation, joignant a et o, b et o, on a A' et B' rabattements des droites A et B, et, par suite, l'angle a o' b est celui des droites A et B.

Quand la disposition de la figure le permet, on peut prendre pour axe de rotation la trace horizontale du plan (A, B), on opère alors le rabattement sur le plan horizontal même.

Il est évident que, si les droites sont horizontales, l'angle est immédiatement connu, car c'est celui formé par les projections horizontales des droites. De même si elles sont parallèles au plan vertical, leur angle sera celui que forment leurs projections verticales.

Si l'une des droites A est horizontale, on ramène le plan qu'elles déterminent dans une position parallèle au plan horizontal, en le faisant tourner autour de la droite horizontale A comme axe de rotation. Si elle est parallèle au plan vertical, on ramène le plan dans une position parallèle au plan vertical, en prenant la droite A pour axe de rotation.

110. On peut remarquer que l'angle $a^h o^h b^h$ des droites données est plus petit que l'angle $a^h o^h b^h$ de leurs projections; car les deux triangles $a^h o^h b^h$ et $a^h o^h b^h$ ont même base $a^h b^h$, et la hauteur $h^h o^h$ du premier est plus grande que celle $h^h o^h$ du second; d'où l'on peut conclure que lorsque deux droites sont rectangulaires dans l'espace, leurs projections ne sont généralement pas perpendiculaires.

111. Les projections horizontales de deux droites A et B perpendiculaires dans l'espace sont perpendiculaires, quand l'une d'elles A est parallèle au plan horizontal: car le plan projetant horizontalement la seconde B est perpendiculaire à la droite A; donc sa trace horizontale B^h sera perpendiculaire à A^h (N° 91); telles sont les horizontales d'un plan et les lignes de plus grande pente par rapport au plan horizontal.

De même, les projections verticales de deux droites perpendiculaires dans l'espace sont perpendiculaires lorsque l'une d'elles est parallèle au plan vertical; telles sont les verticales d'un plan et les lignes de plus grande pente par rapport au plan vertical.

112. Si une droite de l'espace et sa projection sur un plan quelconque sont divisées en un même nombre de parties égales, les points de division de la projection sont les projections des points de division de la droite.

Pl. 8 — fig. 113. Soient D une droite de l'espace divisée aux points m et p en trois parties égales, et D^h sa projection divisée aux points n et q également en trois parties égales; on a évidemment la proportion $am : mp : pb :: a^h n : nq : q b^h$; les droites D et D^h sont situées sur le même plan; donc elles doivent se couper; par conséquent les droites $a a^h$, $m n$, $p q$, $b b^h$ qui les divisent en parties proportionnelles, sont parallèles, et, par suite, $m n$ et $p q$ sont perpendiculaires au plan de projection; donc les points n et q sont les projections respectives des points m et p.

113. **Problème.** Diviser l'angle de deux droites en deux parties égales.

fig. 112. 1° Soient A et B les deux droites données. Faisons tourner le plan (A,B) autour d'une de ses horizontales ab pour l'amener parallèle au plan horizontal, l'angle $a^h o^h b^h$ est égal à celui des droites A et B (N° 109). Traçons la droite $o^h p$ qui divise cet angle en deux parties égales, et ramenons le plan (A,B) dans sa position primitive (A,B), en le faisant tourner autour de ab comme axe de rotation; le point p reste fixe sur l'axe ab, et le point o revient en o. Donc si on mène op, on a la bissectrice de l'angle des droites A et B.

fig. 114. 2° Amenant d'abord la droite A dans la position A' parallèle au plan vertical en la faisant tourner autour d'un axe vertical passant par le point o; ramenant ensuite la droite B dans la position B' également parallèle au plan vertical, prenant sur chacune de ces droites des longueurs égales oa' et ob', puis enfin ramenant les droites A' et B' dans leur position primitive A et B, les points a' et b' viendront en a et en b; et si on mène la droite ab, le triangle aob est isocèle, et le milieu p de la base appartient à la bissectrice de l'angle o; joignant donc o^h et o^v aux points p^h et p^v milieux respectifs de $a^h b^h$ et de $a^v b^v$ (N° 112), on a les projections C^h et C^v de la bissectrice C de l'angle formé par les droites A et B.

Pl. 8. fig. 115   114. *Problème.* Trouver les angles que fait une droite avec chacun des plans de projection.

1° L'angle de la droite donnée D et du plan horizontal est mesuré par celui que cette droite fait avec sa projection horizontale D^h. Si on fait tourner le plan projetant horizontalement D autour d'un axe vertical passant par le point a, pour le ramener parallèle au plan vertical, la droite D, n'ayant pas changé d'inclinaison par rapport au plan horizontal, prend la position D'; et, comme D'^v est parallèle à D' et D'^h est parallèle à LT (N° 24, 3°), menant par un point b'^v de D'^v une parallèle à LT ou à D'^h, l'angle $a^v b'^v b$ sera égal à celui que fait la droite D avec le plan horizontal.

De même ramenant le plan projetant verticalement D dans une position parallèle au plan horizontal, en le faisant tourner autour d'un axe perpendiculaire au plan vertical et passant par le point b, la droite D viendra en D'', et l'angle $D''^h a'^h a^h$ sera égal à celui de la droite et du plan vertical.

fig. 116   2° Changeons de plan vertical par rapport à la droite D, et prenons celui qui la projette horizontalement, la nouvelle ligne de terre sera alors D^h et on en déduit D^v ou D_1 (N° 63); et si par a_1, on mène $a_1 n$ parallèle à D^h, l'angle $b_1 a_1 n$ est celui de la droite D et du plan horizontal. Pour que la figure occupe moins d'espace et pour simplifier l'opération, on peut concevoir que le nouveau plan vertical se rabat sur un plan parallèle au plan horizontal et passant par le point a; alors D^h peut être considérée comme la projection de D sur ce nouveau plan; et on obtient b^{vh} à une distance de D^h égale à $b^v m$, et l'angle $b^{vh} a^h b^h$ est celui demandé.

De même pour trouver l'angle de la droite et du plan vertical, on peut changer de plan horizontal en prenant le plan projetant verticalement la droite pour nouveau plan horizontal de projection, et en le supposant rabattu sur un plan passant par le point b et parallèle au plan vertical. Sa trace $L'T'$ se confondra alors avec D^v, et l'angle de D^{vh} et de D^v est celui que l'on cherche.

fig. 117   115. *Problème.* Trouver l'angle d'une droite et d'un plan.

Soient D la droite et P le plan donnés; si, d'un point m de D, on abaisse une perpendiculaire A sur le plan P, l'angle formé par les droites D et A est le complément de l'angle de la droite D et du plan P. Par m^h et m^v traçons A^h et A^v respectivement perpendiculaires à H^p et à V^p (N° 91), puis ramenons le plan (D, A) dans une position parallèle au plan horizontal en le faisant tourner autour d'une de ses horizontales da (N° 55) comme axe de rotation. Le point m viendra en m' (N° 109) et l'angle $d m' x$, complément de l'angle $d m' a$ des droites D et A, est celui que fait la droite D avec le plan P.

fig. 118   116. Trouver les angles qu'un plan fait avec chacun des plans de projection.

L'angle dièdre, formé par le plan donné P et le plan horizontal, a pour mesure l'angle rectiligne déterminé par deux droites perpendiculaires en un même point de l'intersection H^p, chacune étant située sur chacun de ces deux plans. Le plan de cet angle rectiligne est perpendiculaire à H^p, et par conséquent au plan horizontal et au plan donné; on peut donc le considérer comme un nouveau plan vertical de projection dont la trace verticale $L'T'$, perpendiculaire à H^p, est l'un des côtés de l'angle rectiligne. Déterminant V'^p (N° 67) qui est aussi perpendiculaire à H^p, c'est le second côté de l'angle rectiligne. L'angle formé par $L'T'$ et V'^p est celui du plan donné P et du plan horizontal.

De même, pour obtenir l'angle du plan P et du plan vertical, il faut rapporter ce plan P à un nouveau plan horizontal de projection qui lui soit perpendiculaire; et l'angle formé par la nouvelle ligne de terre et la nouvelle trace horizontale du plan donné, sera l'angle cherché.

N° 3. Il résulte de cette construction que lorsqu'un plan est perpendiculaire au plan horizontal, son angle avec le plan vertical est égal à celui de sa trace horizontale et de la ligne de terre; et, lorsqu'un plan est perpendiculaire au plan vertical son angle avec le plan horizontal est donné par celui de sa trace verticale et de la ligne de terre.

Pl. 8. fig. 119

117. Lorsque les traces d'un plan sont également inclinées par rapport à la ligne de terre, le plan est également incliné par rapport aux deux plans de projection. En effet, si on fait passer LT' et LT'' par le même point de la ligne de terre, les points n^h et m^h se confondent: les triangles $m^h r w$ et $m^h s w$ sont égaux comme ayant un côté commun $w m^h$ et, d'après l'énoncé, $m^h r = m^h s$; donc angle $r m^h w =$ angle $s m^h w$; par suite, angle $r m^h n =$ angle $s m^h m$; par conséquent les triangles rectangles $r m^h n$ et $s m^h n$ sont égaux et $m^h n = m^h v$; mais, par construction, $m^h n^2 = m^h n$ et $m^h m^2 = m^h m$; donc aussi triangle $r m^h m^2 =$ triangle $s m^h n^2$ et l'angle $m^h r m^2 =$ angle $m^h s n^2$ c'est-à-dire que le plan P fait des angles égaux avec chacun des plans de projection.

Pl. 9. fig. 120

118. **Problème.** Par une droite donnée mener un plan qui fasse un angle donné avec le plan horizontal.

Si par le point b de la droite donnée D, on mène une droite X faisant avec le plan horizontal un angle égal à celui donné, X sera la ligne de plus grande pente du plan cherché par rapport au plan horizontal. Supposons cette ligne X dans la position X' parallèle au plan vertical, X' fera avec LT un angle égal à l'angle donné. Remarquons que, lorsque X sera dans la position X qu'elle doit occuper sur le plan P, elle sera perpendiculaire à toute horizontale de ce plan (N° 54, 3°). Si donc on fait tourner X' autour d'un axe vertical passant par le point b (N° 73), le point a décrit un arc de cercle dont le plan R est parallèle au plan horizontal; par l'intersection d de la droite D et du plan R, menant une tangente A à cet arc de cercle, on aura la droite X en joignant le point de contact au point b, car X^h et A^h sont perpendiculaires (N° 111); le plan (D, X) sera donc celui cherché; on en aura les traces en cherchant celles des droites D et X.

fig. 121

119. **Problème.** Trouver l'angle des traces d'un plan et la bissectrice de cet angle.

Rabattons le plan P sur l'un des plans de projection, le plan horizontal par exemple; le point m de V^p décrit autour de H^p un arc de cercle dont le plan est perpendiculaire à cette dernière ligne, et que nous prenons pour nouveau plan vertical de projection; $L'T'$ sera donc perpendiculaire à H^p et passera par m^h; on détermine $\underline{m}'$ puis enfin m' (N° 89). Joignant m' et ω on a le rabattement de V^p et, par suite l'angle $m'\omega p$ des traces H^p et V^p. Traçons B' la bissectrice de cet angle; cette droite rencontre le plan V' au point n'; ramenant le plan rabattu dans sa position primitive P, le point n' de B vient en n_1 sur le plan V'; on en déduit n^h et enfin n^v.

On peut, comme il a été dit (N° 113, 2°), obtenir immédiatement un point de la bissectrice sans chercher l'angle des traces; si on prend deux points p et q sur H^p et sur V^p à égale distance de l'intersection ω de ces droites, et qu'on les joigne par une droite pq, le triangle $p\,\omega\,q$ est isocèle, et le milieu b de pq appartient à la bissectrice.

Pl. 9 fig. 122 121. **Problème.** Trouver l'angle de deux plans et leur plan bissecteur.

Un plan R, perpendiculaire à l'intersection I des plans donnés P et Q, coupera chachun de ces deux plans suivant une droite A et B perpendiculaires à I, en un même point m de cette droite; par conséquent l'angle des droites A et B sera celui demandé. Ces deux droites A et B sont deux côtés d'un triangle dont le troisième côté est la partie pq de la trace horizontale H^R du plan R comprise entre H^p et H^Q. Le plan projetant horizontalement I coupe le plan R suivant une droite mk évidemment perpendiculaire à H^R et à I, et qui est la hauteur du triangle $m\,p\,q$. Prenant le plan projetant horizontalement I comme nouveau plan vertical de projection, $L'T'$ se confondra avec I^h. Ayant déterminé I_1 sur le plan V' (N° 63), du point k abaissons une perpendiculaire $k\,\underline{m}$, à l'intersection I, c'est la hauteur du triangle $m\,p\,q$. Rabattons le point m en m' sur le plan horizontal, joignons m' et p, m' et q par les droites A' et B', nous aurons les rabattements des droites A et B, et l'angle $p\,m'\,q$ est égal à celui des deux plans.

fig. 122 On peut trouver $k\,m$ en rabattant sur le plan vertical le plan projetant horizontalement I; faisons le tourner autour de sa trace verticale V^T (N° 89); le point k vient en k'' sur LT et la droite I vient en I''; menant la perpendiculaire $k''m''$ à I'', c'est la hauteur du triangle $p\,m\,q$; portant enfin cette longueur de k en m' en traçant les droites $m'p$ et $m'q$, on a le rabattement $p\,m'\,q$ du triangle $p\,m\,q$ sur le plan horizontal, et l'angle $p\,m'\,q$ est celui des deux plans.

fig. 122 La bissectrice $m'b$ de cet angle coupe H^R en un point b qui est sa trace horizontale de cette bissectrice, et qui par conséquent à la trace horizontale du plan bissecteur B de l'angle dièdre formé par les plans donnés. Joignant donc b au point i, intersection de H^p et de H^Q, on aura H^B, trace horizontale du plan bissecteur; enfin on a V^B en joignant le point j à l'intersection de H^B et de LT.

fig. 123 2° Lorsque les plans P et Q sont parallèles à la ligne de terre, le plan de l'angle rectiligne du dièdre qu'ils déterminent est perpendiculaire à cette ligne; si donc on le prend pour nouveau plan vertical de projection, l'angle des plans donnés sera égal à celui des traces verticales V'^P et V'^Q. Menant la bissectrice de cet angle, c'est la trace verticale V'^B du plan bissecteur B dont la trace horizontale H^B est parallèle à LT, puisque ce plan B est conduit suivant l'intersection I des plans donnés. Le point b' rapporté au plan vertical V appartient à la trace verticale V^B du plan B, puisque b^h est sur LT; menant donc par b une parallèle à LT, on a V^B.

Des plus courtes distances.

121. **Problème.** Trouver la plus courte distance d'un point à un autre.

Pl. 9 — fig. 124

1° La plus courte distance d'un point à un autre est mesurée par la droite X qui unit ces deux points. On en aura la vraie grandeur en ramenant la droite X parallèle à l'un des plans de projection, au plan vertical par exemple. Faisons la donc tourner autour d'un axe vertical passant par le point a jusqu'à ce qu'elle soit dans la position X'; sa vraie grandeur sera alors donnée par sa projection verticale X'^v. Si par b'' on mène $b''k$ parallèle à LT, on voit que la vraie grandeur d'une portion de droite comprise entre les points donnés a et b est égale à l'hypothénuse d'un triangle rectangle $a b''k$ dont un des côtés de l'angle droit $b''k$ est égal à la projection horizontale $a^h b^h$ de cette portion de droite, et l'autre côté $a^v k$ est la différence des distances des points donnés a et b au plan horizontal.

On peut également amener la droite X dans une position parallèle au plan horizontal, en la faisant tourner autour d'un axe perpendiculaire au plan vertical et passant par l'un des points donnés; alors le triangle rectangle dont elle est l'hypothénuse a pour côtés de l'angle droit 1° la projection verticale de la droite, 2° la différence des distances de ses extrémités au plan vertical.

fig. 124

2° Si on prend le plan projetant horizontalement la droite X pour nouveau plan vertical de projection, sa trace $L'T'$ se confondra avec X^h; et, déterminant la position de X sur ce plan, (N° 63) on a la vraie grandeur demandée.

On peut également prendre le plan projetant verticalement X pour nouveau plan horizontal; alors $L'T'$ se confondra avec X^v et la position X_1 de X sur ce plan, donnera évidemment la véritable grandeur de cette droite.

122. **Problème.** Trouver la plus courte distance des traces d'une droite.

fig. 125

Unissant les points a et b par une droite X, on en trouvera la vraie grandeur comme dans le problème précédent soit en la rabattant sur l'un des plans de projection, le plan vertical par exemple, en la faisant tourner autour de bb^h comme axe de rotation, ce qui donne lieu à la position $a'b$ ou X'; soit en déterminant sa position ab ou X_1 sur le plan qui la projette horizontalement considéré comme nouveau plan vertical de projection.

Pl. 9   fig. 126

123. *Problème.* Trouver la plus courte distance d'un point à une droite.

C'est la perpendiculaire abaissée du point donné o sur la droite donnée D. Ce problème a déjà été résolu (N° 93). Le point o et la droite D déterminent un plan P que nous ramènerons dans une position P' parallèle au plan horizontal en le faisant tourner autour d'une de ses horizontales od comme axe de rotation; dans cette nouvelle position, sa trace verticale V^p sera parallèle à LT et passera par o. Prenant pour nouveau plan vertical celui de l'arc décrit par le point a de D autour de od, LT' passera par a^h et sera perpendiculaire à od; a_1 sera la nouvelle position sur le plan V' du point a; $a_1 o_1$ sera la trace du plan (o, D) sur le plan V', et enfin a' sera le rabattement du point a sur le plan horizontal P'. Le point d de D reste fixe sur l'axe de rotation od; joignant donc a' et d, on a D' rabattement de D sur le plan P'. Abaissant du point o une perpendiculaire sur D' la partie X' de cette perpendiculaire comprise entre le point o et la droite D' est la distance cherchée. Ramenant le plan (o, D) dans sa position primitive (o, D), le pied x' de X' viendra en x^v sur a_1; a^h doit se trouver à la fois sur D^h et à l'intersection de $x^h a^h$ parallèle à LT et de $x' x^h$ perpendiculaire à cette même ligne; on en conclut x^v sur D^v dont la distance à $o^v d^v$ ou à V^p doit être égale à celle de x'^v à LT'. Joignant o^h et x^h, o^v et x^v, on a les projections X^h et X^v de la distance X demandée.

fig. 127

2° On peut par le point o faire passer un plan perpendiculaire à la droite D, joindre le point o au point d'intersection x de D et de ce plan, et la droite ox sera la distance X cherchée, car elle sera perpendiculaire à la droite D. Si donc par o^h on mène une perpendiculaire A^h à D^h et par o^v une parallèle A^v à LT, on a une horizontale A du plan perpendiculaire à D passant par le point o (N° 91). De même si par o^h on mène une parallèle B^h à LT, par o^v une perpendiculaire B^v à D^v, on a une verticale B du même plan. L'intersection x de D et du plan (A, B) est le point en lequel D coupe l'intersection R du plan (A, B) et du plan projetant horizontalement D (N° 106, 2°). Joignant o et x, on a la distance X cherchée dont on détermine la vraie grandeur en la ramenant en X' parallèle au plan vertical.

fig. 128

124. *Problème.* Trouver la distance d'un point à un plan.

1° C'est la perpendiculaire X abaissée du point o sur le plan P; ses projections X^h et X^v sont respectivement perpendiculaires à H^p et à V^p (N° 91). Cherchant l'intersection x de la droite X et du plan P, puis ramenant ox dans la position ox' parallèle au plan vertical, on a la vraie grandeur X' de la distance X demandée.

fig. 129

2° Prenant pour nouveau plan vertical le plan projetant horizontalement X, la nouvelle ligne de terre doit se confondre avec X^h; elle passera donc par o^h et sera perpendiculaire à H^p. Déterminant la trace V'^p et la position o_1 du point o sur le plan vertical V' (N° 64 et 60), on obtiendra X, en abaissant une perpendiculaire du point o_1 sur V'^p (N° 91); et la portion $o_1 x_1$ de cette perpendiculaire est la distance du point o au plan P. Si on veut en avoir les projections, on trouve x^h sur LT (N° 14), et enfin x^v à une distance de LT égale à celle de x_1 à LT'. Joignant donc o^h et x^h, o^v et x^v, on a X^h et X^v, projections de la distance demandée.

124 3. On conçoit, d'après cette dernière construction, que si le plan donné

Y est perpendiculaire à l'un des plans de projection, au plan vertical par exemple, la droite X est alors parallèle à ce dernier plan, et sa projection verticale donne la distance demandée.

Pl. 9   fig. 133

125. Problème. Trouver la plus courte distance de deux droites.

C'est la perpendiculaire commune à ces deux droites. La construction indiquée dans la Géométrie de l'espace consiste à faire passer par la droite D un plan (D, M) parallèle à la seconde droite K; par la droite K mener un plan (K, Y) perpendiculaire au premier (D, M); l'intersection I de ces deux plans est évidemment parallèle à K; et si par le point x, intersection de I et de D, on élève une perpendiculaire X au plan (D, M), X est à la fois perpendiculaire à D et à K. C'est donc la distance demandée. Remarquons que la portion oy de la perpendiculaire Y abaissée d'un point quelconque o de K sur le plan (D, M) comprise entre le point o et son intersection y avec le plan (D, M) est égale à Kx ou X. On voit donc que, si les droites K et D étaient telles que le point x ne pût pas se trouver dans les limites du dessin, on ne pourrait pas construire X; mais on n'en connaîtrait pas moins la grandeur de cette droite en cherchant celle de Y.

fig. 130

Par le point D de D menons M parallèle à K, et pour plus de simplicité nous prendrons D^h à l'intersection de D^h et de K^h; M^h se confondra évidemment avec K^h; le plan (D, M) est parallèle à K. Du point o quelconque de K abaissons une perpendiculaire Y sur sur le plan (D, M); les projections de cette droite doivent être respectivement perpendiculaires aux traces du plan (D, M): donc si on trace une horizontale A de ce plan (N°. 53), Y^h sera la perpendiculaire à A^h menée par o^h. Pour trouver la portion de Y qui mesure la distance du point o au plan (D, M), (N°. 124, 2°), prenons pour nouveau plan vertical le plan projetant horizontalement Y, et rabattons le sur le plan horizontal R (N°. 90); ce plan projetant coupe le plan (D, M) suivant la droite bm qui est la nouvelle trace verticale du plan (D, M); les positions respectives des points o, b et m sur le plan V' sont à des distances de LT' égales à celles de o^v, b^h et m^v à V^R abaissant enfin du point o, une perpendiculaire Y sur b, m, la grandeur o, y, est la distance du point o au plan (D, M). Distance égale à celle des deux droites. On trouve y^h sur LT', et y^v sur b^m^v à une distance de LT égale à celle de y, à LT'. Le plan déterminé par les droites K et Y, coupe le plan (D, M) suivant une parallèle I à K; si donc par le point y, intersection de Y et du plan (D, M), on mène une parallèle à K, cette parallèle I coupe la droite D en un point x, par lequel élevant une perpendiculaire au plan (D, M) et par conséquent à D, cette perpendiculaire doit être située dans le plan (K, Y) elle coupe donc la droite K en un point k et lui est aussi perpendiculaire, c'est donc la perpendiculaire X commune aux deux droites D et K, et par conséquent leur plus courte distance.

fig. 131

2° Lorsque, par la disposition des droites D et K, on reconnaîtra que le plan (D, M), mené par D parallèlement à K, peut avoir ses traces dans les limites du dessin, on opérera de la manière suivante. La perpendiculaire Y, abaissée d'un point quelconque o de K sur le plan (D, M) ou R, coupe ce plan en un point y

(N.º 106, 1.º): la parallèle I à K menée par le point y est l'intersection du plan (D,M) et du plan (K,Y); cette intersection I coupe D en un point x qui appartient à la perpendiculaire commune X; et, comme cette droite doit être égale et parallèle à Y, par les points x^h et x^v, menons X^h et X^v respectivement parallèles à Y^h et à Y^v, ce sont les projections de la plus courte distance des deux droites D et K. Si l'opération est exacte, X^h et K^v se trouvent sur la même perpendiculaire à LT (N.º 27). Ramenant X dans la position X' parallèle au plan vertical, en la faisant tourner autour d'un axe vertical passant par le point k (N.º 73), on a la vraie grandeur de la plus courte distance des droites données.

Pl. 9   fig. 132   3. Si l'une des droites, K par exemple, est perpendiculaire au plan horizontal, la plus courte distance X est alors horizontale, et sa vraie grandeur est indiquée par sa projection horizontale. Comme le plan mené par D parallèlement à K se confond avec le plan projetant horizontalement D, et que X doit lui être perpendiculaire, X^h sera perpendiculaire à D^h; on obtiendra X^v en déterminant x^v sur D^v et en menant par ce point X^v parallèle à LT. Si la droite D est telle que sa projection verticale D^v soit très peu inclinée par rapport à LT, la projection verticale du point x et, par suite, celle de X seront mal déterminées. On fera alors tourner la droite D autour de K, comme axe de rotation, jusqu'à ce qu'elle soit dans la position D' parallèle au plan vertical; alors la perpendiculaire X sera perpendiculaire au plan vertical, et sa projection verticale sera un point qui ne pourra être que l'intersection de K^v et de D'^v. Ramenant D' dans sa position primitive D, X^v sera bien déterminée, car ce sera la parallèle à LT menée par X^v et les droites K^v et D^v se coupent sous l'angle le plus voisin possible de l'angle droit.

Des Angles trièdres

fig. 135   126. Problème. Un angle trièdre étant donné, trouver par une construction plane les angles plans et les angles dièdres qui le composent.

         Prenons pour plan horizontal celui d'une des faces; soient P et Q les plans des deux autres faces et I leur intersection; les droites H^P, H^Q et I sont les arêtes de l'angle trièdre; et l'angle $H^P S H^Q$ est l'un A des angles plans. Pour trouver les deux autres, c'est-à-dire ceux que la droite I fait avec les droites H^P et H^Q, rabattons d'abord le plan P sur le plan horizontal en le faisant tourner autour de H^P comme axe de rotation; nous prendrons pour nouveau plan vertical celui de l'arc décrit par la trace verticale j de l'intersection I; I T passera donc par j^h, et sera perpendiculaire à H^P. La position j' du point j sur le plan vertical V' fait connaître V'^P et l'angle $j^h a j'$ est celui que le plan P fait avec le plan horizontal (N.º 116); c'est le premier angle dièdre y. Déterminant le rabattement j' de j sur le plan horizontal (N.º 89), joignant j' au sommet s, on a le rabattement I' de I et, par suite, l'angle j' S H^P que I fait avec H^P. C'est le deuxième angle plan B. Rabattant le plan Q sur le plan horizontal en le faisant tourner autour de H^Q comme axe de rotation, le point j se rabat en j' et $j''s$ est le rabattement I'' de I; l'angle $j''sH^Q$ est donc le troisième angle plan C; l'angle j^hsj^q est celui que le plan Q fait avec le plan horizontal, et par conséquent c'est le deuxième angle dièdre b. Reste à déterminer le troisième angle dièdre a; il est formé par deux perpendiculaires P et Q élevées en un même point m de I, et situées respectivement sur les plans P et Q. Le point m vient se rabattre en m' sur I' et en m'' sur I'' évidemment à des distances égales $m's = m''s$ du point s. Si par m' on élève une perpendiculaire P' à I', on a le rabattement du côté P de l'angle a situé sur le plan P, son intersection p avec H^P appartient à la trace du plan de l'angle a; de même si par m'' on élève une perpendiculaire Q'' à I'', on a le rabattement du côté Q de l'angle a situé sur le plan Q, et son intersection q avec H^Q est un second point de la trace du plan de cet angle; joignant donc p et q, on a cette trace qui doit être perpendiculaire à I^h (N° 91). Si l'on rabat le plan de l'angle a sur le plan horizontal en le faisant tourner autour de pq comme axe de rotation, le plan de l'arc décrit par le sommet m autour de pq se confond avec le plan projetant horizontalement I; donc le rabattement de m sera sur I^h; et comme les côtés $m.p$ et $m.q$ devront être en vraie grandeur, des points p et q comme centre décrivons des arcs de cercle avec pm' et qm'' pour rayons, l'intersection m''' de ces arcs, qui doit se trouver sur I^h, est le rabattement du point m. Ainsi l'angle $pm'''q$ est le troisième angle dièdre a.

127. **Problème.** Étant donnés les trois angles plans d'un trièdre, déterminer les trois dièdres.

On doit prendre les trois angles plans tels que leur somme soit plus petite que quatre angles droits, que l'un quelconque d'entre eux soit plus petit que la somme des deux autres et plus grand que leur différence. Prenons pour plan horizontal celui de l'angle plan A, les côtés de cet angle seront les traces horizontales H^P et H^Q des plans P et Q des deux autres faces. Si l'on conçoit que l'on ait fait tourner ces plans chacun autour de sa trace pour les rabattre sur le plan horizontal, l'intersection I de ces plans se sera rabattue en I' et en I''; de telle sorte que les angles $I'sH^P$ et $I''sH^Q$ sont respectivement égaux aux deux autres angles plans B et C; les points m' et m'' de I' et de I'', étant à égale distance du point s, sont évidemment les rabattements d'un même point m de I. Remarquons que le point m, dans ses mouvements de rotation autour de H^P et de H^Q, a décrit des arcs de cercle dont les plans sont respectivement perpendiculaires à ces droites; leurs traces seront donc les perpendiculaires à H^P et à H^Q menées respectivement par les points m' et m''; et l'intersection de ces droites donne m^h, que l'on joint au point s, et on a I^h. Si l'on prend pour nouveau plan vertical le plan de l'arc décrit par le point m autour de H^P, $L'T'$ se confond avec $m'm^h$, et on trouvera la position m^v du point m sur ce plan à l'intersection de l'arc décrit du point s comme centre avec sm' pour rayon et de la perpendiculaire à LT menée par m^h. Joignant sm^v; on a V^P et l'angle $m^h s m^v$ mesure le dièdre formé par le plan P et le plan horizontal. Par une construction et un raisonnement analogues, on obtient l'angle $m^h s m_1$ qui mesure la deuxième dièdre b. Il est évident que si l'on a bien opéré, on doit trouver $m^h m_1 = m^h m_2$. On peut maintenant déterminer le troisième angle dièdre a comme dans le problème précédent; par m et m'' on élève des perpendiculaires à I' et à I'', la première coupe H^p en p, et la seconde coupe H^q en q; joignant ces points à l'intersection m''' des arcs de cercle décrits des points p et q comme centres avec pm et qm'' pour rayons, l'angle $pm'''q$ est égal à l'angle rectiligne du troisième dièdre.

127a. Si les angles plans B et C sont égaux, les angles dièdres opposés β et γ le sont aussi; car les triangles $m's r$ et $m''st$ étant égaux on a $m'r = m''t$; les triangles rectangles $r m^h m_2$ et $t m^h m_3$ le sont également, parce qu'on a $m^h m_2 = m^h m_3$ et $r m_2 = t m_3$; donc angles $m^h r m_2 = m^h t m_3$. On conclut de là que si les trois angles plans étaient égaux, les trois angles dièdres le seraient aussi.

127b. Si les angles plans B et C sont droits, les dièdres opposés sont également droits. En effet; I' et I'' sont alors respectivement perpendiculaires à H^p et à H^q, par conséquent la projection horizontale d'un point n de I se confondra avec s; I sera donc perpendiculaire au plan de la face A; donc les plans P et Q sont aussi perpendiculaires à cette face.

Il faut observer que lorsqu'un seul des angles plans est droit, l'angle dièdre opposé peut ne pas l'être.

Pl. 9   fig. 134. 128. Problème. Connaissant deux angles plans d'un trièdre et l'angle dièdre compris déterminer le troisième angle plan et les deux autres angles dièdres.

Soient A et B les angles plans et γ l'angle dièdre donnés. Nous prendrons pour plan horizontal celui de l'angle A dont les côtés H^p et H^q sont les traces des deux autres faces. Si on fait tourner le plan P autour de H^p pour le rabattre sur le plan horizontal, l'angle B se rabattra en vraie grandeur et le deuxième côté I' est le rabattement de l'intersection I des plans P et Q. Ramenant I' dans sa position primitive I en faisant tourner le plan P autour de H^p (N°.89), et prenons pour plan vertical le plan de l'arc décrit par le point m; $L'T'$ passera par m' et sera perpendiculaire à H^p; V'^p doit faire avec $L'T'$ un angle égal à l'angle rectiligne γ du dièdre donné; la position m_2 du point m sur le plan V' sera donc l'intersection de V'^p et de l'arc décrit par le point a comme centre avec am' pour rayon, on obtient m^b sur $L'T'$ et joignant m^b et s on a I'. La troisième face C est déterminée par les droites I et H^q. Rabattant le plan Q de cette face sur le plan horizontal en le faisant tourner autour de H^q comme axe de rotation, on prendra pour nouveau plan vertical celui de l'arc décrit par le point m de I, et sa trace $L''T''$ est évidemment la perpendiculaire à H^q menée par m^h. La distance du point m au plan horizontal est indiquée par $m^h m_2$; portant cette grandeur de m^h en m_3 perpendiculairement à $L''T''$, on obtient la position m_3 du point m sur le plan vertical V'' d'où on conclut le rabattement m'' sur le plan horizontal. Joignant m'' et s on a I'' rabattement de I, et l'angle $m''st$ est le troisième angle plan C du dièdre. L'angle formé par V'^q et $L''T''$ est l'angle rectiligne β du dièdre compris entre les faces A et C. Enfin on peut trouver, par la même construction que dans les problèmes précédents, le troisième angle dièdre α formé par les faces P et Q.

Pl. 10   fig. 135. 129. Problème. Connaissant une face d'un angle trièdre et les deux angles diédres adjacents, trouver les deux angles plans et le troisième angle diédre.

Prenons le plan de la face connue A pour plan horizontal, les côtés de l'angle plan A seront les traces horizontales H^P et H^Q des deux autres faces. Si l'on rapporte les plans P et Q à deux plans verticaux respectivement perpendiculaires à H^P et à H^Q et dont les traces soient $L'T'$ et $L'T''$, on déterminera V'^P en observant que cette droite doit faire avec $L'T'$ un angle diédre donné (N° 116 a); de même V'^Q doit faire avec $L'T''$ un angle égal au deuxième angle diédre donné b. Pour construire l'intersection I de ces plans, qui est la troisième arête, nous emploierons un plan horizontal auxiliaire qui coupera chacun des deux plans P et Q suivant une horizontale A et B; ces deux droites sont à égale distance du plan horizontal. Donc leurs projections verticales A'' et B'' sont à égale distance de $L'T'$ et de $L'T''$; A^h et B^h, respectivement parallèles à H^P et à H^Q, se coupent en un point m^h qui appartient à I^h; joignant m^h et s ou a I^h. Rabattons le plan P sur le plan horizontal en le faisant tourner autour de H^P comme axe de rotation, le point m, dont la projection verticale m'' sur le plan V' se confond avec A'', se rabat en m'; unissant m' et s on a le rabattement I' de I, et l'angle $m's H^P$ est le second angle plan B du diédre. On obtient le troisième angle plan C, en rabattant le plan Q sur le plan horizontal après l'avoir fait tourner autour de H^Q comme axe de rotation; le point m se rabat en m''' d'où on conclut I'''. Enfin le troisième angle diédre $\alpha = p m''' q$ s'obtiendra comme précédemment.

Pl. 10   fig. 137

130. Problème. Connaissant deux faces d'un angle triédre et un angle diédre opposé à l'une de ces faces, trouver l'autre face et les deux autres angles diédres.

Soient A et B les angles plans et C l'angle diédre opposé à la face B; prenons pour plan horizontal celui de la face A, adjacente à l'angle diédre connu b; les côtés de l'angle A sont les traces H^P et H^Q des plans des deux autres faces. Construisons avec H^P un angle égal au second angle plan B connu, l'autre côté I' est le rabattement de la troisième arête I sur le plan horizontal, en admettant que le plan P ait tourné autour de sa trace H^P pour se rabattre sur le plan horizontal. Ramenons le plan P dans sa position primitive, le point m' de I' décrit alors un arc de cercle dont l'intersection avec le plan Q donne évidemment un point m de I. Prenant le plan de cet arc de cercle pour nouveau plan vertical de projection, sa trace $L'T'$ passe par m' et est perpendiculaire à H^P; on décrit cet arc de cercle du point k comme centre avec km' pour rayon. Déterminons V'^Q; remarquons que si on prend un troisième plan vertical V'' perpendiculaire à H^Q, et passant par l'intersection k de H^P et de $L'T'$, ce plan coupe le deuxième plan vertical V' suivant une droite N évidemment perpendiculaire au plan horizontal; sa projection N_2 sur le plan V'' est la perpendiculaire à $L'T''$ menée par le point k. La trace V''^Q doit faire avec $L'T''$ un angle égal à l'angle diédre connu b, l'intersection n_2 de V''^Q et de N appartenant aux plans Q, V'' et V; on en trouve la position n_1 sur le plan V' à l'intersection de la perpendiculaire à $L'T'$ menée par m' et de l'arc de cercle décrit de n^h comme centre avec $n^h n_2$ pour rayon; joignant donc n_1 à l'intersection de $L'T'$ et de H^q, on a V^q et l'inter-section m de V^q et de l'arc décrit par le point m' est le point m en lequel cet arc coupe le plan Q. On trouve m^b sur $L'T'$ et joignant m^b et s on a I^b. Unissant m_1 à l'intersection de H^p et de $L'T'$, on a V^p dont l'angle $m_1 k m^b$ avec $L'T$ est l'angle dièdre γ. Rabattant le plan Q sur le plan horizontal en le faisant tourner autour de H^q, le point m vient se rabattre en m'' et la droite $m''s$ est le rabattement I'' de I. L'angle $I''s H^q$ est le troisième angle plan C. Enfin on déterminera comme dans les problèmes précédents, l'angle $pm''q$ qui est le troisième angle dièdre α

De ce que V^p coupe l'arc décrit par le point m en deux points m et o, on obtient deux droites I et J; on a donc deux trièdres sH^pH^qI et sH^pH^qJ qui répondent à la question. Quand V^p est tangente à l'arc de cercle, on n'obtient qu'une seule droite et, par conséquent, un seul trièdre. Quand V^p ne rencontre pas l'arc de cercle, le problème est impossible.

Pl. 10   fig. 138

131. Problème. Connaissant une face d'un angle trièdre, l'angle dièdre adjacent et l'angle dièdre opposé, déterminer les deux autres faces et le troisième angle dièdre.

Prenons pour plan horizontal celui de la face inconnue A opposée à l'angle dièdre inconnu γ, et soit H^p la trace du plan de celle connue B. Si nous supposons cette dernière rabattue sur le plan horizontal, l'intersection I du plan P avec le plan Q de la troisième face C sera rabattue sur I' faisant avec H^p un angle égal à l'angle plan B. Ramenant le plan P dans sa position primitive, nous prendrons pour nouveau plan vertical celui de l'arc décrit par le point m' de I' autour de l'axe de rotation H^p; la ligne de terre $L'T'$ passera par m' et sera perpendiculaire à H^p et la trace verticale V^p fera avec $L'T'$ un angle égal à l'angle γ du plan P et de la face A. On détermine la position m_1 du point m sur le plan vertical V, puis on obtient m^b sur $L'T'$; unissant $m^b s$ on a I^b. Il s'agit maintenant de faire passer par la droite I un plan Q qui fasse avec le plan horizontal un angle C (n° 116); menant $m_1 i'$ faisant avec LT un angle C; faisons la tourner autour de $m^b m_1$ comme axe de rotation; sa trace i' décrit un arc de cercle auquel nous menons une tangente passant par le sommet s; on a ainsi H^q et, par suite, l'angle $H^p s H^q =$ l'angle plan A. Rabattant le plan Q sur le plan horizontal et prenant $L''T''$ par m^b et évidemment perpendiculaire à l'axe de rotation H^q, on trouve la position m_2 du point m sur le plan vertical V'' à une distance $L''T''$ égale à celle de m_1 à $L'T'$; on connait du reste V''^p, puisque l'angle du plan Q et de la face A est donné et m_2 doit aussi se trouver sur cette ligne; on peut donc déterminer le rabattement m'' du point m; I'' est alors comme i', par suite, le troisième angle plan C qui est égal à l'angle $m''s H^q$. On peut maintenant trouver le troisième angle dièdre $pm''q$ comme précédemment

132. Les problèmes des n°ˢ 129 et 131 peuvent être respectivement résolus par les procédés des n°ˢ 128 et 130, en ramenant les données au trièdre supplé-mentaire; c'est du reste ce qu'on est obligé de faire, quant à présent, pour le 6° cas où les trois angles dièdres sont donnés, les méthodes employées précédemment

précédemment ne donnant pas les moyens de résoudre directement cette question. Nous y reviendrons dans la suite du cours.

Applications.

Pl. 10. fig. 139

133. *Problème.* Inscrire une circonférence dans un hexagone régulier dont le côté est donné et dont le plan fait avec le plan horizontal un angle aussi donné.

Soit D le côté donné; par le point d de la droite D menons une droite X' parallèle au plan vertical, et faisant avec le plan horizontal un angle égal à l'angle donné; faisons la tourner autour d'un axe vertical passant par le point d; sa trace x' décrit alors autour de d^h un arc de cercle auquel par la trace horizontale m de D on mène une tangente; c'est la trace horizontale H^P du plan P du polygone (N°s 118). Rabattons le plan P sur le plan horizontal en le faisant tourner autour de H^P; prenons pour nouveau plan vertical V' celui de l'arc de cercle décrit par le point d; $L'T'$ passera par d^h et sera perpendiculaire à H^P. Si par l'intersection k de $L'T'$ et de H^P on mène une droite faisant avec $L'T'$ un angle égal à l'angle donné, on aura V'^P (N°s 116. a), avec laquelle doivent se confondre les nouvelles projections verticales du polygone et de la circonférence inscrite à ce polygone (N°s 52, 3°); on connait donc c' et d' sur le plan vertical V'; on en conclut les rabattements d' et c' sur le plan horizontal des points d et c, et par conséquent celui D' du côté D. Sur D construisons un hexagone régulier, et inscrivons lui une circonférence C' dont le centre est évidemment le même que celui du polygone. Ramenons le plan P dans sa position primitive en le faisant tourner autour de H^P; les arcs décrits par les sommets $a', b', \ldots g'$ du polygone se projettent verticalement dans leur vraie grandeur; on trouve donc $a'^v, b'^v, \ldots g'^v$ sur V'^P; on en conclut $a'^h, b'^h, \ldots g'^h$ puis on détermine $a'^v, b'^v, \ldots g'^v$ à des distances de LT respectivement égales à celles de $a'^v, b'^v, \ldots g'^v$ à $L'T'$; unissant ces points deux à deux, on a les projections du polygone cherché. Remarquons que les côtés du polygone sont tangents à la circonférence en leur milieux; donc les projections de ces côtés seront respectivement tangentes à celles de la circonférence et en leurs milieux (N°s 87 et 112); on peut donc tracer les projections de cette courbe puisqu'on connait six points de chacune de ces projections et les tangentes en chacun de ses points.

133 a. Pour dessiner convenablement les courbes de projection, il est nécessaire d'en rechercher la nature géométrique, d'où on conclura certaines lignes qui faciliteront beaucoup le tracé. De ce que le centre o est le milieu de tous les diamètres de la circonférence C, ses projections o^h et o^v seront les milieux des projections de tous ces diamètres; donc les points o^h et o^v sont respectivement les centres de symétrie des projections horizontale C^h et verticale C^v de la circonférence C. Si par le point o et sur le plan P on conçoit une horizontale et une ligne de plus grande pente par rapport au plan horizontal, ces droites sont perpendiculaires et donnent lieu à deux diamètres conjugués de la circonférence C, c'est-à-dire que l'un quelconque d'entre eux divise en deux parties égales les cordes qui sont parallèles à l'autre; par conséquent la projection horizontale de l'un d'eux contiendra les milieux des projections horizontales de toutes les cordes parallèles à l'autre (N°. 112), et de plus les projections de ces diamètres sont respectivement perpendiculaires (N°. 118); ce sont donc deux axes de symétrie rectangulaires de la courbe C^h. On en trouve les rabattements en menant par o une parallèle A' à H^p et une perpendiculaire M' à cette même ligne; puis on détermine les projections horizontales A^h et M^h dont les extrémités sont les sommets de la courbe C^h, c'est-à-dire que les tangentes en ces points points doivent être respectivement perpendiculaires aux diamètres auxquels ils donnent lieu. De même si, par le point o, on mène, sur le plan P une verticale B et une ligne de plus grande pente N par rapport au plan vertical, les projections verticales de ces droites sont perpendiculaires, et sont des axes de symétrie de C^v; B^v passe par o^v et doit être parallèle à LT, (N°. 34, 2°); B^v coupe H^p en un point b qui est la trace horizontale de B; on trouve b^v sur LT; et, joignant b^v et o^v, on a B^v, b et o, on a B rabattement de B; par o menant une perpendiculaire à B on a N rabattement de la ligne de pente N; N coupe H^p en un point n qui est la trace horizontale de N; on détermine n^v sur LT; puis unissant n^v et o^v, n^h et o^h on a N^v et N^h; si l'opération est exacte, B^v et N^v doivent être perpendiculaires entre elles; déterminant enfin les extrémités de ces diamètres, on a les sommets de C^v. Il est à remarquer que A et B étant respectivement parallèles aux plans horizontal et vertical, A^h et B^v seront égales au diamètre de la circonférence C.

    133. b. Connaissant les axes A et M, B et N, on peut obtenir les projections de la circonférence d'une manière très simple; divisons M' et N' en un même nombre de parties égales, en quatre par exemple, et par les points de division menons des cordes respectivement parallèles à A' et à B', les premières R' et S' sont les rabattements de cordes R et S parallèles au plan horizontal, elles se projettent par conséquent en vraie grandeur sur le plan horizontal, et les secondes Z' et Y' sont les rabattements de cordes Z et Y parallèles au plan vertical et dont les projections verticales sont égales à la vraie grandeur de ces droites; de plus ces quatre cordes sont également éloignées du centre o; donc elles sont égales; par conséquent si nous divisons M^h et N^v en quatre parties égales, si par les points de division de M^h nous menons R^h, S^h parallèles à A^h, et si par les points N^v nous menons Z^v et Y^v parallèles à B^v, les quatre droites R, S, Z et Y sont égales; et par une seule ouverture de compas on peut obtenir quatre points de chacune des projections C^h et C^v de la circonférence C.

    Nous verrons plus tard que C^h et C^v doivent être des ellipses.

Pl. 10. fig 140   **134. Problème.** Construire un prisme droit dont la base est un hexagone régulier connaissant l'arête et le côté de la base.

    Soient A l'arête et ab le côté qui ne peut être donné que par une de ses projections $a^v b^v$ par exemple; pour déterminer $a b$, remarquons que le point a

de l'arête A et du côté ab appartient à la base dont le plan P est perpendiculaire à cette arête. Si donc par le point a on mène une verticale M du plan P, M^h est parallèle à LT et M^v perpendiculaire à A^v (N° 91 et 34, 2°); sa trace horizontale m est un point de H^P qui doit être perpendiculaire à A^h; prolongeant $a^h b^h$ jusqu'à sa rencontre avec LT, on détermine la trace du côté ab en n évidemment sur H^P; puis joignant a^h et n, on a $a^h b^h$ d'où on conclut b^h. Rabattant le plan P sur le plan horizontal en le faisant tourner autour de H^P, nous prendrons le nouveau plan vertical de projection parallèle à ceux des arcs décrits par les points a et b autour de H^P. LT' sera donc perpendiculaire à H^P. On détermine a^v et b^v des distances de LT' respectivement égales à celles de a^h et de b^h à LT; et comme le plan P est perpendiculaire au plan V, a^v et b^v doivent être situés sur V^P (N° 32, 3°). On peut maintenant trouver le rabattement $a^r b^r$ du côté ab sur lequel on construit l'hexagone régulier $a^r b^r c^r d^r f^r g^r$, qui est le rabattement de la base du prisme. Ramenant le plan P dans sa position primitive, la projection verticale du polygone se confond avec V^P et on en déduit la projection horizontale $a^h b^h c^h d^h f^h g^h$ puis la projection verticale $a^v b^v c^v d^v f^v g^v$. Comme les arêtes doivent être toutes égales et parallèles, par les projections des sommets menant des droites respectivement égales et parallèles à A^h et à A^v (N° 32), on a les projections des arêtes du prisme; joignant deux à deux les extrémités m n o p q r, on obtient la base supérieure dont les côtés sont évidemment égaux et parallèles à ceux de la base inférieure; leurs projections respectives doivent se trouver sur les mêmes perpendiculaires à LT. Les arêtes sont parallèles au plan V, elles s'y projettent donc dans leur véritable grandeur et suivant des perpendiculaires à V^P; la base supérieure se projette nécessairement suivant une parallèle à V^P; et si l'opération est exacte, les distances de $m^v, n^v \dots v^v$ à LT sont égales à celles de $m^v, n^v \dots v^v$ à LT.

Pour déterminer la partie visible de la projection horizontale, remarquons que les plans projetant horizontalement les arêtes extrêmes A et D partagent le prisme en deux parties l'une AGFD supérieure à ces arêtes, et par conséquent visible, et l'autre ABCD inférieure à ces mêmes arêtes et par conséquent invisible; on écrira donc G^h et F^h en lignes pleines, et C^h et B^h en lignes pointillées. De même les plans projetant verticalement les arêtes extrêmes F et B déterminent sur le prisme deux parties, l'une BCDF plus éloignée que ces arêtes du plan vertical et par conséquent visible, et l'autre BAGF plus rapprochée du plan vertical et par conséquent invisible; les lignes C^v et D^v seront écrites en lignes pleines et les lignes A^v et G^v en lignes pointillées.

Pl. 10.   fig. 141   133. **Problème.** Construire une pyramide régulière à base pentagonale connaissant la hauteur et la direction d'une arête.

Soient D la hauteur et A la direction de l'arête; par le point d de D menons un plan perpendiculaire à A (N° 93); ce plan est déterminé par deux droites M. N dont l'une M est une horizontale du plan; car M^h est perpendiculaire à D^h et M^v est parallèle à LT (N° 91); N est une verticale du même plan puisque

N^h est parallèle à LT et que N^v est perpendiculaire à D^h. Le plan projetant horizontalement A coupe le plan (M,N) suivant une droite R dont l'intersection avec A est l'intersection de cette dernière A et du plan (M,N) (N° 106,2°). Joignant a et d, on a le rayon du cercle circonscrit au polygone de la base. Amenons le plan P ou (M,N) dans la position P' parallèle au plan horizontal, en le faisant tourner autour de son horizontale M; nous prendrons le nouveau plan vertical parallèle à celui de l'arc décrit par le point a autour de M; la nouvelle ligne de terre $L'T'$ sera perpendiculaire à M^h; cherchant la projection a^v du point a sur le plan vertical V', à une distance de $L'T'$ égale à celle de a^v de M^v, joignant a^v et k, on a la trace du plan P sur le plan V'; puis on conduit le rabattement a' du point a sur le plan horizontal P'. Du point d comme centre avec da' pour rayon décrivons une circonférence, ce sera le rabattement sur le plan P' de la circonférence circonscrite à la base de la pyramide, et construisons le pentagone régulier inscrit; un quelconque des sommets b' se projette verticalement en b^v sur $L'T'$; ramenant le plan P' dans sa position primitive P, le point b se projette sur le plan V' en b^v sur $a^v k$ (N° 52,3°); on trouve b^h à l'intersection de la perpendiculaire à $L'T'$ menée par b^v et de la parallèle à $L'T'$ menée par b'; enfin on en déduit b^v qui doit être à une distance de M^v égale à celle de b^v à $L'T'$. On reconnaîtra que les projections verticales des sommets de la base seront en dessus ou en dessous de M^v, selon que leurs projections respectives sur le plan V' sont en dessus ou en dessous de $L'T'$. Unissant le point b au point s, on a l'arête B de la pyramide. On déterminera les autres arêtes de la même manière.

Par un raisonnement analogue à celui du problème précédent, on trouve les lignes visibles et celles invisibles dans chaque projection.

Pl. 10. fig. 143. **136. Problème.** Sur une droite tracée sur un plan donné par sa ligne de plus grande pente par rapport au plan horizontal, construire un tétraèdre régulier.

Soit P la ligne de pente du plan P par rapport au plan horizontal D: H^p est évidemment la perpendiculaire à P^h menée par le point m, trace horizontale de la droite P (N° 54,3°). La droite D ne peut être donnée que par l'une de ses projections, D^h par exemple. Pour trouver D^h, concevons deux horizontales du plan P passant par les points c et d de D, ces droites coupent la droite P en deux points p et q; si donc par c^v et d^v on mène des parallèles à LT, on obtient p^v et q^v sur P^v puis p^h et q^h sur P^h; par p^h et q^h menant des parallèles à H^p, on trouve c^h et d^h, et, par suite, D^h. Rabattant le plan P sur le plan horizontal en le faisant tourner autour de H^p, nous prendrons pour nouveau plan vertical celui de l'arc décrit par le point c; $L'T'$ sera donc la perpendiculaire à H^p menée par c^h on aura V'^p en déterminant p'^v et on joignant ce point à l'intersection de H^p et de $L'T'$; on obtient d'^v et c_v sur V'^p, puis les rabattements d' et c' des points d et c sur le plan horizontal, ce qui fait connaître celui D' de D. Construisons sur D' un triangle équilatéral D'A'C'; c'est la face du tétraèdre située sur le plan P. Le centre

o' du triangle $A'C'D'$ est le rabattement du pied de la perpendiculaire K abaissée du sommet b sur la face opposée ABC. Dans le rabattement du plan P, si l'on conçoit que le tétraèdre ait suivi le mouvement, la droite K sera venue en K' perpendiculaire au plan horizontal, et les arêtes, qui joignent son extrémité b' à chacun des points a', b' et c', sont projetées en $o'a'$, $o'c'$, et $o'b'$. Pour trouver la grandeur de K, déterminons sa position sur le plan projetant l'une des arêtes, $b'c'$ par exemple; $L''T''$ se confondra avec $o'c'$; la position K_2 de K sera la perpendiculaire à $L''T''$ menée par o'; et, comme toutes les arêtes du tétraèdre sont égales, on trouvera le sommet b_2 à l'intersection de K_2 et de l'arc décrit de c' comme centre avec $c'a'$ pour rayon. Ramenant le plan P dans sa position primitive, les points a' et o' viennent se projeter en a'^v et o'^v sur V'^P; on en déduit $a^h o^h$, puis enfin a^v et o^v. K étant perpendiculaire au plan P, est par conséquent parallèle au plan V', et s'y projette en vraie grandeur suivant la perpendiculaire à V'^P élevée par o^v; on trouvera donc son extrémité b^v en faisant $o^v b^v = o'b_2$; on peut maintenant déterminer b^h puis b'^v. Joignant les points a, b, c, d entre eux, on a les arêtes du tétraèdre, donc le tétraèdre demandé.

Pl. 10   fig. 144

137. Problème. Sur une droite donnée construire un cube, connaissant en outre la direction d'une seconde arête.

Soient D la droite et C la direction de la seconde arête que l'on ne se donne que par une seule projection C^h par exemple. Remarquons que la droite C est située sur un plan perpendiculaire à D: si nous considérons le plan projetant horizontalement D comme un nouveau plan vertical, $L'T'$ se confond avec D^h, et on détermine en D_1 la position de la droite D sur ce plan (N° 63). Par le point d_1 de D, menons une perpendiculaire à cette droite, ce sera la trace verticale V'^P du plan P perpendiculaire à D et sur lequel est située l'arête C (N° 91). Comme ce plan P est aussi perpendiculaire au plan V', C^v se confond avec V'^P, et on trouvera H^P en élevant une perpendiculaire à $L'T'$ par le point d'intersection de cette ligne et de V'^P. Rabattant le plan P sur le plan horizontal en le faisant tourner autour de H^P, les points d et m de C viennent se rabattre en d' et en m', et donnent lieu au rabattement C' de C. Portant sur C' une grandeur $d'c'$ égale à D, on a le côté de la face du cube située sur le plan P; construisant donc un carré sur $d'c'$ comme côté, on a le rabattement $d'c'a'b'$ de cette face. Ramenant le plan P dans sa position primitive, la face $abcd$ se projette verticalement en $a^v b^v c^v d$ sur V'^P; on en déduit la projection horizontale $a^h b^h c^h d^h$, puis la projection verticale $a^v b^v c^v d$. Par les projections respectives des sommets menant des droites égales et parallèles à D^h et à D^v, et joignant les extrémités deux à deux, on a les projections des arêtes du cube demandé.

fig. 145

138. Quand il s'agit de dessiner dans une position donnée un corps doué de trois axes rectangulaires, comme le sont presque tous ceux dont on a à s'occuper dans la pratique, on y parvient très facilement en déterminant les projections d'un cube dont les arêtes sont respectivement parallèles aux axes du corps proposé et en donnant aux arêtes une longueur égale à l'unité de mesure. On conçoit que sur chacune des projections des arêtes on peut construire une échelle de proportion sur laquelle on prendra les longueurs à donner aux projections des lignes qui leur sont respectivement parallèles.

Si, sur le corps à dessiner, il se trouve des circonférences dont les plans soient parallèles à l'une des faces du cube, on déterminera les axes des projections de ces circonférences de la manière suivante:

La projection horizontale C^h de la circonférence C, inscrite dans la face $abcd$, a pour axes les projections des diamètres respectivement parallèles au plan horizontal et à la ligne de plus grande pente de cette face par rapport au plan horizontal (N° 133). Or l'arête D est perpendiculaire au plan (a, b, c, d), D^h est donc perpendiculaire à la trace horizontale de ce plan et parallèle à la projection horizontale de sa ligne de plus grande pente par rapport au plan horizontal; l'intersection o^h des diagonales $a^h c^h$ et $b^h d^h$ est le centre de C^h, si donc par o^h, on mène $m^h n^h$ perpendiculaire à D^h, c'est le grand axe de C^h qui doit être égal au diamètre de C et par conséquent au côté du cube; le petit axe sera la parallèle à D^h menée par o^h. Pour trouver la grandeur du petit axe, ramenons la face $abcd$ dans une position parallèle au plan horizontal en la faisant tourner autour de son horizontale mn; la circonférence C viendra se confondre avec la circonférence C' décrite sur mn' comme diamètre. Prenant pour nouveau vertical de projection celui de l'arc décrit par le point p, milieu du côté ab et appartenant évidemment à la circonférence C. LT' passant par p^h, le point p se rabattra en p' sur la circonférence C' et on obtiendra sa position p_1 sur le plan V' à l'intersection de l'arc décrit du point k, comme centre, avec kp' pour rayon et de la perpendiculaire à LT' élevée par p^h; joignant k et p_1, on a la trace verticale du plan de la circonférence C. Si on ramène la circonférence C' dans sa position primitive C, le point y, extrémité du diamètre perpendiculaire à mn se projettera verticalement en y^v sur kp; d'où on conclut y^h extrémité du petit axe. On connaît donc les sommets de la courbe C^h; de plus les quatre côtés de la projection $a^h b^h c^h d^h$ sont tangents à C^h en leurs milieux; on peut donc tracer C^h. Toutes les circonférences situées sur les faces du corps parallèles à celle $abcd$ du cube auront pour projections horizontales des courbes dont les axes seront respectivement parallèles à ceux de C^h; les grands axes seront respectivement égaux aux diamètres des circonférences, et les petits axes seront évidemment des quatrièmes proportionnelles à ces diamètres et aux axes de C^h; on les détermine tous par un même coup de règle à calcul.

On déterminera de même les axes des projections des circonférences tracées sur les autres faces du cube.

Comme on peut faire les mêmes observations sur la projection verticale du cube, nous avons cru inutile de nous en occuper.

139. **Problème.** Connaissant les longueurs des trois arêtes d'un

parallélipipède et les angles que ces arêtes font entre elles, trouver la grandeur de la diagonale du parallélipipède et les angles qu'elle fait avec chacune des arêtes.

Prenons pour plan horizontal le plan des deux arêtes A et B; ces droites sont les traces horizontales des plans des deux autres facettes; et si on conçoit que ces plans aient été rabattus sur le plan horizontal en tournant autour de leurs traces respectives comme axes de rotation, la troisième arête C aura pris les positions C' et C'' faisant avec A et B des angles respectivement égaux à ceux que C fait avec chacune de ces droites. Ramenant chacun des plans (C', A) et (C'', B) dans sa position primitive, les extrémités c' et c'' de C' et de C'', qui sont les rabattements de l'extrémité c de C, décrivent des arcs de cercle dont les plans sont respectivement perpendiculaires à A et à B; l'intersection des traces horizontales de ces plans donne évidemment c^h ($N^o=52, 2^o$). Unissant c^h et s, on a C^h. Prenons le plan vertical parallèle à C; LT sera parallèle à C^h, on déterminera c^v en cherchant la position c_i du point c sur le plan de l'arc décrit par le point c' autour de A, et en portant la grandeur $c^h c_i$ de i en c^v; unissant c^v et s on a C^v. Il est évident que C^v est égal à C. La diagonale du parallélipipède est le troisième côté d'un triangle dont un côté est égal à la diagonale de la face parallélogrammique de deux arêtes, A et B par exemple, l'autre côté est égal et parallèle à la troisième arête C. La diagonale Q de la face (A, B) se projette verticalement sur LT; par q et q^v menant des droites respectivement égales et parallèles à C^h et à C^v, et joignant leurs extrémités r, r^v respectivement aux points s et s^v, on a les projections R^h et R^v de la diagonale R demandée. Amenant cette droite dans la position R' sur le plan horizontal en la faisant tourner autour d'un axe perpendiculaire au plan vertical et passant par le point s, la grandeur R' sera celle de la diagonale R. Pour trouver l'angle que cette droite fait avec l'arête B, nous rabattons le plan (R, B) sur le plan horizontal en le faisant tourner autour de sa trace horizontale B; le point r de R décrit un arc de cercle dont le plan, perpendiculaire à B, a pour trace $L'T'$ passant par r^h et perpendiculaire à B; le rabattement r^v de r doit se trouver sur $L'T'$ à une distance du sommet s égale à sr; on l'obtiendra donc à l'intersection de $L'T'$ et de l'arc décrit du point s comme centre avec sr pour rayon; joignant r'' et s on a le rabattement R'' de R sur le plan horizontal et l'angle $R'' s B$ est égal à celui que R fait avec l'arête B. Par une construction semblable, on déterminera l'angle $R''' s A$ que R fait avec l'arête A. Pour obtenir celui de R et de C, nous rabattons le plan de ces droites sur le plan horizontal en le faisant tourner autour de sa trace horizontale qui est évidemment la droite Q; le rabattement C^{IV} du point c se trouvera à l'intersection de la perpendiculaire à Q menée par c^h et de l'arc décrit du point s comme centre avec $s^h c^h$ pour rayon; celui r^{IV} de point r se trouvera à l'intersection de la perpendiculaire à Q menée par r^h et de l'arc décrit du point s comme centre avec sr pour rayon.

joignant C^{IV} et s, v^{IV} et s, on a les nouveaux rabattements C^{IV} et R^{IV} de C et de R, et l'angle C^{IV} s R^{IV} est égal à celui que R fait avec la la troisième arête C.

Ce problème trouve son application en mécanique dans la recherche de la résultante de trois forces non situées sur le même plan et sollicitant un même point.

Pl.10. fig.147

140. Problème. Réduire un angle à l'horizon.

C'est déterminer la projection horizontale d'un angle donné dont les côtés font des angles aussi donnés avec la verticale passant par le sommet de l'angle.

Prenons pour plan vertical celui de la verticale N et de la droite A faisant entre elles l'angle a qui est connu. A se confond avec LT; c'est un des côtés de l'angle cherché. Amenons la seconde droite B dans la position B' sur le plan vertical en la faisant tourner autour de l'axe vertical N; l'angle b ou B'oN est égal à celui que B fait avec la verticale N. Rabattons encore B sur le plan vertical en la faisant tourner autour de A; elle viendra en B" faisant avec A l'angle B"oA égal à celui des droites B et A; on trouvera le rabattement b" de la trace b de B' à une distance du sommet ob"=ob'; et joignant a et b", on a le rabattement de la droite ab qui unit les traces horizontales des droites A et B. Pour déterminer la vraie position de la droite B, il faut faire tourner B' autour de la verticale N; alors la trace b de B se trouvera sur l'arc décrit autour de N^b par la trace b' de B'. Si on fait aussi tourner la droite B" autour de A pour la ramener en B, la droite ab" ne change pas de grandeur et viendra se placer sur le plan horizontal de telle sorte que b" se confondra avec la trace b de B. Cette trace b ne peut donc se trouver qu'à l'intersection de l'arc décrit par b' autour de N^b et de celui décrit de a comme centre avec ab" pour rayon. Unissant b et ob on a B^b et l'angle A^b ob B^b est l'angle A oB réduit à l'horizon.

141. On peut maintenant comprendre ce qui a été dit (N° 58) relativement aux changements de plans de projection, que, lorsqu'un corps est donné de position par rapport à deux plans rectangulaires, une opération à exécuter sur ce corps peut donner lieu à des constructions plus compliquées que dans le cas où le choix des plans de projection est laissé à la disposition du dessinateur. C'est pourquoi quand on veut dessiner un appareil quelconque, il est nécessaire de prendre les deux plans de projection tels que l'un d'eux soit parallèle, et l'autre perpendiculaire aux axes des parties principales.

Des Plans cotés et nivelés.

142. On appelle Plans cotés et nivelés les dessins relatifs aux travaux à exécuter sur une grande étendue de terrain pour lesquels on ne fait généralement usage que d'un seul plan de projection, le plan horizontal, auquel on donne le nom de Plan de comparaison.

143. Lorsqu'il s'agit d'un travail de peu d'importance, on considère le plan de comparaison passant un peu au-dessus de la partie la plus élevée du terrain: mais si ce travail doit avoir quelque relation avec d'autres travaux déjà existants, on prend le plan de comparaison de ceux-ci. De là la nécessité d'adopter un plan de comparaison unique pour toutes les circonstances, et l'on a choisi le niveau de la mer dont on a déterminé la hauteur par rapport aux points principaux du globe. Alors le plan de comparaison dégénère en une surface courbe qui est la continuation du niveau de la mer, c'est-à-dire à peu près sphérique et dont la courbure est assez petite pour que dans une certaine étendue on puisse la considérer comme confondue avec son plan tangent, mais dont on doit tenir compte lorsque les opérations doivent recevoir plus d'extension.

144. Dans ce système de projection, un point est déterminé par sa projection sur le plan de comparaison et par un nombre écrit à côté entre parenthèses qui indique la distance du point de l'espace à ce plan de comparaison; ce nombre s'appelle COTE du point de l'espace.

La cote est positive si le point est au-dessous du plan de comparaison; elle est négative dans le cas contraire. Ainsi le point a est à $3^m,25$ au-dessous du plan de comparaison et le point b est à $3^m,5$ au-dessous.

Pl. 11.   fig. 147

145. Une droite est déterminée par sa projection sur le plan de comparaison et par les cotes de deux de ses points.

fig. 148

Soit D^h la projection d'une droite D; et considérons la projection $a^h b^h$ d'une portion ab de cette droite; on sait ($N^o 121$) que la vraie grandeur d'une portion de droite est l'hypothénuse d'un triangle rectangle dont un côté de l'angle droit est égal à la projection horizontale de cette portion de droite et l'autre côté est la différence des distances de ses extrémités au plan horizontal; on aura donc: $ab = \sqrt{a^h b^{h2} + (10^m - 4^m,5)^2}$. La longueur de $a^h b^h$ est mesurée sur une échelle de proportion qui doit être construite sur chaque dessin et à laquelle on rapporte les grandeurs des projections horizontales des différentes parties du système projeté. On trouve $a^h b^h = 12^m$; il vient donc
$$ab = \sqrt{12^{m2} + 5^m,5^2} = 13^m,2$$

fig. 148

146. Problème. Sur une droite donnée trouver la cote d'un point dont on se donne la projection.

Soit m^h la projection d'un point m de la droite D, telle que $a^h m^h = 8^m,365$: si on prend pour plan vertical de projection le plan projetant la droite D, la ligne de terre se confondra avec D^h, et on trouvera les positions des points a et b sur ce plan en portant sur les perpendiculaires à D^h élevées par les points a^h et b^h des longueurs respectivement égales à $4^m,5$ et à 10^m; joignant a et b on a la droite D. On obtiendra la position du point m sur la droite D à l'intersection de cette droite et de la perpendiculaire à D^h menée par m^h; mesurant $m m^h$ à l'échelle, on aura la cote $8^m,4$ du point m.

Cette manière d'opérer ne pourrait être employée dans tous les cas: en effet, les distances au plan de comparaison sont généralement très petites par rapport aux dimensions horizontales du terrain que l'on a représenté; or celles-ci doivent être dessinés à une échelle très réduite, en raison de la petite étendue de la feuille de dessin; il devient donc très difficile, impossible même, d'apprécier d'une manière suffisamment exacte les grandeurs telles que $m\,m^h$. Il est vrai qu'il est quelquefois nécessaire de déterminer une projection verticale du système projeté ou d'une partie de ce système, et qu'alors cette projection verticale est construite à une échelle plus grande que celle de la projection horizontale; l'appréciation est rendue plus facile; mais comme il n'en est pas toujours ainsi, on doit pouvoir déterminer la cote $m\,m^h$ directement par le calcul.

Par le point a menant $a\,b'$ parallèle à D^h on a: $m\,m^h = m\,m' + m'\,m^h$, les triangles semblables $b\,b'\,a$ et $m\,m'\,a$ donnent: $b\,b':m\,m'::a\,b':a\,m'::a^h\,b^h:a^h\,m^h$; d'où $m\,m' = \dfrac{b\,b'}{a^h\,b^h}\,a^h\,m^h = \dfrac{b\,b^h - a\,a^h}{a^h\,b^h}\,a^h\,m^h$. Remarquons que le rapport $\dfrac{b\,b^h - a\,a^h}{a^h\,b^h}$ de la différence des cotes des points a et b à leur distance horizontale est constant. On pourra donc obtenir du même coup de règle à calcul les différences de la cote du point a à celles d'autant de points de la droite D que l'on voudra, quand on connaîtra les distances respectives de a^h aux projections de ces mêmes points. On a aussi $m'\,m^h = a\,a^h$; remplaçant $m\,m'$ et $m'\,m^h$ par leurs valeurs respectives, on obtient: $m\,m^h = (\dfrac{b\,b^h - a\,a^h}{a^h\,b^h}\,a^h\,m^h) + a\,a^h$. D'où $m\,m^h = (\dfrac{10^m - 4^m5}{12^m} \times 8^m365 + 4^m50 = 8^m4$ pour la cote du point m à très peu de chose près.

Pl.11 fig.148 — **147. Problème.** Connaissant la cote d'un point situé sur une droite donnée, trouver la projection de ce point.

Soit 8^m4 la cote d'un point m de la droite D; les triangles $b\,a\,b'$ et $m\,a\,m'$ donnent $a\,m' = \dfrac{a\,b'}{b\,b'}\,m\,m' = \dfrac{a^h\,b^h}{b\,b^h - a\,a^h}$, $(m\,m^h - a\,a^h) = \dfrac{12}{5^m5} \times 3{,}^m9 = 8^m365$. Portant donc sur D^h à partir de a^h et du côté de b^h une longueur de 8^m365 prise sur l'échelle des horizontales on obtient la projection m^h cherchée.

Si la cote du point m était négative, soit -8^m4, on aurait $a\,m' = -8^m365$, résultat négatif; ce qui indique qu'on doit porter la distance $a^h\,m^h$ à partir du point a du côté opposé au point b pour lequel la distance $a^h\,b^h$ a été considérée positive.

fig.148 — **148.** Trouver la trace d'une droite sur le plan de comparaison.

La trace demandée d est le point de la droite D dont la cote est 0^m on aura donc (n°147) $a\,b = \dfrac{a^h\,b^h}{b\,b^h - a\,a^h} \times (0^m - a\,a^h) = \dfrac{12^m}{5^m5} \times -4^m5 = -9^m820$ à peu près. Le résultat étant négatif sera porté de a^h en d du côté opposé au point b^h m a ainsi la trace d de la droite D sur le plan de comparaison.

fig.148 — **149. Problème.** Trouver sur une droite un point distant d'un point donné d'une quantité déterminée.

Soit $a\,m = 9^m23$ la distance du point a à un point m de la droite D; on a: $a\,b:a\,m::a\,b':a\,m'$; d'où $a\,m'$ ou $a^h\,m^h = \dfrac{a\,b^h}{a\,b}\,a\,m = \dfrac{12^m}{13^m2} \times 9{,}23 = 8^m47$ à peu près. On peut maintenant déterminer la cote du point m comme précédemment (n°146).

On conçoit que l'énoncé doit indiquer si le point m doit être situé de l'un ou de l'autre côté du point a, autrement on trouve deux points qui répondent à la question.

fig.149 — **150. Problème.** Par un point donné mener une parallèle à une droite donnée).

Soient D la droite et o le point donnés. Par o^h menons X^h parallèle à D^h c'est la projection de la droite X cherchée. Portant sur x^h et à partir de o^h une grandeur $o^h x^h = a^h b^h$, on conçoit que puisque les droites D et X, doivent être parallèles dans l'espace, les portions $a^h b^h$ et $o^h x^h$ de leurs projections représentent des portions de ces droites ab et ox égales entre elles ces portions ab et ox sont les hypothénuses de triangles rectangles évidemment égaux; donc les différences respectives des cotes des points a et b et de celles des points o et x doivent être égales et de même sens. On aura donc la cote du point x en augmentant celle $7^m,3$ du point o de la différence $9^m,7 - 3^m,5 = 6^m,2$ des cotes des points a et b. Soit donc $7^m,3 + 6^m,2 = 13^m,5$.

D'après cela on voit que deux droites dont les projections sont parallèles ne sont parallèles dans l'espace qu'autant que les cotes de leurs points respectifs augmentent ou diminuent dans le même sens de quantités proportionnelles aux distances horizontales de ces mêmes points.

Pl. 11. fig. 150 131. Problème. Tracer sur un plan une horizontale et une ligne de plus grande pente par rapport au plan de comparaison.

Soit DC le plan donné; l'horizontale A cherchée coupera chacune des droites données en des points qui auront évidemment même cote; cherchons donc sur chacune de ces droites le point dont la cote est 10^m par exemple. On a pour la droite $D (N°. 148)$; $D^h o^h : D^h a^h :: 11^m,5 - 5^m :: 10^m - 5^m$ ou bien $15^m : D^h a^h :: 6^m,5 : 5^m$; d'où $D^h a^h = \dfrac{15^m \times 5^m}{6^m,5} = 11^m,538$ à très peu près que l'on porte de D^h en a^h; pour la droite C; $m^h o^h : m^h n^h :: 11^m,5 - 8^m,25 : 10^m 8^m,25$; ou bien $19^m,7 : m^h n^h :: 3^m,35 : 1,73$; d'où $m^h n^h = \dfrac{19^m,70 \times 1^m,73}{3^m,35} = 10^m 3$ que l'on porte également de m^h en n^h joignant $a^h (10^m)$ et $n^h (10^m)$, on a l'horizontale A demandée. Si par un point quelconque k^h de A^h on élève M^h perpendiculaire à cette droite, c'est la projection de la ligne de plus grande pente M demandée. Pour obtenir un second point de cette droite, par le point g de D menons l'horizontale B du plan (D, C); B^h est parallèle à A et coupe M^h en un point p^h projection d'un point p de M dont la cote doit être évidemment la même que celle du point g.

fig. 151 132. Problème. Construire l'échelle de pente d'un plan.

Soit (D, C) le plan donné; traçons une horizontale de ce plan, et choisissons celle A qui passe par un point a dont la cote 10^m est un nombre entier $(N°. 148)$. La perpendiculaire M^h à A^h, élevée en un point quelconque k de cette droite, est la projection d'une ligne de plus grande pente du plan donné, et on connait un point $k (10^m)$ de M. Une 2me horizontale B du plan (D, C) menée par le point $g (5^m)$ coupe M en un point p dont la cote est également 5^m; si on divise la portion $k^h p^h$ en cinq parties égales, les cotes respectives des points de division seront évidemment $9^m, 8^m, 7^m$ et $6^m (N°. 112)$. Portant au delà de k^h et de p^h des grandeurs égales à chacune des divisions, on obtient de nouveaux points dont les cotes sont $11^m, 12^m, \ldots 4^m, 3^m \ldots$; si enfin on partage chacune des divisions en 10, 100 … parties égales, on obtient de nouveaux points dont les cotes

sont les subdivisions décimales correspondantes du mètre: la droite M ainsi divisée prend le nom d'échelle de pente du plan, car elle peut donner immédiatement
la cote d'un point quelconque de ce plan. Ainsi par un point quelconque g de
D menons une horizontale g, cette horizontale coupe M en un point g dont la
cote 0ᵐ3 est la même que celle du point g.

Il résulte de là qu'un plan est le plus convenablement représenté
par son échelle de pente; on l'écrit par deux traits très rapprochés.

Pl. 12   fig. 152   153. *Problème.* Trouver l'intersection de deux plans.

1° Soient P et Q les échelles de pente des deux plans donnés. Un plan horizontal auxiliaire coupera les plans P et Q suivant les droites A et B évidemment de même
cote, et l'intersection k de ces droites appartient à l'intersection I des plans donnés.
Par le point a de P et sur le plan P traçons une horizontale A; par le point b
de Q de même cote que le point a traçons sur le plan Q une autre horizontale B; ces deux droites étant à la même distance du plan de comparaison
sont les intersections respectives des plans P et Q et du plan horizontal passant
par les points a et b. Ces droites se couperont donc en un point k qui appartient à l'intersection I des plans donnés. Un second point g de I sera également
déterminé par l'intersection de deux autres horizontales M et N menées sur chacun
des plans donnés par les points m et n de même cote; joignant donc k et g, on
obtient l'intersection I demandée.

fig. 153.   2° Les échelles de pente sont parallèles; les projections des horizontales
A et B, M et N sont alors parallèles entre elles; par conséquent Iʰ sera parallèle
à ces droites (n°ˢ 99 et 103, 2°). Traçons sur le plan P deux horizontales A et M;
sur le plan Q, également deux horizontales B et N dont les cotes sont respectivement égales à celles des deux premières; les plans (A,B) et (M,N) sont donc
parallèles au plan de comparaison. Traçons sur le premier une droite ab et sur
le second une autre droite mn parallèle à ab; le plan déterminé par les droites ab
et mn coupe le plan P suivant am et le plan Q suivant bn; ces deux droites
se coupent elles-mêmes en un point k par lequel menant une parallèle aux
droites A, B, M et N, on a l'intersection I des plans P et Q. On vérifiera I en remarquant
que cette droite doit couper les échelles de pente en des points qui doivent être de même
cote.

Il faut avoir soin que les droites ab et mn soient menées telles que les droites
am et bn auxquelles elles donnent lieu se coupent sous un angle convenable.

fig. 154   154. *Problème.* Trouver le point de rencontre d'une droite et d'un
plan.

Soient D la droite et (A,o) le point donnés. Par le point o donné et le
point a de A traçons les horizontales M et N du plan (A,o); par les points g et b
de D, dont les cotes sont respectivement égales à celles des points o et a, menons
deux droites P et Q parallèles entre elles et au plan de comparaison, mais de
direction quelconque; ces droites P et Q peuvent être considérées comme les horizontales
d'un plan passant par la droite D. Les droites M et P de même cote se coupent

en un point k, et les droites N et Q se coupent en un autre point q qui appartiennent à l'intersection I des plans (A, o) et (D, P, Q); l'intersection x de D et de I est le point de rencontre de la droite D et du plan (A, o) (N° 106). On s'assurera de l'exactitude de l'opération en vérifiant la cote ($3^m, 10$) du point x sur chacune des droites D et I.

Pour déterminer les parties visible et invisible de D, remarquons que D^h et A^h se coupent en un point qui est la projection horizontale de deux points, l'un situé sur D et l'autre sur A; cherchant les cotes de chacun de ces points, on trouve que le point de D est plus éloigné du plan de comparaison que le point de A; la partie ad de D est donc visible et celle xb invisible.

Pl. 42.   fig. 156

135. Problème. Trouver la distance d'un point à un plan.

Soient P l'échelle de pente du plan et o le point donné. La projection de la perpendiculaire X cherchée devant être perpendiculaire à la trace du plan donné, sera parallèle à P^h; soit donc X^h la projection de cette perpendiculaire. Pour trouver la cote d'un second point, concevons le plan projetant X et prenons le pour plan vertical de projection. LT se confondra avec

fig. 155

X^h, et soit xo la position de la droite X sur le plan vertical. Le plan donné P est perpendiculaire au plan vertical, puisque celui-ci est conduit suivant une perpendiculaire X à ce plan P: conséquemment la trace verticale V^P, qui est perpendiculaire à X, sera une ligne de plus grande pente du plan donné par rapport au plan de comparaison; elle est donc parallèle à l'échelle de pente P. Du point x commun à X et à V^P, abaissons sur LT la perpendiculaire $x x^h$; prenons sur cette perpendiculaire une grandeur $xq = x^h o$ et menons pq parallèle à LT; les triangles rectangles $x x^h o$ et xqp sont égaux comme ayant leurs côtés respectivement perpendiculaires et un côté égal $o x^h = xq$; donc aussi $x x^h = pq$. Remarquons que $o x^h$, projection d'une portion ox de X, est égale à xq différence des cotes des extrémités d'une portion xp de P dont la projection pq est égale à $x x^h$ différence des cotes des extrémités de la portion xo de X. Remarquons encore que les cotes des divers points de P sont de plus en plus grandes en allant de gauche à droite du dessin, tandis que celle des divers points de X sont de plus en plus grandes en allant de droite à gauche. D'après cela, si sur les échelles des horizontales nous prenons une longueur pq égale $12^m - 5^m$ différence des cotes des points p et q de P que nous portons de o^h en m^h, on obtiendra la projection m^h d'un point m de X dont la cote $o, 8$ sera telle que sa différence à celle ($15^m, 5$) du point o sera égale à $14^m, 7$ distance horizontale des points p et q et de sens contraire. Déterminant le point de rencontre x de la droite X et du plan P comme précédemment (N° 154), on trouve la grandeur de la distance ox par la formule $ox = \sqrt{o^h x^{h2} + (15^m, 5 - 7^m, 33)^2} =$
$$\sqrt{16^m + 66^m, 8489} = 9^m, 10$$

fig. 157

136. Problème. Faire tourner un plan autour d'une de ses horizontales jusqu'à ce qu'il soit horizontal.

Soit (D, A) le plan donné qu'il faut faire tourner autour de l'horizontale

A. On sait que c'est opérer le rabattement du plan (D, A) sur le plan horizontal passant par l'axe de rotation A, et que les constructions exécutées sur ce plan sont les mêmes que celles exécutées sur le plan horizontal de projection. Prenons donc pour plan vertical le plan de l'arc décrit par le point a autour de l'axe de rotation A; $L^h T^h$ sera la perpendiculaire à A^h menée par a^h; on trouve la position a_1 du point a sur le plan vertical en portant sur la perpendiculaire à $L T$ menée par a^h une grandeur $a^h a_1 = 15^m - 7^m,5 = 7^m,5$; on détermine enfin le rabattement a' du point a à la rencontre de $L'T'$ et de l'arc décrit du point k comme centre avec $k a_1$ pour rayon; joignant a' au point d de D, qui est resté fixe pendant le mouvement, on obtient D', rabattement de D. Ainsi pour obtenir le rabattement d'un point a sur un plan parallèle au plan de comparaison, il suffit de porter sur la perpendiculaire abaissée de a^h sur l'axe de rotation A^h, et à partir du pied a^h de cette perpendiculaire, une grandeur $k^h a_1^h = \sqrt{(15^m - 7^m,5)^2 + a^h k^{h2}}$.

157. Problème. Trouver la distance d'un point à une droite.

Soient D la droite et o le point donnés

Pl. 12 fig. 108 1º Traçons sur le plan (D, o) l'horizontale A (Nº 151); autour de laquelle nous ferons tourner le plan jusqu'à ce qu'il soit ramené parallèle au plan de comparaison (Nº 156) il suffit de déterminer le rabattement a' du point a et de le joindre au point l'intersection de D et de l'horizontale A; on a ainsi D'; puis abaissant du point o une perpendiculaire X' sur D', c'est la distance demandée; on en trouve la grandeur numérique en la mesurant sur l'échelle des horizontales. Ramenant le plan (D, o) dans sa position primitive (D, o) en le faisant tourner autour de l'horizontale A, on trouve x^h à l'intersection de D^h et de la perpendiculaire à A^h menée par le point x'^h; joignant enfin o et x^h, on a X^h projection de la distance demandée. On détermine la cote $(4^m,25)$ du point x comme au Nº 143.

fig. 109 2º Si par le point o on mène un plan perpendiculaire à la droite D, la projection E^h de son échelle de pente passera par o^h; mesurant la distance horizontale $a^h b^h = 14^m$, c'est la différence des cotes des points o et m de B dont la distance horizontale $a^h m^h$ doit être égale à la différence des cotes $9^m - 2^m = 7^m$ des points a et b. Portant donc 7^m de o^h en m^h en sens contraire de $a^h b^h$, on obtient la projection m^h du point m dont la cote doit être égale à $15^m - 14^m = 1$ (Nº 155). Divisant $o^h m^h$ en 14 parties égales, on a la graduation de l'échelle de mètre en mètre de distance au plan de comparaison. Cherchant l'intersection x de la droite D et du plan perpendiculaire, par les points p et n de E menons deux horizontales P et N de ce plan; par les points b et a de D dont les cotes sont respectivement égales à celles des points o et m, menons deux horizontales B et A parallèles entre elles mais de direction quelconque; les droites P et B de même cote se coupent en un point k; celles N et A également de même cote se coupent en un point g; joignant p et k on a l'intersection du plan perpendiculaire et du plan (B, A) passant par la droite D, et, par suite, on obtient le point x en lequel D rencontre le plan perpendiculaire ; joignant oh et x^h, on a X^h projection de la distance demandée. On trouve la cote (6^m) du point x en rapportant ce point à l'échelle de pente E. On détermine enfin la vraie grandeur de X par la formule

$$X = \sqrt{X^{h\,2} + (15^m - 6^m)^2} = 15^m,844.$$

Pl. 12 fig. 160 **158. Problème.** Trouver la distance entre deux droites.

Soient D et K les droites données. Par un point d de D menons une parallèle M à K ; le point m de cette droite est déterminé en portant sur M^h de d^h en m^h la grandeur $d^h m^h = p^h o^h$ et en donnant à ce point m la cote $15^m + 19^m - 9^m = 5^m$ (n°e 130). Sur le plan (D, M) traçons une horizontale A (n°e 134), et du point o de K abaissons sur le plan (D, M) une perpendiculaire Y : Y^h sera parallèle à la projection E^h d'une ligne de plus grande pente E du plan (D, M) (n°e 133, 2°) ; Nous trouvons un second point $g (n°m 3)$ en portant de o^h en g^h une grandeur o^m égale à la différence des cotes $13^m - 7^m$ des points d et g. Si on détermine le point d'intersection y de la droite Y et du plan (D, M), la portion oy de Y est égale à la plus courte distance demandée. La droite I, menée par y parallèlement à K, coupe la droite D en un point x par lequel menant une parallèle X à Y, on a la perpendiculaire commune aux deux droites données. On vérifiera l'opération en s'assurant que la différence des cotes des points x de D et t de K est égale à la différence des cotes des points x et y.

fig. 161 **159. Problème.** Trouver l'angle que fait une droite avec le plan de comparaison.

Soit D la droite donnée ; désignons par α l'angle cherché, on a

$$\tan \alpha = \frac{11^m 5 - 4^m 5}{D^h}$$

On peut l'obtenir graphiquement en construisant le triangle rectangle dont la droite D est l'hypoténuse, et dont D^h et $11^m,5 - 4^m,5$ sont les côtés de l'angle droit ; l'angle $b^h a^h b$, sera celui celui cherché (n°e 114, 2°).

fig. 162 **160. Problème.** Trouver l'angle de deux droites.

Soient A et B deux droites qui se coupent en un point o ; sur le plan (A, B) traçons une horizontale ab (n°e 131) ; nous déterminons ainsi un triangle aob dont le côté $ab = 12^m,6$ mesuré à l'échelle

$$\text{côté } ao = \sqrt{a^h o^{h\,2} + (13^m,25 - 9^m,25)^2}$$
$$\text{côté } bo = \sqrt{b^h o^{h\,2} + (13^m,25 - 9^m,25)^2}$$

La trigonométrie donne, en désignant par S la somme des trois côtés :

$$\tan \tfrac{1}{2} aob = \sqrt{\frac{(S - ao)(S - bo)}{S(S - ab)}}$$

On obtiendra graphiquement l'angle cherché en décrivant des points a^h et b^h comme centres avec des rayons respectivement égaux à ao et à bo des arcs de cercles qui se coupent en o et l'angle $a^h o' b^h$ est égal à celui des droites A et B. Si on a bien opéré, le point o' se trouvera sur la perpendiculaire à $a^h b^h$ menée par o^h.

fig. 163 **161. Problème.** Trouver l'angle d'une droite et d'un plan.

Soient D la droite et E l'échelle de pente du plan donné. D'un point m de D abaissons une perpendiculaire A sur le plan, A^h sera parallèle à E^h; on déterminera un second point a de A en faisant $m^h a^h = 7^m - 3^m = 4^m$ et en donnant au point a la cote $8^m = 14^m - 11^m$ (N° 155). Cherchant ensuite l'angle $a^h m^i a^i$ des droites D et A (N° 160), le complément $a^h m^i a^i$ de cet angle est égal à celui que la droite D fait avec le plan donné.

Pl. 12. fig. 160

162. **Problème.** Trouver l'angle qu'un plan fait avec le plan de comparaison.

C'est chercher l'angle que sa ligne de plus grande pente P fait avec le plan de comparaison (N° 159).

fig. 164

163. **Problème.** Trouver l'angle de deux plans.

Soient les deux plans donnés par leurs échelles de pente respectives P et Q. Par le point o extérieur à ces deux plans menons les droites B et A respectivement perpendiculaires à chacun d'eux (N° 155). Déterminant ensuite l'angle $A^i o^i B^i$ de ces perpendiculaires, cet angle est égal à celui des deux plans.

fig. 161

164. **Problème.** Trouver la projection verticale d'une droite à une échelle différente de celle de la projection horizontale et déterminer l'inclinaison de cette projection verticale sur la projection horizontale.

Soit D la droite donnée. Supposons que le plan horizontal passe par le point a et que LT se confonde avec D^h. On trouvera la projection verticale b_1' du point b en portant sur la perpendiculaire à D^h élevée par b^h une grandeur $11^m,5 - 4^m,5 = 7^m$ prise à l'échelle des hauteurs; joignant a^h et b_1', on a D_1', projection verticale demandée. Prenons $b^h b_1 = 7^m$ mesurée à l'échelle des horizontales et menant $a^h b_1$, l'angle α ou $b^h a^h b_1$ est évidemment celui que la droite D fait avec le plan horizontal. Soit α' l'angle que D_1' fait avec D^h, on aura: $\tan \alpha' = \dfrac{b^h b_1'}{a^h b^h}$; or $b^h b_1'$ est égale à $b^h b_1$ multipliée par le rapport m de l'échelle des hauteurs à celle des horizontales, il vient donc:

$$\tan \alpha' = \frac{b^h b_1}{a^h b^h} \times m = \frac{11^m,5 - 4^m,5}{a^h b^h} \times m.$$

165. **Problème réciproque.** Les projections d'une droite étant écrites sur deux plans de projection à des échelles différentes, trouver l'angle de la droite et du plan horizontal.

Soient D^h et D_1' les projections d'une droite; portant de b^h en b_1 une longueur $11^m,5 - 4^m,5 = 7^m$ prise à l'échelle des horizontales, l'angle $b_1 a^h b^h$ est celui α demandé. On a $\tan \alpha = \dfrac{b^h b_1}{a^h b^h}$ mais $b^h b_1 = \dfrac{b^h b_1'}{m}$ il vient donc

$$\tan \alpha = \frac{b^h b_1'}{a^h b^h \times m}.$$

166. On doit reconnaître que, dans les plans cotés et nivelés, les cotes tiennent lieu de projection verticale, et qu'on peut toujours construire cette dernière projection, soit à la même échelle que la projection horizontale, soit à une échelle différente; mais que, dans ce dernier cas, on ne peut arriver à certains résultats sans avoir préalablement modifié les données ou la projection verticale.

Fin de la première partie.

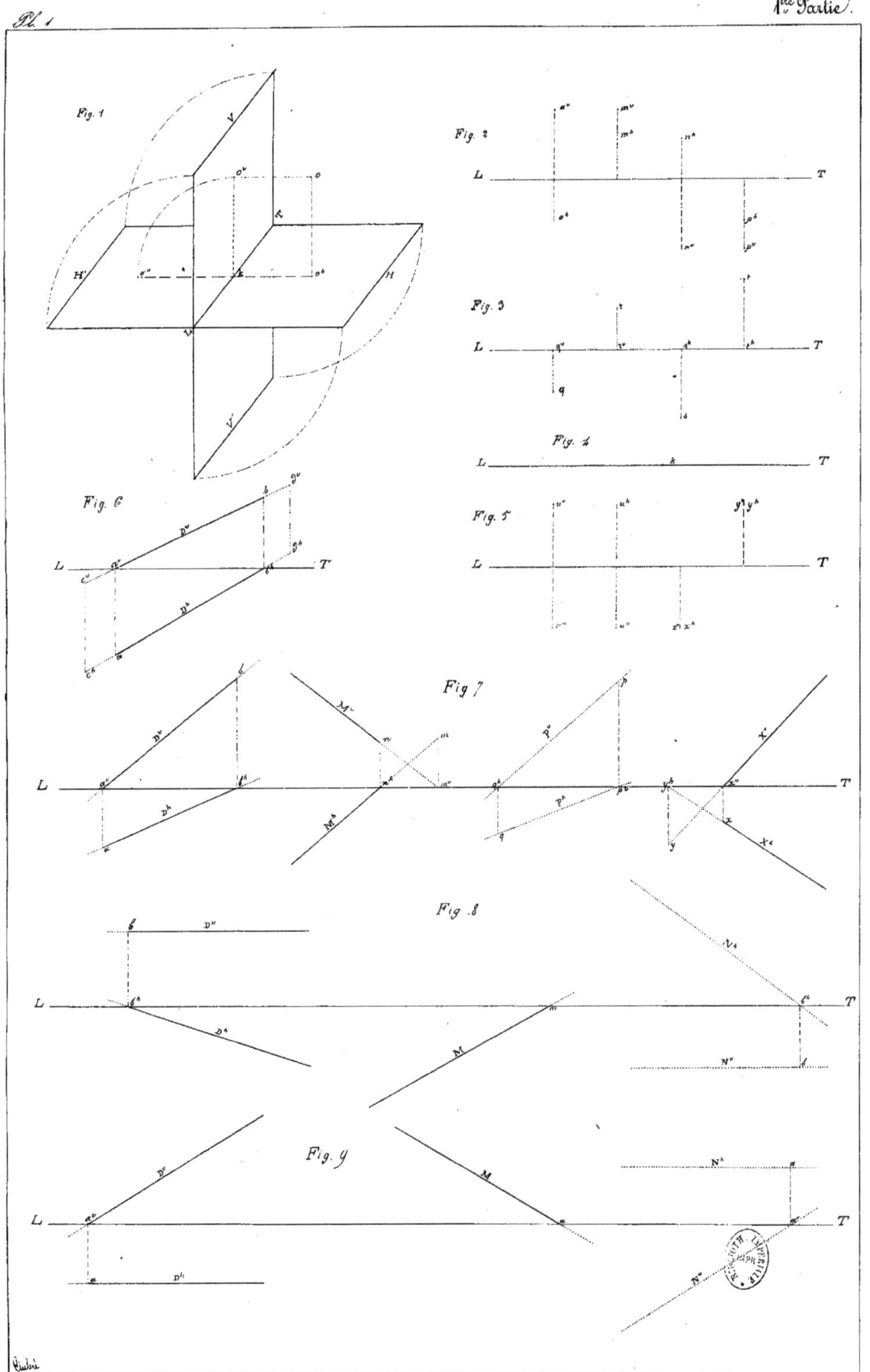
Fig. 1
Fig. 2
Fig. 3
Fig. 4
Fig. 5
Fig. 6
Fig. 7
Fig. 8
Fig. 9
L
T

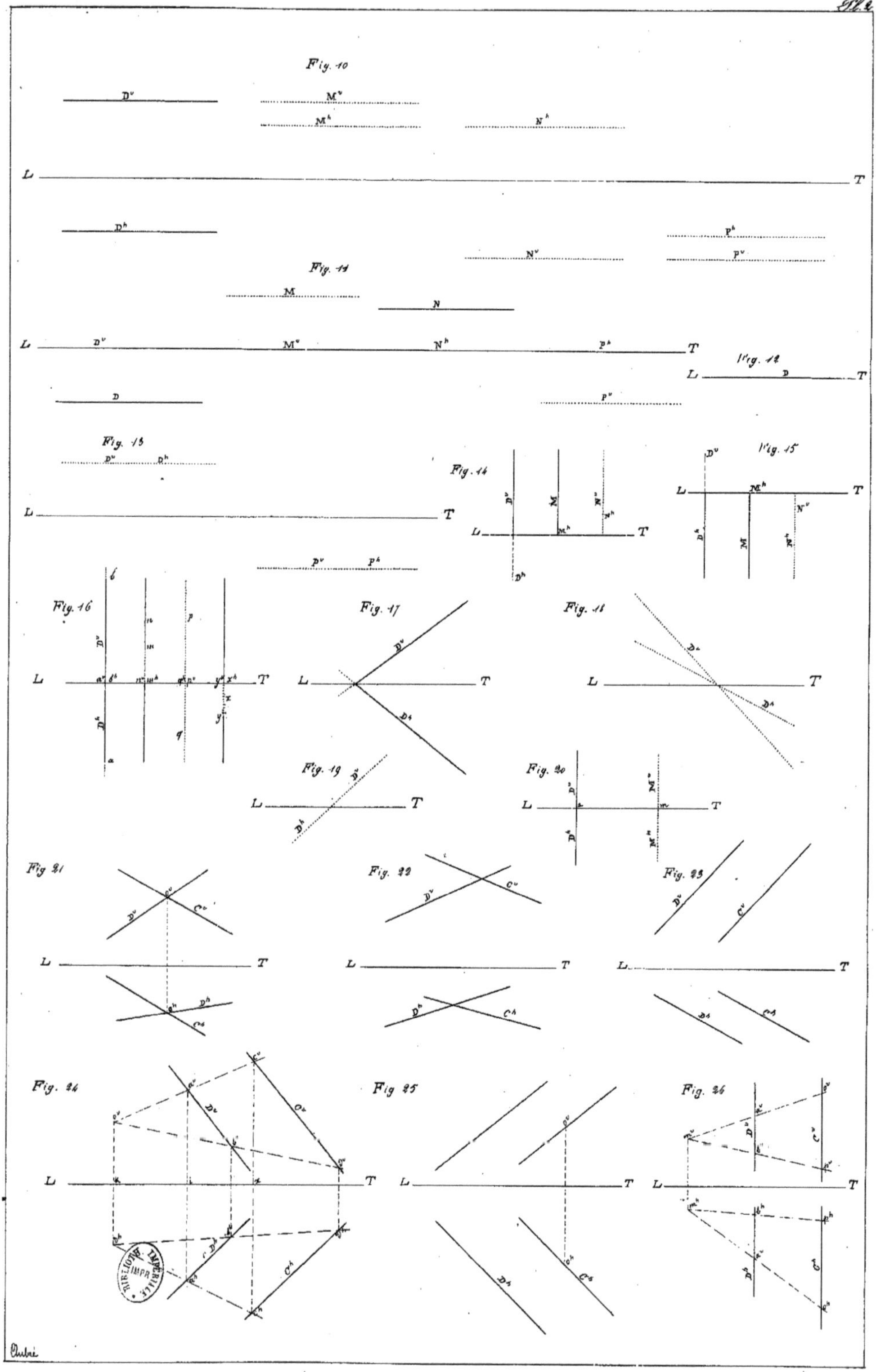

Fig. 10

Fig. 11

Fig. 12

Fig. 13

Fig. 14

Fig. 15

Fig. 16

Fig. 17

Fig. 18

Fig. 19

Fig. 20

Fig. 21

Fig. 22

Fig. 23

Fig. 24

Fig. 25

Fig. 26

Chubé

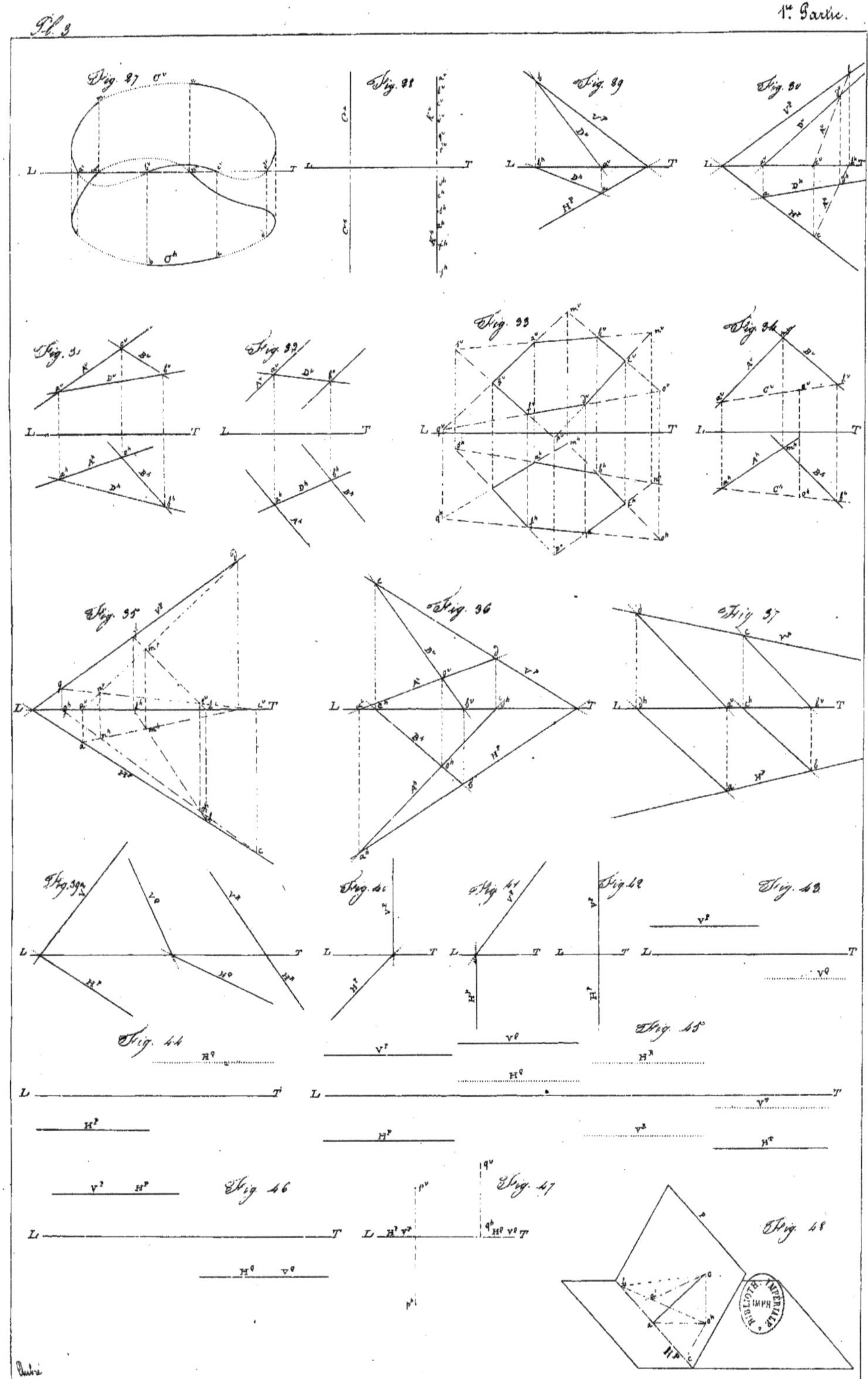
Fig. 27
Fig. 28
Fig. 29
Fig. 30
Fig. 31
Fig. 32
Fig. 33
Fig. 34
Fig. 35
Fig. 36
Fig. 37
Fig. 38
Fig. 39
Fig. 40
Fig. 41
Fig. 42
Fig. 43
Fig. 44
Fig. 45
Fig. 46
Fig. 47
Fig. 48

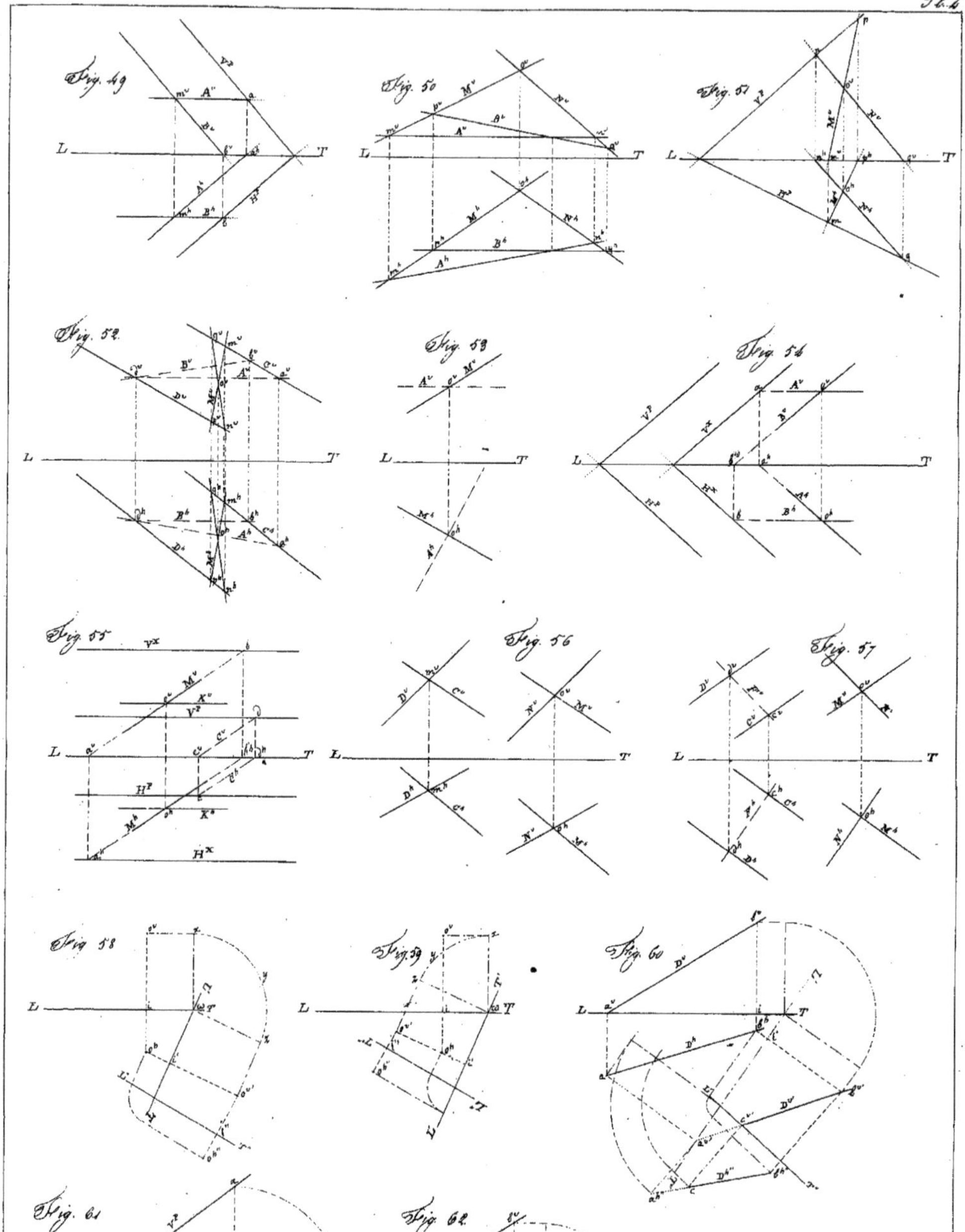

Fig. 49

Fig. 50

Fig. 51

Fig. 52

Fig. 53

Fig. 54

Fig. 55

Fig. 56

Fig. 57

Fig. 58

Fig. 59

Fig. 60

Fig. 61

Fig. 62

Fig. 63

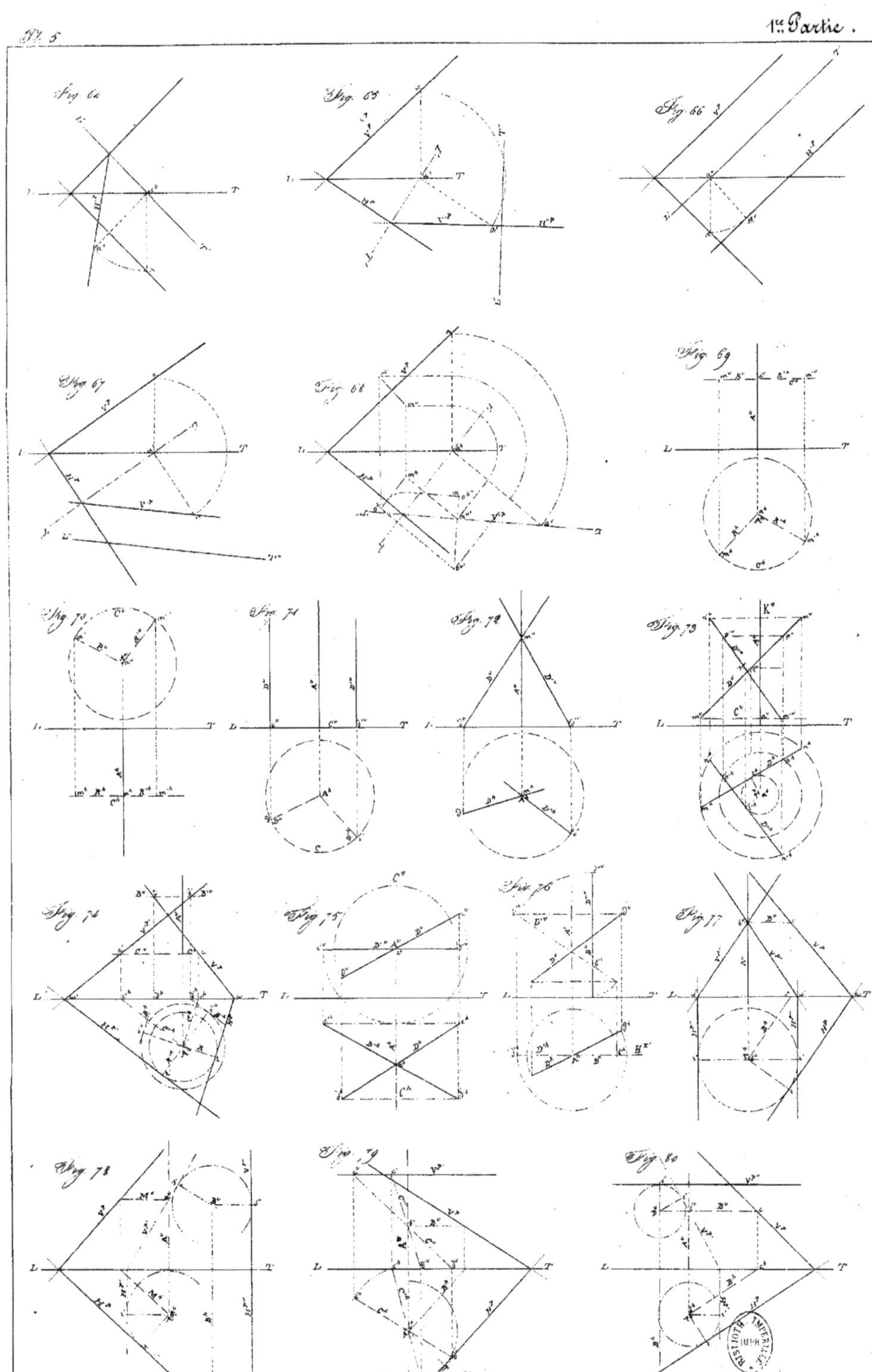

Fig. 64
Fig. 65
Fig. 66
Fig. 67
Fig. 68
Fig. 69
Fig. 70
Fig. 71
Fig. 72
Fig. 73
Fig. 74
Fig. 75
Fig. 76
Fig. 77
Fig. 78
Fig. 79
Fig. 80

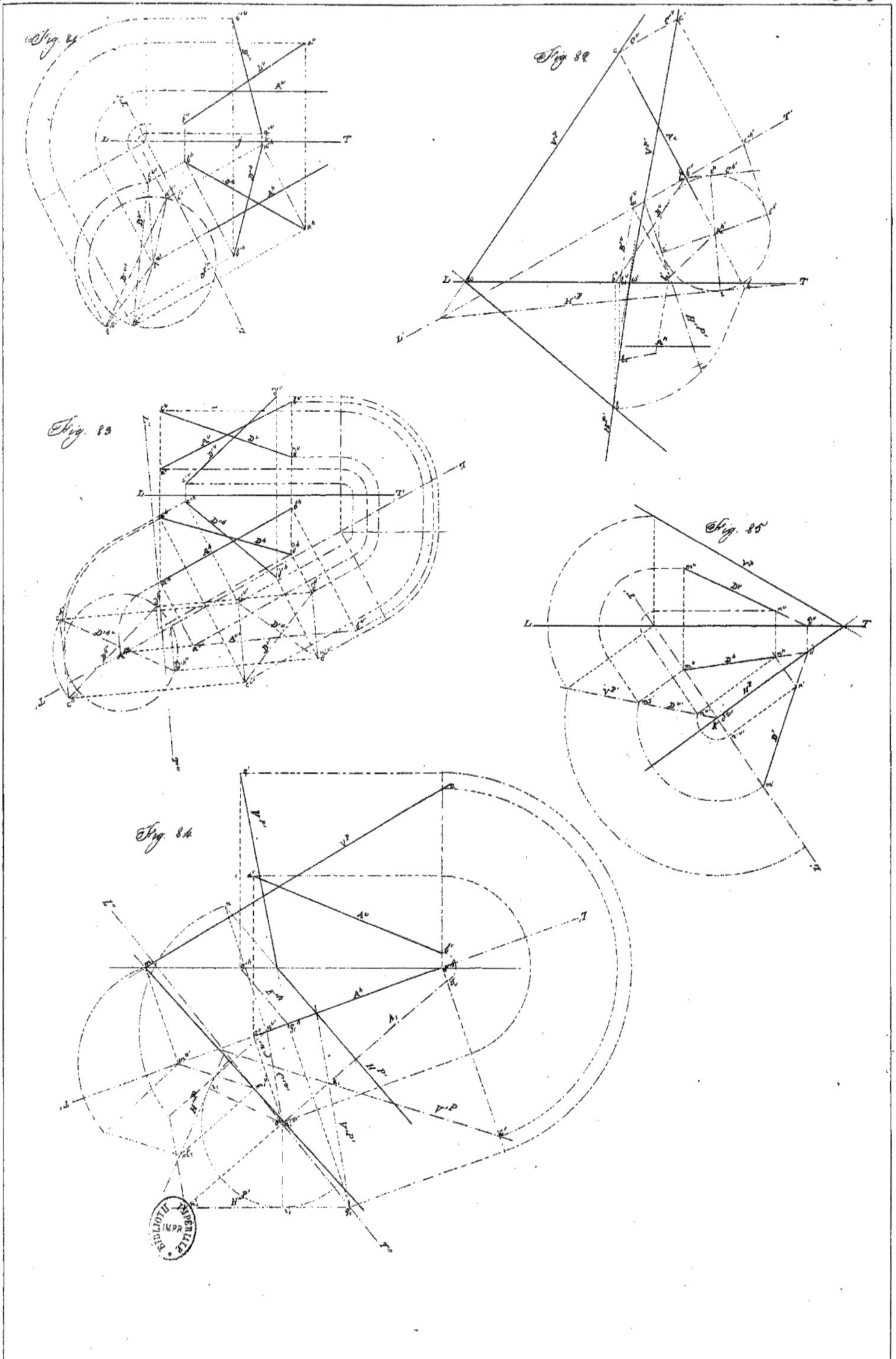

Fig. 81

Fig. 82

Fig. 83

Fig. 85

Fig. 84

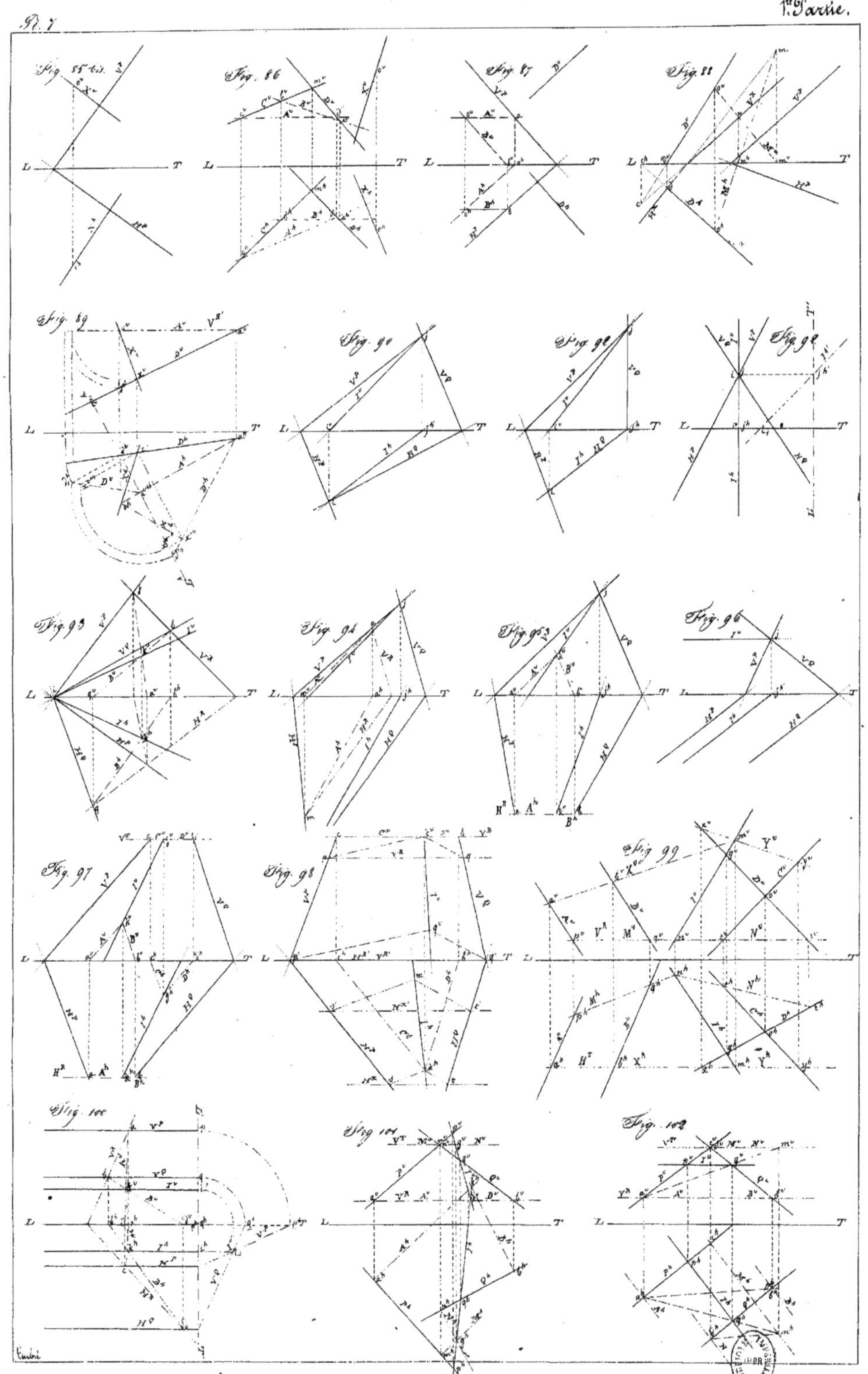

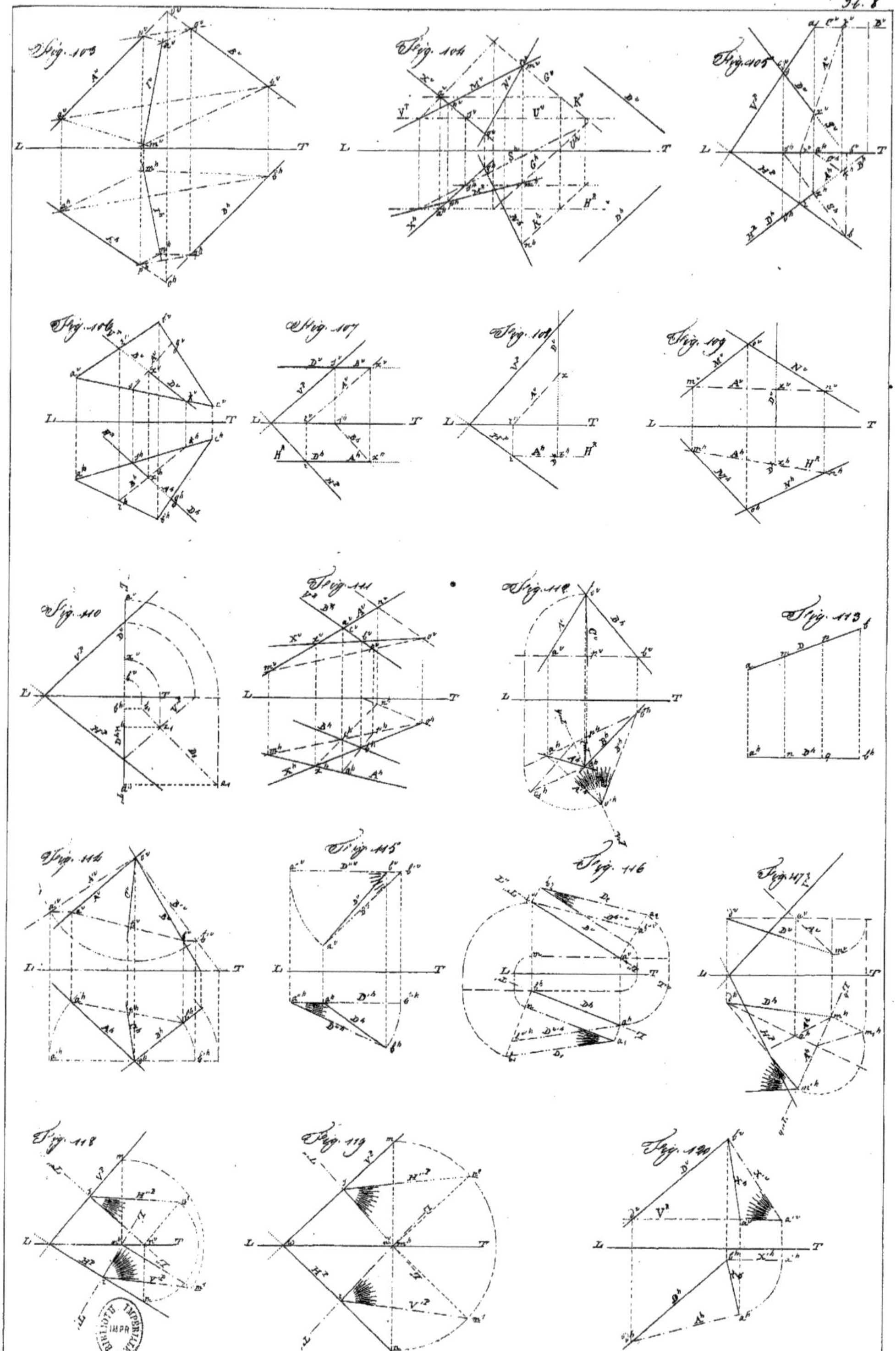

Fig. 103

Fig. 104

Fig. 105

Fig. 106

Fig. 107

Fig. 108

Fig. 109

Fig. 110

Fig. 111

Fig. 112

Fig. 113

Fig. 114

Fig. 115

Fig. 116

Fig. 117

Fig. 118

Fig. 119

Fig. 120

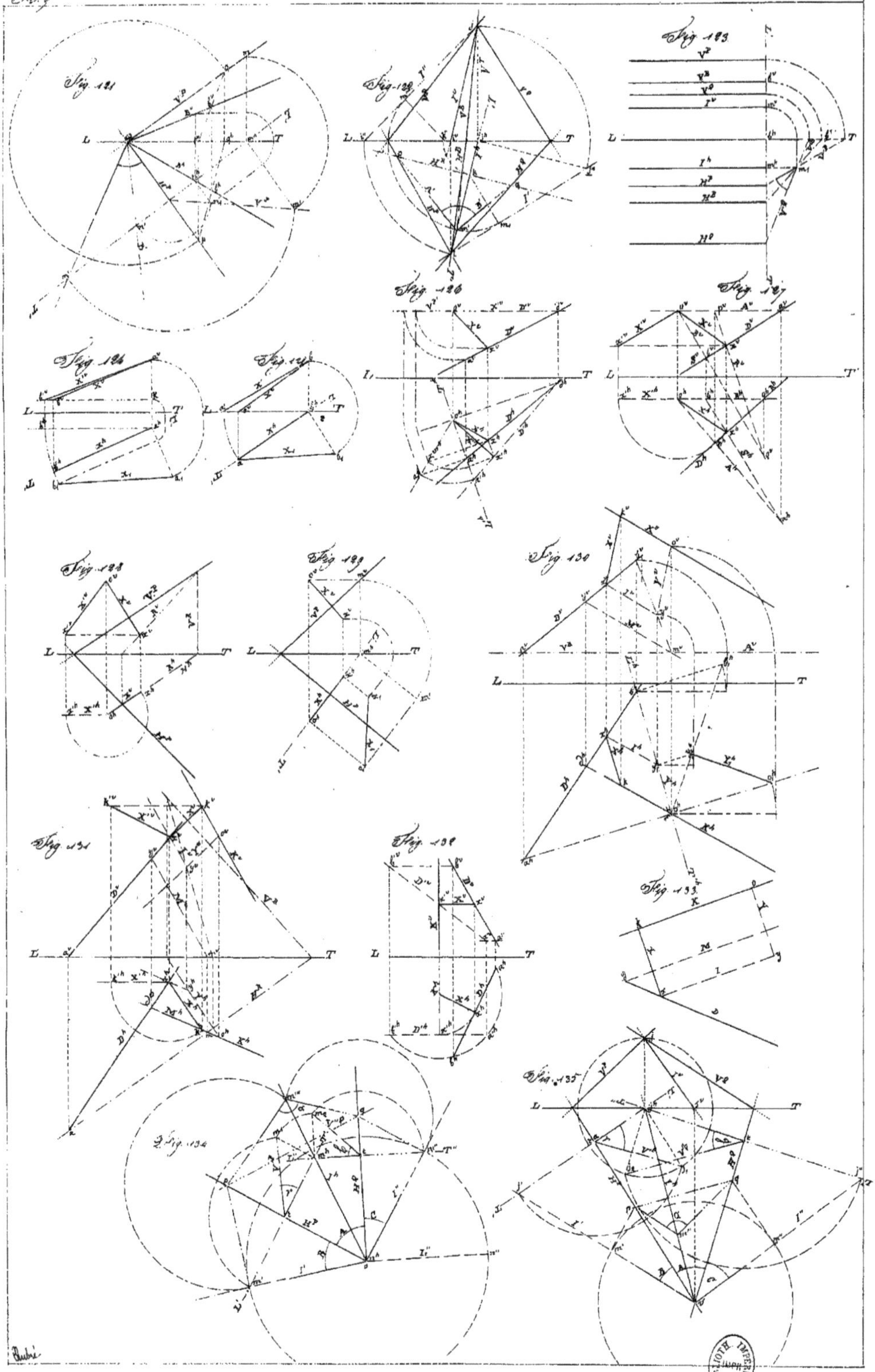

Pl. 9.

Fig. 121
Fig. 122
Fig. 123
Fig. 124
Fig. 125
Fig. 126
Fig. 127
Fig. 128
Fig. 129
Fig. 130
Fig. 131
Fig. 132
Fig. 133
Fig. 134
Fig. 135

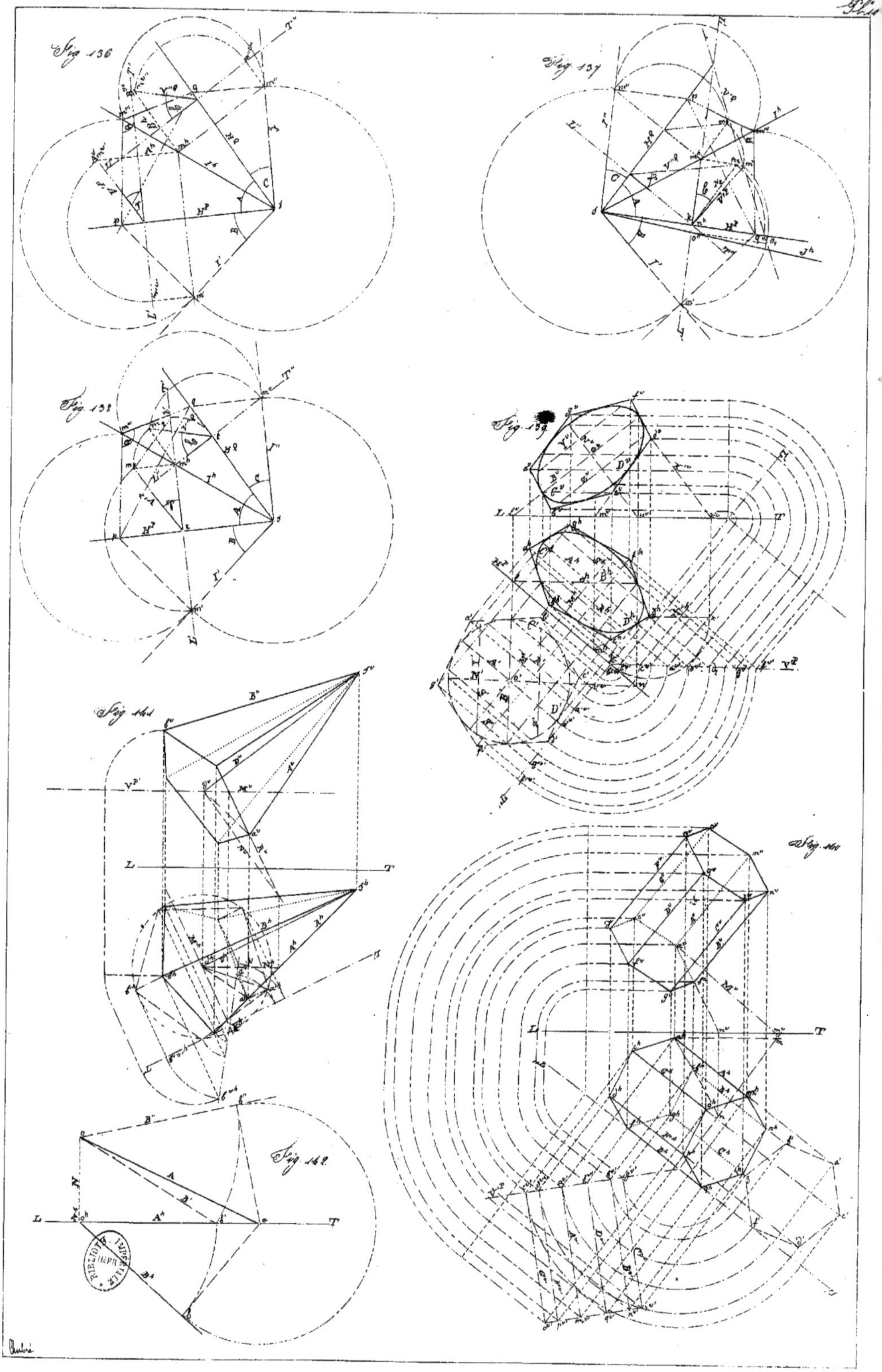

Fig. 136

Fig. 137

Fig. 138

Fig. 139

Fig. 141

Fig. 142

Fig. 140

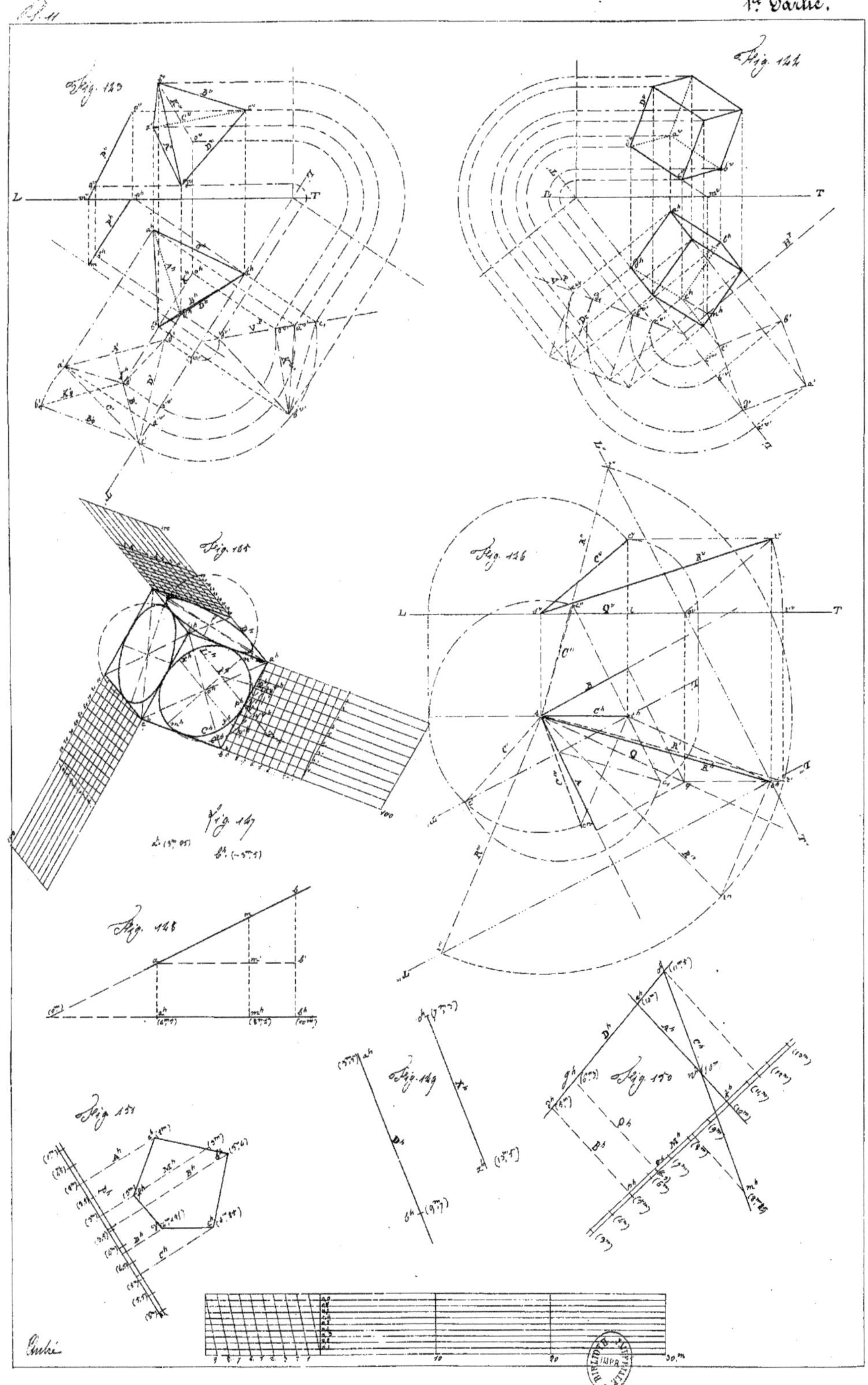
Fig. 123
Fig. 124
Fig. 125
Fig. 126
Fig. 127
Fig. 128
Fig. 129
Fig. 130
Fig. 131
Cube.

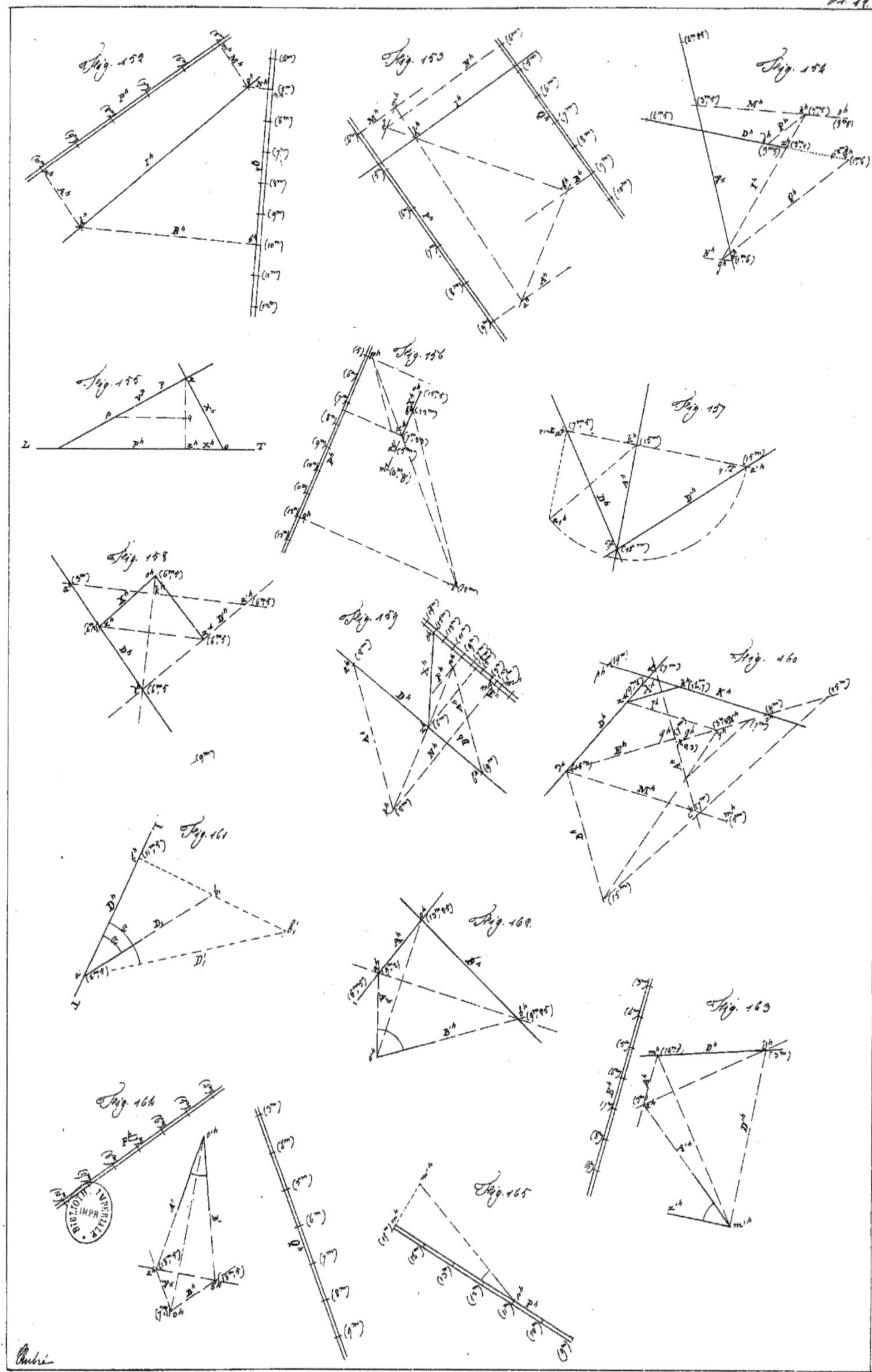

GÉOMÉTRIE DESCRIPTIVE.

2ᵐᵉ PARTIE.

Notions générales sur les surfaces.

1. Toute ligne peut être considérée comme engendrée par un point qui se meut dans l'espace suivant une certaine loi, en laissant les traces de ses positions successives. Le point prend alors le nom de Point générateur.

On appelle ligne plane ou à simple courbure celle dont tous les éléments sont situés sur le même plan, et ligne gauche ou à double courbure, celle pour laquelle cette circonstance n'a pas lieu.

2. Une surface peut être considérée comme engendrée par une ligne qui se meut dans l'espace suivant une certaine loi, en laissant les traces de ses positions successives; la ligne prend alors le nom de génératrice.

On appelle surface réglée celle dont la génératrice peut être une ligne droite; et surfaces courbes proprement dites, celles qui n'admettent pas de génératrices rectilignes.

Les surfaces réglées comprennent:

1º Les surfaces développables; ce sont celles dont les génératrices successives se coupent deux à deux ou sont parallèles, et qui par conséquent peuvent être étendues sur un plan sans déchirure ni sans pli.

2º Les surfaces gauches; ce sont celles dont les génératrices successives ne se coupent pas deux à deux et ne sont pas parallèles.

Parmi les surfaces courbes on distingue les surfaces de révolution qui sont engendrées par la rotation d'une ligne autour d'un axe.

3. Les surfaces développables dont nous avons plus particulièrement à nous occuper, comme étant le plus fréquemment employées dans les arts, sont la surface cylindrique et la surface conique.

De la surface cylindrique.

4. La surface cylindrique est engendrée par une droite qui se meut en restant toujours parallèle à elle même et qui est assujettie à s'appuyer constamment sur une ligne donnée qu'on appelle la directrice de la surface cylindrique.

On peut encore considérer la surface cylindrique comme engendrée par une ligne qui est assujettie à glisser le long d'une droite de manière que ses divers points décrivent des parallèles à la droite; sous ce point de vue la ligne qui se meut est la génératrice et la droite est la directrice.

5. D'après sa génération, un plan peut être regardé comme une surface cylindrique dont la génératrice et la directrice sont rectilignes.

6. On dit qu'une surface cylindrique est circulaire, elliptique, parabolique, hyperbolique selon que la directrice est une circonférence, une ellipse, une parabole, une hyperbole.

7. Lorsque la directrice a un centre, la parallèle aux génératrices qui passe par ce centre prend le nom d'axe.

8. Lorsque la directrice est plane, et que la génératrice est perpendiculaire au plan de cette directrice, on dit que la surface cylindrique est droite; dans le cas contraire, elle est dite oblique.

Ainsi la surface cylindrique droite circulaire est celle dont la directrice est une circonférence et dont la génératrice est perpendiculaire au plan de cette circonférence; et la surface cylindrique circulaire oblique est celle dont la directrice est également une circonférence, mais dont la génératrice est oblique par rapport au plan de cette circonférence.

9 On conçoit qu'on peut tracer sur une même surface cylindrique un nombre infini de lignes de formes diverses, et comme toutes ces lignes rencontrent les génératrices rectilignes, on peut dire que, en considérant le premier mode de génération, une même surface cylindrique possède un nombre infini de directrices de formes variées pour une seule génératrice de forme constante, qui est la ligne droite; en considérant le deuxième mode de génération, une même surface cylindrique possède un nombre infini de génératrices de formes diverses pour une seule directrice qui est la ligne droite.

10. Une surface cylindrique est complètement déterminée quand on connaît sa

sa génératrice rectiligne et l'une de ses Directrices; c'est-à-dire qu'à l'aide de ces seules Données on peut Déterminer l'une des projections d'un point de la surface quand on connaît l'autre.

Soient Donc G la génératrice rectiligne d'une surface cylindrique, D une Directrice et m^h la projection horizontale d'un point m de cette surface Dont il faut Déterminer la projection verticale m^v. La génératrice A passant par le point m est évidemment parallèle à G. Donc A^h passera par m^h et sera parallèle à G^h. Cette génératrice A coupe la Directrice D en un point μ évidemment projeté en a^h, intersection De A^h et de D^h (1ère partie. 40), et, par suite, en a^v sur D^v. Par a^v, menant A^v parallèle à G^v, on obtient m^v sur cette Droite.

11. Les plans de projection coupent la surface Donnée suivant deux lignes qui prennent le nom de Traces de la surface cylindrique. Comme les opérations que l'on doit exécuter sur la surface à l'aide d'une de ces lignes qui sont planes sont plus simples que celles obtenues à l'aide d'une autre directrice telle que D, on procède à la recherche soit de la trace horizontale, soit de la trace verticale, lorsque l'une ou l'autre ne fait pas partie des Données. Cette recherche peut s'effectuer sans erreur sensible puisqu'il suffit De Déterminer les traces respectives des génératrices successives de la surface.

De la surface conique.

12. La surface conique est engendrée par le mouvement D'une Droite assujettie à s'appuyer constamment sur une ligne Donnée appelée directrice, et à passer constamment par un point fixe qu'on nomme Sommet.

Les parties de cette surface situées de chaque côté du sommet sont évidemment symétriques par inversion; on les appelle Nappes de la surface conique.

13. D'après sa génération, un plan peut être considéré comme une surface conique dont la génératrice et la direction sont rectilignes.

14. On dit qu'une surface conique est circulaire, elliptique, parabolique, hyperbolique, selon que la Directrice est une circonférence, une ellipse, une parabole une hyperbole.

15. Lorsque la Directrice est plane et possède un centre, et que la perpendiculaire abaissée du sommet sur le plan de la Directrice passe par ce centre, la surface conique est Dite Droite; et la perpendiculaire prend le nom D'axe

Ainsi la surface conique Droite circulaire est celle qui a pour Directrice une circonférence Dont le centre est le pied de la perpendiculaire abaissée Du sommet sur le plan de cette circonférence.

16. On peut tracer sur une surface conique un nombre infini De

lignes de formes diverses qui, rencontrant toutes les génératrices rectilignes, peuvent être considérées comme autant de génératrices de la surface. Ainsi une surface conique possède une infinité de directrices de formes différentes pour une seule génératrice de forme constante qui est la ligne droite.

17. Une surface conique est complètement déterminée quand on connaît son sommet et l'une de ses directrices; c'est-à-dire que ces seules données suffisent pour déterminer l'une des projections d'un point de la surface quand on connaît l'autre.

Soient s le sommet d'une surface conique, D la directrice et m^h la projection horizontale d'un point m de cette surface dont il faut déterminer la projection verticale m^v. Joignant s^h et m^h, on a G^h projection horizontale de la génératrice G passant par le point m; cette génératrice rencontre la directrice en un point g, projeté horizontalement en g^h, intersection de G^h et de D^h, et, par suite, verticalement en g^v sur D^v; joignant s^v et g^v on a G^v projection verticale de la génératrice G passant par le point m, d'où on conclut m^v, projection verticale du point m.

18. On appelle traces d'une surface conique ses lignes d'intersection avec chacun des plans de projection. Lorsque la directrice donnée est à double courbure, on rend les opérations plus simples en déterminant l'une de ces traces, quand elle peut être contenue dans les limites du dessin.

De la surface de révolution.

19. La surface de révolution est engendrée par une ligne plane ou à double courbure nommée génératrice, qui tourne autour d'une droite fixe appelée axe, de manière que chacun de ses points décrive une circonférence dont le centre est sur cet axe et dont le plan est perpendiculaire à ce même axe.

20. On peut tracer sur une surface de révolution une infinité de lignes, et chacune d'elles peut être considérée comme une génératrice de la surface.

21. L'intersection d'une surface de révolution et d'un plan passant par l'axe prend le nom de méridienne, et le plan coupant celui de plan méridien. Il est évident que toutes les méridiennes d'une surface de révolution sont égales.

22. Tout plan perpendiculaire à l'axe de révolution coupe la surface suivant une circonférence qu'on appelle parallèle de cette surface. Le plus grand parallèle d'une surface de révolution prend le nom d'équateur, et le plus petit celui de cercle de gorge ou de collier.

23. Tout plan méridien est perpendiculaire aux parallèles de la surface, puisque ceux-ci sont perpendiculaires à l'axe de révolution et que tous les plans méridiens passent par cet axe.

24. Une surface de révolution est déterminée quand on connaît l'axe et la méridienne; c'est-à-dire que ces seules données suffisent pour déterminer l'une

Pl. 13. fig. 3.

des projections d'un point de cette surface, lorsque l'on connaît l'autre.

Soient M la méridienne et A l'axe de révolution; prenons le plan horizontal perpendiculaire à l'axe A et le plan vertical parallèle au plan de la méridienne M; A^v est alors perpendiculaire à LT et A^h est un point (1ʳᵉ Partie N° 245); la méridienne M se projette verticalement en M^v en vraie grandeur, et horizontalement en M^h suivant la parallèle à LT passant par A^h (1ʳᵉ Partie N° 36); soit enfin m^h la projection horizontale du point donné. Le parallèle C de la surface passant par le point m est parallèle au plan horizontal; son centre est sur l'axe A, et son rayon se projette horizontalement en vraie grandeur en $m^h A^h$; si donc de A^h comme centre, avec $m^h A^h$ pour rayon, on décrit une circonférence, ce sera la projection horizontale C^h du parallèle C passant par le point m. Le parallèle C coupe la méridienne M en un point k projeté horizontalement en k^h, intersection de C^h et de M^h (1ʳᵉ partie N° 40), et par suite, verticalement en k^v sur M^v; par k^v menant une parallèle à LT, on a C^v projection verticale du parallèle C; d'où on conclut m^v projection verticale du point m.

Remarquons que l'intersection k^h de C^h et de M^h est la projection horizontale de deux points k et g de la méridienne également distants de l'axe A; si donc par le point g on fait passer un parallèle P, ce parallèle est de même rayon que le parallèle C; sa projection horizontale P^h se confond donc avec C^h, et sa projection verticale P^v donne lieu à celle p^v d'un second point p de la surface de révolution dont la projection horizontale p^h se confond avec celle m^h du point m. Ainsi un point tel que m^h sera la projection horizontale d'un nombre de points de la surface indiqué par le nombre d'intersections de M^h et de la perpendiculaire $k^h k^v$ à LT. De même la perpendiculaire $m^h m^v$ coupe C^h en deux points m^h et n^h; le second n^h peut être considéré comme la projection horizontale d'un second point n de la surface dont la projection verticale n^v se confond avec m^v.

23. Les surfaces de révolution les plus simples et auxquelles on a donné le nom de corps ronds sont:

1° La surface cylindrique droite circulaire ou cylindre de révolution engendré par la rotation d'une droite parallèle à l'axe.

2° La surface conique droite circulaire ou cône de révolution engendré par une droite qui rencontre l'axe. Si la droite est perpendiculaire à l'axe, le cône dégénère en un plan perpendiculaire à cet axe.

3° La surface sphérique ou sphère engendrée par une circonférence qui tourne autour d'un de ses diamètres. La sphère est de révolution par rapport à l'un quelconque de ses diamètres.

Plans tangents
aux surfaces cylindrique, conique et de révolution.

26. Si sur une surface quelconque on trace autant de lignes que l'on veut et passant toutes par le même point de cette surface, les tangentes en ce point à chacune de ces lignes sont toutes situées sur un même plan qui est tangent à la surface en ce même point. (Voir Géométrie de Bobilier; Plans tangents Propos.) Par conséquent le plan tangent en un point d'une surface en général est déterminé par les tangentes à deux lignes tracées sur la surface et passant par le point de contact. Ces lignes doivent être choisies telles que leur construction soit facile et qu'on puisse leur mener rigoureusement une tangente.

27. Remarquons que quand on ne connaît pas la nature géométrique d'une courbe et par conséquent la construction rigoureuse de la tangente en un point de cette courbe, on est obligé de mener cette tangente à vue et à la règle; il existe alors une très grande incertitude sur sa véritable direction; en sorte que si, pour la suite des constructions, on doit employer un point de la tangente assez éloigné du point de contact, ce point peut avoir une position très différente de celle qu'il doit réellement occuper sur le dessin. Dans ce cas, on devra chercher à modifier la solution de manière à la faire dépendre de la construction d'une tangente menée par un point extérieur à la courbe ou parallèlement à une droite donnée, alors il n'y aura que très peu d'incertitude sur la véritable position du point de contact. Ainsi nous admettrons à l'avenir comme solution graphique suffisamment approximative toute solution dépendant de la construction d'une tangente menée par un point extérieur à une courbe donnée par son tracé ou parallèlement à une droite donnée; mais nous rejetterons comme ne pouvant avoir une approximation suffisante toute solution graphique dépendant de la tangente en un point d'une courbe donnée par son tracé dont la nature géométrique est inconnue et par suite la construction rigoureuse de la tangente.

Cependant lorsque la courbure de la ligne le permet, on peut obtenir une tangente suffisamment approximative en procédant ainsi qu'il suit:

Soit o le point d'une courbe C en lequel il s'agit de mener une tangente T. Nous prenons sur la courbe C deux points a et b également éloignés du point o, et tels que les courbures des éléments ao et bo soient sensiblement égales; ces points a et b comme centres, nous décrivons des arcs de cercle qui se coupent en c et en d sous un angle convenable et dont les rayons sont le plus grand possible; la droite cd passe par le point o, et sa direction est celle du rayon de courbure de l'élément aob; la tangente T cherchée sera donc perpendiculaire à cd élevée par le point o.

Il est évident que cette construction ne donne pas une tangente rigoureusement exacte; mais en opérant avec soin, l'approximation est bien suffisante pour la pratique.

28. Problème. Mener un plan tangent à une surface cylindrique par un point pris sur la surface.

Pl. 13. fig. 5.

La surface cylindrique est donnée par sa trace horizontale B et par la directrice D de ses génératrices; le point de contact m ne peut être donné que par une de ses projections m' par exemple. Pour déterminer m'' remarquons que, la génératrice G qui passe par le point m étant parallèle à D, G^h passera par m^h et sera parallèle à D^h; l'intersection g de la trace B et de G^h est la trace horizontale de G et se projette verticalement en g^v sur LT; menant par g^v une parallèle à D^v, m a G^v et, par suite, m^v.

La surface cylindrique étant développable, le plan tangent T en le point m de cette surface doit être tangent en tous les points de la génératrice G (Géométrie de Bobillier, Plans tang. aux surfaces développables, prop. 2), c'est-à-dire qu'il contient les tangentes en tous les points de la génératrice à toutes les lignes de la surface qui passent par ces différents points; par conséquent il contient la génératrice G, ainsi que la tangente en g à la trace B de la surface cylindrique; cette tangente est évidemment la trace horizontale H^T du plan tangent qui se trouve parfaitement déterminé par les droites G et H^T. Si on veut construire la trace verticale V^T de ce plan, on joindra la trace verticale g de la génératrice G à l'intersection de H^T et de LT; et si H^T et LT ne se coupent pas sur l'épure, on aura un second point de V^T en cherchant la trace verticale b d'une deuxième droite A du plan T (1re Partie, N°. 51).

L'intersection k de G^h et de la courbe B est la trace horizontale d'une deuxième génératrice K de la surface; K^h se confond évidemment avec G^h; on trouve k^v sur LT, d'où on conclut K^v parallèle à G^v; le point n de la droite K, dont la projection horizontale n^h se confond avec m^h, se projette verticalement en n^v sur K^v. Deux plans tangents répondent donc à la question, l'un tangent suivant la génératrice G; l'autre, suivant la génératrice K, et dont la trace horizontale est la tangente H^R en k à la trace B de la surface cylindrique.

Ainsi le point m^h sera la projection d'un nombre de points de la surface indiqué par le nombre d'intersections de G^h et de la trace horizontale B; on connaîtra donc immédiatement le nombre des plans tangents qui satisferont aux conditions de l'énoncé.

29. Si l'on conçoit qu'une droite D perpendiculaire au plan horizontal se meuve parallèlement à elle-même en restant continuellement tangente à une surface donnée Z, cette droite D engendrera une surface cylindrique tangente à la surface donnée Z et dont la directrice sera la suite des points de contact de la droite D et de la surface Z. Cette ligne de contact s'appelle contour apparent de la surface Z par rapport au plan horizontal, et sa projection, qui est la trace horizontale de la surface de contact, prend le nom de projection complète de la surface donnée Z sur le plan horizontal.

La projection complète d'une surface sur le plan horizontal est la limite des projections horizontales des différents points de cette surface. En se supposant placé au-dessus du plan horizontal, toute ligne tracée sur la surface au-dessus du contour apparent par rapport au plan horizontal est visible, par contre toute ligne située au-dessous du contour apparent est invisible.

Une deuxième surface cylindrique tangente à la surface Z, et dont les génératrices sont perpendiculaires au plan vertical, détermine sur cette surface une ligne qui est le contour apparent de la surface par rapport au plan vertical. La projection verticale de ce contour apparent se nomme projection complète de la surface Z sur le plan vertical, et elle est la limite des projections verticales des différents points de la surface Z. En se supposant placé en avant du plan vertical, les lignes de la surface Z situées en avant du contour apparent sont visibles, et celles situées en arrière de ce contour apparent sont invisibles.

30. On conçoit que si un plan tangent à une surface cylindrique est perpendiculaire à l'un des plans de projection, au plan horizontal par exemple, il contient toutes les tangentes à la surface qui sont perpendiculaires à ce plan horizontal. Par conséquent le contour apparent d'une surface cylindrique par rapport à l'un des plans de projection est une ligne droite et la surface de contact est un plan perpendiculaire au plan de projection. Donc pour obtenir la projection complète d'une surface cylindrique sur un des plans de projection, le plan horizontal par exemple, il faut mener à cette surface les plans tangents perpendiculaires au plan horizontal et les traces horizontales de ces plans tangents déterminent la projection complète demandée.

31. **Problème.** Construire les projections complètes d'une surface cylindrique sur chacun des plans de projection.

Pl. 13. fig. 6

La surface est donnée par sa trace horizontale B et la direction D de ses génératrices. La projection complète sur le plan horizontal sera déterminée par les traces de deux plans tangents P et Q perpendiculaires à ce plan horizontal; ces plans projettent donc horizontalement les génératrices M et N suivant lesquels ils touchent la surface cylindrique; il sont donc parallèles; par conséquent H^p et H^q seront tangentes à la trace B de la surface cylindrique (N°. 28); elles seront parallèles entre elles (1re Partie N°. 57) et à D^h. Les génératrices de contact M et N déterminent le contour apparent de la surface par rapport au plan horizontal; leurs projections horizontales M^h et N^h se confondent respectivement avec H^p et H^q et les points p et q de contact de H^p et H^q avec la trace B sont les traces horizontales respectives des génératrices M et N; on en conclut p^v et q^v sur LT, puis M^v et N^v parallèles à D^v. Les génératrices M et N partagent la surface cylindrique en deux parties, l'une plus éloignée du plan horizontal et par conséquent visible, l'autre plus rapprochée de ce plan et par conséquent invisible (N°. 29); la portion $p m q$ de la trace B qui se trouve dans la partie visible de la surface, sera donc écrite en ligne pleine, et l'autre portion $p n q$, qui se trouve dans la partie invisible sera écrite en ligne pointillée. Les points p et q qui séparent les parties visibles et invisible de la courbe B sont appelés Points limites de cette ligne et les Droites M et N sont les Génératrices limites de la surface par rapport au plan horizontal. Ainsi H^P et H^Q déterminent la projection complète de la surface donnée sur le plan horizontal, c'est-à-dire que tout point pris dans la portion de ce plan renfermée entre ces droites peut être la projection horizontale de un ou de plusieurs points de la surface cylindrique.

La projection complète sur le plan vertical sera également déterminée en menant les plans tangents R et S à la surface perpendiculairement au plan vertical; H^R et H^S seront les tangentes à la courbe B menées perpendiculairement à LT, et V^R et V^S seront parallèles à D^V. Les points g et k en lesquels H^R et H^S touchent la trace B sont les traces horizontales des génératrices G et K suivant lesquelles R et S sont tangentes à la surface. Ces droites déterminent donc le contour apparent de cette surface par rapport au plan vertical; G^h et K^h sont les parallèles à D^h menées par g et par k et G^v et K^v se confondent respectivement avec V^R et V^S. Ainsi la projection complète sur le plan vertical est déterminé par V^R et V^S ou G^v et K^v, c'est-à-dire que tout point du plan vertical situé entre ces droites peut être la projection verticale d'un ou de plusieurs points de la surface donnée. Les droites G et K prennent le nom de Génératrices limites par rapport au plan vertical.

32. Problème, Mener un plan tangent à une surface cylindrique par un point pris hors de sa surface.

Soient B la trace et D la direction des génératrices de la surface cylindrique donnée dont nous avons déterminé les projections complètes $M^h BN^h$ et $P^v Q^v$ sur chacun des plans de projection comme il a été dit précédemment (N°. 31), et soit o le point donné. Le plan tangent cherché T doit contenir la génératrice de contact; si donc par le point o on mène une parallèle K aux génératrices, cette droite K sera située sur le plan tangent; par sa trace horizontale k menant une tangente à la trace B de la surface cylindrique, on obtient la trace horizontale H^T du plan tangent T, et ce plan T se trouve déterminé par les droites K et H^T. Par le point de contact g de la trace B et de H^T, menons G^h parallèle à D^h; c'est la projection horizontale de la génératrice G de contact; on obtient g^v sur LT, et enfin G^v parallèle à D^v.

Comme par un point extérieur à une courbe on peut généralement mener plusieurs tangentes à cette courbe, si par k^h nous menons une seconde tangente à la trace B, c'est la trace horizontale H^R d'un second plan R tangent à la surface cylindrique, et la droite F est la génératrice de contact. Les deux plans T et R se coupent évidemment suivant la droite K.

On conçoit que si on construisait la trace verticale C de la surface cylindrique, les traces verticales V^T et V^R lui seraient tangentes en les traces verticales les génératrices respectives de contact G et F.

33. Problème. Mener un plan tangent à une surface cylindrique parallèlement à une droite donnée.

Pl. 13. fig 8. La surface cylindrique est donnée par ses projections complètes $M^b BN^b$ et $P^v Q^v$ sur chacun des plans de projection, et soit D la droite donnée. Le plan tangent cherché doit contenir une génératrice de la surface cylindrique et être parallèle à la droite D, il contient nécessairement une parallèle à cette droite; si donc par un point o de D on mène une droite K parallèle aux génératrices, le plan (D, K) sera parallèle au plan tangent demandé T. Déterminant une horizontale A de ce plan (1re Partie N° 33, 1°) ou sa trace horizontale H^K si elle se trouve dans les limites de l'épure, puis menant à la trace B de la surface cylindrique une tangente parallèle à A, ce sera la trace horizontale H^T du plan tangent cherché. On obtiendra comme précédemment la génératrice G de contact en menant par le point de contact g de H^T et de la trace B une parallèle G^b à M^b, d'où on conclut G.

Généralement on peut mener plusieurs tangentes à une courbe parallèlement à une autre droite; menant donc à la trace B une seconde tangente H^R parallèle à H^T ou à A, ce sera la trace horizontale d'un second plan tangent parallèle à la droite D; car si on construit la génératrice F de contact de ce dernier plan, les droites H^R et F sont respectivement parallèles aux droites H^T et G; donc les plans (H^R, F) et (H^T, G) qu'elles déterminent sont parallèles entre eux; et, par suite, le plan (H^R, F) est parallèle à la droite D.

34. D'après les problèmes précédents, on doit voir que les opérations sont rendues très simples quand on connaît l'une des traces de la surface donnée; c'est pourquoi lorsque, d'après la disposition de la figure, l'une ou l'autre de ces lignes ne pourra se trouver dans les limites du dessin, on fera usage d'un plan auxiliaire parallèle à l'un des plans de projection de manière à n'apporter aucun changement ni aucune complication dans les constructions; c'est sans doute ce que nous aurons l'occasion d'observer dans la suite du cours.

fig. 9 35. Problème. Mener un plan tangent à une surface conique par un point pris sur la surface.

La surface conique est donnée par sa trace horizontale B et par son sommet s, et soit o le point de contact qui ne peut être donné que par une de ses projections, o^b par exemple; joignant o^b et s^b, on a G^b, projection horizontale de la génératrice G qui passe par le point o; le point g, intersection de G^b et de la trace B, est la trace horizontale de la génératrice G; on détermine g^v sur LT, puis joignant g^v et s^v on a G^v et, par suite, o^v.

La surface conique étant développable, le plan tangent T en le point o de cette surface doit être tangent en tous les points de la génératrice G; c'est-à-dire qu'il contient les tangentes en tous les points de la génératrice à toutes les lignes de la surface qui passent par ces différents points; par conséquent il contient la génératrice G, ainsi que la tangente en g à la trace B de la surface conique; cette tangente est la trace horizontale H^T du plan tangent qui se trouve parfaitement déterminé par les droites H^T et G. Si on veut construire la trace verticale V^T de ce plan, on joindra la trace verticale g de la génératrice G à l'intersection de H^T et de LT, et si ces droites ne se coupent pas sur l'épure, on aura un second point de V^T en cherchant la trace verticale B d'une deuxième droite A du plan T (1re Partie N.º 31).

L'intersection k de G^h et de la trace B est la trace horizontale d'une deuxième génératrice K de la surface conique; K^h se confond évidemment avec G^h, on trouve K^v sur LT, puis joignant k^v à s^v on a K^v. Le point m de la droite K dont la projection horizontale m^h se confond avec G^h se projette verticalement en m^v sur K^v. Deux plans tangents répondent donc à la question; l'un tangent suivant la génératrice G, et l'autre, suivant la génératrice K, dont la trace horizontale est la tangente H^B en k à la trace B de la surface conique.

Ainsi le point G^h sera la projection d'un nombre de points de la surface indiqué par le nombre d'intersections de G^h et de la trace B; on connaîtra donc immédiatement le nombre des plans tangents qui satisferont aux conditions de l'énoncé.

36. Lorsqu'un plan tangent à une surface conique est perpendiculaire à l'un des plans de projection, au plan horizontal par exemple, il contient évidemment toutes les tangentes à la surface qui sont perpendiculaires au plan horizontal. Par conséquent le contour apparent d'une surface conique par rapport à l'un des plans de projection est une ligne droite et la surface de contact est un plan perpendiculaire au plan de projection. Donc pour obtenir la projection complète d'une surface conique sur l'un des plans de projection, le plan horizontal par exemple, il faut mener à cette surface les plans tangents perpendiculaires au plan horizontal, et les traces horizontales de ces plans tangents déterminent la projection complète demandée.

37. Problème. Construire les projections complètes d'une surface conique sur chacun des plans de projection.

La surface conique est donnée par sa trace horizontale B et son sommet S.

Pour déterminer la projection complète de la surface sur le plan horizontal, nous menons deux plans tangents P et Q perpendiculaires à ce plan horizontal (N.º 36); ces plans projettent donc horizontalement les génératrices de contact M et N, et, comme ils passent par le sommet S, leurs traces horizontales H^P et H^Q seront les tangentes à à la trace horizontale B de la surface conique menées par s^h (N.º 35). Les génératrices de contact M et N déterminent le contour apparent de la surface par rapport au plan horizontal (N.º 36); leurs projections horizontales M^h et N^h se confondent respectivement avec H^P et H^Q et les points p et q de contact des droites H^P et H^Q avec la trace B sont les traces horizontales respectives des génératrices M et N; on en conclut p^v et q^v sur LT, et joignant ces points à s^v on a M^v et N^v. Les génératrices M et N partagent la surface conique en deux parties, l'une plus éloignée du plan horizontal et par conséquent visible, et l'autre plus rapprochée de ce rieure et par conséquent invisible ($\mathcal{N}^o$ 29); la portion pmq de la trace B qui se trouve dans la partie visible de la surface sera donc écrite en ligne pleine, et l'autre portion png, qui se trouve dans la partie invisible, sera écrite en ligne pointillée. Les points p et q qui séparent les parties visible et invisible de la courbe B sont appelés Points limites de cette ligne, et les droites M et N sont les Génératrices limites de la surface conique par rapport au plan horizontal. Ainsi H^R et H^S déterminent la projection complète de la surface donnée sur le plan horizontal, c'est-à-dire que tout point de ce plan pris dans l'angle qu'elles forment peut être la projection horizontale d'un ou de plusieurs points de la surface.

La projection complète sur le plan vertical sera également déterminée en menant les plans tangents R et S perpendiculairement au plan vertical; leurs traces H^R et H^S doivent être tangentes à la trace B et perpendiculaires à LT, et leurs traces verticales V^R et V^S passent évidemment par s'. Les génératrices G et K, suivant lesquelles les plans R et S sont respectivement tangents à la surface conique, déterminent le contour apparent de cette surface par rapport au plan vertical; leurs traces horizontales respectives g et k sont les points de contact des traces H^R et H^S avec la courbe B et donnent lieu à G^h et à K^h; G^v et K^v se confondent respectivement avec V^R et V^S. La surface conique est partagée par les droites G et K en deux parties, l'une plus éloignée du plan vertical et par conséquent visible, et l'autre plus rapprochée de ce plan et par conséquent invisible. Les droites G et K sont dites Génératrices limites de la surface par rapport au plan vertical et leurs projections verticales G^v et K^v déterminent la projection complète sur le plan vertical, c'est-à-dire que tout point de ce plan pris dans l'angle qu'elles forment peut être la projection verticale d'un ou de plusieurs points de la surface conique.

fig. 11 38. Problème. Mener un plan tangent à une surface conique par un point pris hors de sa surface.

Soient B la trace horizontale de la surface conique, s son sommet, et o le point donné. Ayant déterminé comme précédemment ($\mathcal{N}^o$ 37) les projections complètes $M^h s^h N^h$ et $P^v s^v Q^v$ sur chacun des plans de projection, nous joignons le sommet s et le point o par la droite K. Le plan tangent cherché T, devant passer par le sommet s, contient cette droite; si donc par la trace horizontale k de K nous menons une tangente à la trace B de la surface conique, ce sera la trace horizontale H^T du plan tangent T qui se trouve déterminé par les droites H^T et K. Joignant s^h au point de contact g de H^T et de la trace B, on a G^h projection horizontale de la génératrice G suivant laquelle le plan T est tangent à la surface conique; on en déduit G^v.

Par la trace k de K, nous pouvons mener à la trace B une seconde tangente, c'est la trace horizontale H^R d'un second plan tangent R à la surface conique; ce plan contenant la droite K, passe par le point donné o. Joignant s^h au point de contact f de H^R et de la trace B, on a F^h d'où on conclut F^h projection de la génératrice F suivant laquelle le plan R touche la surface conique.

39. *Problème*. Mener un plan tangent à une surface conique parallèlement à une droite donnée.

fig. 12

La surface conique est donnée par ses projections complètes $M^h s^h N^h$ et $P^v s^v Q^v$ sur chacun des plans de projection, et soit D la droite donnée. Le plan tangent T doit passer par le sommet et en même temps être parallèle à la droite D; il contient donc la droite K menée par le sommet s parallèlement à la droite D. Par la trace horizontale k de K, si on mène une tangente à la trace B de la surface conique, on a la trace horizontale H^T du plan tangent T demandé. Ce plan se trouve alors déterminé par les deux droites K et H^T. Joignant s^h au point de contact g de la trace B et de H^T, on a G^h, projection horizontale de la génératrice G de contact; d'où on conclut la projection verticale G^v de cette droite.

On peut par le point k mener une seconde tangente à la trace B; on a ainsi la trace horizontale H^R d'un second plan tangent R qui est également parallèle à D puisqu'il contient la droite K.

40. Lorsque le sommet d'une surface conique est situé à une distance infiniment grande de la directrice, toutes les génératrices sont parallèles, et la surface conique devient une surface cylindrique. Ainsi la surface cylindrique peut être considérée comme une surface conique dont le sommet est à l'infini; on comprend alors que ces deux surfaces peuvent avoir certaines propriétés communes, et que les problèmes relatifs à chacune d'elles pourront généralement être résolus par les mêmes considérations; nous en avons trouvé un exemple dans les questions précédentes sur les plans tangents.

41. Par un point quelconque d'une surface de révolution passent un parallèle et un méridien; les tangentes en ce point à chacune de ces courbes déterminent le plan tangent à la surface en ce même point.

42. Le plan tangent en un point d'une surface de révolution est perpendiculaire au plan méridien qui passe par ce point.

fig. 13

En effet, par le point donné o, faisons passer la méridienne M et le parallèle C, et soit T la tangente en le point o du parallèle. Par le point o menons une droite D parallèle à l'axe de révolution; cette droite D est évidemment située sur le plan de la méridienne M, elle est perpendiculaire au plan du parallèle C, et par conséquent à la tangente T. L'intersection ko du méridien et du parallèle étant le rayon de ce parallèle est également perpendiculaire à la tangente T; cette droite T, qui est perpendiculaire à deux droites D et ko du plan méridien, est donc perpendiculaire à ce plan; donc le plan tangent à la surface, qui est conduit suivant cette droite T, est aussi perpendiculaire au plan méridien.

43. On peut conclure de là que toutes les normales de la surface rencontrent l'axe; car la normale N menée par le point o étant perpendiculaire au plan tangent doit être située sur le plan méridien M qui passe par ce point.

44. Si, par tous les points m, m', m''...... de la méridienne M d'une surface de révolution, on fait passer les parallèles C, C', C''...... de la

surface, si l'on mène les tangentes $T, T', T''\ldots$ à ces parallèles en leurs points d'intersection $m, m', m''\ldots$ avec la méridienne M, ces tangentes, qui sont perpendiculaires au plan de la méridienne et à l'axe de révolution, sont évidemment parallèles et déterminent une surface cylindrique tangente à la surface de révolution suivant la méridienne M. Si donc le plan vertical est parallèle au plan de cette méridienne, le contour apparent de la surface de révolution par rapport au plan vertical ne sera autre chose que cette méridienne M; et la projection verticale complète de la surface de révolution sera déterminée par celle M^v de la méridienne qui alors lui est égale.

La surface cylindrique dont les génératrices sont parallèles à l'axe de révolution est tangente à cette surface suivant un parallèle qui sera ou l'équateur ou le collier selon la nature de la surface. Par conséquent lorsque les plans de projection sont tels que l'axe de révolution est perpendiculaire au plan horizontal, le contour apparent par rapport au plan vertical est une méridienne, et celui par rapport au plan horizontal est l'équateur ou le collier; la projection complète sur le plan vertical est déterminée par une courbe égale à la méridienne, et celle sur le plan horizontal est déterminée par une circonférence égale à l'équateur ou au collier, et quelquefois par deux circonférences respectivement égales à ces deux parallèles; ce qui a lieu pour certaines surfaces comme le Tore de révolution, qui est engendré par une circonférence qui tourne autour d'une droite qui lui est extérieure mais située dans le même plan.

fig. 14. **45. Problème.** Mener le plan tangent en un point d'une surface de révolution.

Le plan horizontal est perpendiculaire à l'axe de révolution A; soient M la méridienne et m le point donné par sa projection verticale m^v. Nous déterminerons sa projection horizontale m^h sur celle C^h du parallèle C qui passe par le point m, et dont le diamètre est donné par le parallèle à la ligne de terre menée par m^v (N° 24) et limitée à la courbe M^v; si par m^h on mène une tangente à la circonférence C^h, ce sera la projection horizontale P^h de la tangente P au parallèle C menée par le point m; P^v se confond avec C^v, et la droite P est évidemment une horizontale du plan tangent. La tangente T au point m de la méridienne est située sur le plan méridien; ce plan est perpendiculaire au plan horizontal; donc sa trace H^m passera par A^h et m^h; et T^h se confond avec H^m (1re Partie N° 52, 6e). Pour avoir T^v, ramenons le plan méridien parallèle au plan vertical en le faisant tourner autour de l'axe A (1re Partie N° 76); dans le mouvement, le point m parcourt le parallèle C, et sa position m' après la rotation sera telle que m'^h se trouvera à l'intersection de C^h et de H^m parallèle à LT; et la trace horizontale du plan méridien ramené dans sa nouvelle position m'^h est évidemment l'intersection de C^v et de M^v (1re Partie N° 40); et la projection verticale de la méridienne passant par le point m dans sa nouvelle position se confondra avec celle M^v de la méridienne donnée. Par m'^v menant T'^v tangente à la courbe M^v, on a la nouvelle position de la tangente T à la méridienne passant par le point m; T'^h se confond avec H^m; ramenant le plan méridien dans sa position primitive, l'intersection a de la tangente et de l'axe de rotation reste fixe; joignant donc a^v et m^v, on a T^v, et T^h se confond avec H^m. Si le point a ne se trouve pas dans les limites du dessin, remarquons qu'un point t' de T' décrit un arc de cercle dont le plan est perpendiculaire à l'axe de rotation, dont la projection horizontale sera identique, et dont la projection verticale sera la parallèle à LT passant par t'^v; on trouvera donc t'^v à l'intersection de T^h et de l'arc décrit de A^h comme centre avec $A^h t'^h$ pour rayon; on en conclut t'^v et par suite T'^v. Le plan (T, P) est donc celui demandé; on peut en chercher les traces en cherchant celles des droites T et P; la trace horizontale H^T sera parallèle à P^h, puisque P est une horizontale du plan tangent cherché T, et par suite perpendiculaire à H^m, trace horizontale du plan méridien passant par le point m.

Remarquons, que, par son mouvement autour de l'axe A, la droite T a engendré une surface conique tangente à la surface de révolution suivant le parallèle c. Le plan tangent à cette surface conique contient donc la tangente P au point m du parallèle; donc il se confond avec le plan (T, P) tangent à la surface de révolution. Il peut arriver que la tangente T soit parallèle à l'axe de révolution; alors elle engendre une surface cylindrique droite circulaire tangente à la surface de révolution suivant le parallèle c; le plan tangent à cette surface cylindrique contient aussi la tangente P au point m du parallèle; donc il se confond avec le plan (T, P) tangent à la surface de révolution.

46. D'après cela, on voit que mener le plan tangent en un point d'une surface de révolution c'est chercher le plan tangent à une surface conique ou à une surface cylindrique tangente à la surface suivant le parallèle qui passe par le point de contact.

47. Problème. Mener le plan tangent à une sphère par un point pris sur sa surface.

Soit o le centre d'une sphère dont le rayon est R. Comme la sphère est de révolution par rapport à l'un quelconque de ses diamètres, nous prendrons pour axe de révolution le diamètre A perpendiculaire au plan horizontal. Les projections complètes de la surface sphérique sur chacun des plans de projection sont évidemment les circonférences décrites des points o^h et o^v comme centres avec R pour rayon.

fig. 15 — Pour simplifier la figure, nous avons pris les plans de projection tels que le centre o soit sur la ligne de terre; alors la sphère est coupée par le plan horizontal suivant un grand cercle P, et par le plan vertical suivant un autre grand cercle Q; ces deux grands cercles se confondent évidemment sur l'épure, et ils déterminent les projections complètes respectives de la sphère sur les plans de projection. Soit enfin le point donné m par sa projection horizontale m^h; on trouve la projection verticale m^v comme précédemment (N° 24). Le plan tangent cherché doit être perpendiculaire au rayon R qui passe par le point de contact m (Géométrie de Bobilier, 3ᵉ sect. §1, Prop 3). Si donc (1ʳᵉ Partie N° 93) par m^h on mène B^h perpendiculaire à R^h, et par m^v B^v parallèle à TT on a une horizontale B du plan tangent cherché; puis si par m^v on mène D^v perpendiculaire à R^v, et par m^h D^h parallèle à TT, on a une verticale D de ce même plan tangent, ce plan se trouve donc déterminé par les droites B et D.

Ainsi la recherche du plan tangent à une surface de révolution est extrêmement simple, quand on peut connaître immédiatement les directions respectives des projections de la normale; c'est ce qui a généralement lieu pour les corps engendrés par la rotation de lignes circulaires, tels que le tore de révolution, la pédouche &c.

Intersections de surfaces.

Observations générales

48. Nous avons dit à propos de l'intersection de deux plans (1ʳᵉ Partie N° 96) que, pour déterminer un point de l'intersection de deux surfaces, on emploie une troisième surface auxiliaire qui coupe les deux premières chacune suivant une ligne, et ces lignes se coupent elles mêmes en un point qui est celui cherché. En répétant la même opération, on obtiendra une série de points qui, joints par un trait continu donnent lieu à l'intersection demandée. Tel est le principe général pour obtenir, dans tous les cas, l'intersection de deux surfaces quelconques.

49. Lorsque deux surfaces sont données, elles sont nécessairement définies; on connaît donc les formes de leurs génératrices respectives; on doit alors choisir la surface auxiliaire telle que ses intersections avec chacune des surfaces proposées soient d'une construction facile et, autant que possible d'un tracé rigoureux, comme des droites ou des circonférences. Ainsi, quand il s'agira de surfaces réglées, on aura recours à des plans qui puissent couper les surfaces données suivant leurs génératrices rectilignes; s'il est question de surfaces de révolution, on prendra ou des plans ou des sphères concentriques qui coupent ces surfaces suivant des circonférences.

50. On devra s'attacher à reconnaître d'avance quelle peut être la forme et la nature géométrique de la ligne d'intersection des surfaces données, afin de ne pas trop multiplier les opérations auxiliaires qui déterminent les divers points de cette courbe. Il est vrai que, pour réunir des points par une ligne qui n'offre ni jarets ni changements brusques de courbure, il faut une certaine habitude qui ne s'acquiert que par de nombreux exercices; mais il n'est pas toujours avantageux de chercher un trop grand nombre de points, parce que les petites erreurs, inséparables de toute opération manuelle, portant sur des points très-voisins, produisent des sinuosités ou d'autres défauts qui n'auraient pas été sensibles sur de plus grandes

Distances. Il faut donc répartir ces constructions avec mesure en consultant de bons modèles, et les multiplier dans les parties où la courbe offre quelque forme singulière qui a besoin d'être vérifiée. Les tangentes fourniront encore le moyen de corriger la forme d'une courbe, parce qu'elles font sentir si l'élément qui précède ou qui suit le point de tangence a besoin d'être élevé ou abaissé pour que le contact soit complet.

31. La tangente en un point de l'intersection de deux surfaces est l'intersection de deux plans menés par le point donné tangentiellement à chacune de ces surfaces; car cette droite est située à la fois sur chacun de ces plans tangents.

32. Lorsqu'on a tracé les projections de l'intersection de deux surfaces, cette ligne est évidemment déterminée; mais, quand elle est plane, on cherche sa véritable forme en prenant, sur l'un des plans de projection, le rabattement du plan qui la contient.

33. Lorsque l'une des surfaces données est développable, on opère le développement de cette surface, c'est-à-dire qu'on en amène tous les éléments à être situés dans un plan unique, les uns à la suite des autres, de sorte que la surface se trouve développée sans avoir changé de superficie.

On conçoit que l'intersection, ainsi que toute ligne tracée sur cette surface, aura changé de forme après le développement; la ligne plane à laquelle elle donne lieu prend le nom de transformée.

34. On appelle arête de développement la transformée d'une ligne de la surface, telle que l'on connaisse d'avance la nature géométrique de cette courbe et la direction des génératrices en chacun de ses points après le développement.

35. La tangente T en un point m de l'intersection a pour transformée la tangente T' en le point m' correspondant de la transformée de l'intersection; car la droite T étant le prolongement d'un élément mn de l'intersection, aura pour transformée le prolongement de la transformée $m'n'$ de l'élément mn qui est la droite T'.

Ces deux opérations, le Rabattement et le Développement, sont fréquemment employées dans les arts industriels; nous aurons l'occasion d'en signaler de nombreux exemples.

36. Rappelons aussi qu'il a été établi dans la 1re Partie que, lorsqu'un corps est donné de position par rapport à deux plans rectangulaires, il est toujours possible de le rapporter à deux autres plans rectangulaires disposés de manière à rendre plus simples les projections des opérations que l'on peut avoir à exécuter sur le corps. Comme les problèmes que nous aurons désormais à résoudre se rencontrent à chaque instant dans la pratique, nous devons rechercher quels sont les moyens les plus courts d'arriver à leur solution; nous commencerons donc par faire un choix convenable de plans de projection, en supposant que, si le corps a été donné par rapport à deux certains plans rectangulaires, nous l'avons rapporté à deux autres plans rectangulaires dont la disposition nous a paru plus avantageuse.

Sections planes.

37. **Problème**. Couper un prisme droit par un plan oblique à la base; 2°. Trouver la vraie grandeur de la section; 3° Développer la surface du prisme et déterminer la transformée de l'intersection.

Prenons pour plan horizontal celui de la base E du prisme; ses faces sont alors perpendiculaires au plan horizontal; par conséquent les arêtes A, B, C, D, F, G se projettent horizontalement en $A^h, B^h, C^h, D^h, F^h, G^h$, suivant les sommets de la base E, et verticalement en $A^v, B^v, C^v, D^v, F^v, G^v$ perpendiculaires à LT. (1ᵉ Partie, N°. 24, 5°.); toutes les lignes tracées sur la surface latérale du prisme se projetteront horizontalement sur les côtés de la base E.

Prenons le plan vertical perpendiculaire au plan coupant P; H^P sera perpendiculaire à LT, et toutes les lignes tracées sur le plan P se projetteront verticalement sur V^P.

Le plan P, étant oblique à la base, coupe toutes les faces du prisme chacune suivant une droite, et la suite de ces droites forme un polygone plan, qui est l'intersection demandée. Les sommets de ce polygone sont évidemment les intersections respectives a, b, c, d, f, g des arêtes A, B, C, D, F, G et du plan P. Conséquemment $a^h, b^h … g^h$ se confondent avec les sommets $m, n … x$ de la base E, qui sont les traces horizontales respectives des arêtes $A, B, … G$; et $a^v, b^v, … g^v$ sont les intersections respectives de $A^v, B^v, … G^v$ et de V^P.

Ainsi, par une disposition convenable des plans de projection, nous déterminons immédiatement les deux projections de l'intersection; car la projection horizontale se confond avec la base E du prisme, et la projection verticale est la partie de la trace verticale du plan coupant comprise entre les projections verticales des arêtes limites par rapport au plan vertical.

Dans la représentation graphique d'un corps, il arrive souvent que les projections de certaines parties n'expriment pas assez nettement la pensée du dessinateur ou le résultat de telle ou telle opération; on est alors conduit à construire une ou plusieurs autres projections, de manière à offrir toute la clarté désirable. Ainsi, dans le problème qui nous occupe, quoique l'intersection soit suffisamment représentée par ses deux projections, on peut encore donner une idée plus claire du résultat de la section du prisme, en supposant enlevée la partie qui se trouve au-dessus du plan coupant, et en déterminant la projection de l'autre partie sur un nouveau plan de projection perpendiculaire à la ligne de terre; ce nouveau plan de projection prend ordinairement le nom de plan de profil. Dans les dessins, on considère généralement le plan de profil rabattu sur le plan vertical; on a donc à appliquer le problème du N°. 61 de la 1ᵉ partie.

Soit donc $I'T'$ perpendiculaire à LT; la nouvelle projection E^b de la base E se confond évidemment avec le prolongement de LT (1re Partie N° 52, 2°, 3°. et 4°.); on obtient $m^b, n^b, \ldots r^b$ à des distances de $I'T'$ respectivement égales à celles de $m^b, n^b, \ldots r$ à LT. Les arêtes $A, B, \ldots C$, étant perpendiculaires au plan horizontal H, sont parallèles à la fois au plan vertical V et au plan de profil H'; elles se projettent donc en vraie grandeur sur chacun de ces deux plans et parallèlement à LT; donc par $m^b, n^b, \ldots r^b$ menant des parallèles à LT, on a $A^b, B^b, \ldots C^b$ d'où on conclut $a^b, b^b, \ldots g^b$. Joignant ces points deux à deux, on obtient la nouvelle projection de la section.

On reconnaît facilement que les arêtes A, G, F et D sont visibles, et que celles B et C sont invisibles par rapport au plan de profil; par suite toute la section est visible.

Ordinairement les sections planes, quand elles sont visibles, sont exprimées par des hachures ou, ce qui est plus tôt fait, par des teintes conventionnelles.

2°. Vraie grandeur de la section. Pour obtenir la vraie grandeur de la section, il faut rabattre le plan coupant P sur l'un des plans de projection en le faisant tourner autour de la trace correspondante (1re Partie, N° 89); comme ce plan P est perpendiculaire au plan vertical, on peut le considérer comme un nouveau plan horizontal, et la nouvelle projection horizontale de la section sera cette section même en vraie grandeur.

Ainsi V^p devient $I'T'$; par $a^v, b^v, \ldots g^v$ élevant des perpendiculaires à $I'T'$, portant sur ces perpendiculaires, à partir de $I'T'$, les distances de $a^b, b^b, \ldots g^b$ à LT, on obtient les points $a_1, b_1, \ldots g_1$ qui, joints deux à deux, donnent lieu à la nouvelle projection horizontale E_1 de la section ou sa vraie grandeur.

On s'assure de l'exactitude de l'opération en cherchant si la section possède quelques propriétés géométriques particulières. Par exemple, la base E étant un hexagone régulier, les côtés opposés de la section E_1, tels que $a_1 b_1$ et $f_1 d_1$, seront égaux, parallèles entre eux et à la diagonale $g_1 c_1$; parce que les plans projetant horizontalement les droites ab, fd et gc, sont parallèles comme ayant leurs traces horizontales $a^b b^b$, $f^b d^b$ et $g^b c^b$ parallèles; par suite les droites ab, fd et gc le sont aussi. Les trois diagonales $a_1 d_1$, $b_1 f_1$ et $c_1 g_1$, se couperont au même point K_1 et en deux parties égales, parce que leurs projections $a^b d^b$, $b^b f^b$ et $c^b g^b$ se coupent au même point K^b et en deux parties égales. (1re Partie N° 112)

3°. Développement. Pour opérer le développement de la surface prismatique, on rabattra successivement chacune des faces sur le plan de l'une d'entre elles, (A, B) par exemple, en faisant tourner la face que l'on veut rabattre autour de son intersection avec celle qui a été rabattue la dernière.

Pour plus de clarté, nous avons représenté ces divers mouvements par une figure; et, pour ne pas charger celle de la question, nous avons transporté le prisme en E', de manière que le côté m n de la base E, qui est la trace de la face (A,B), se confonde avec EE'; alors le plan (A,B) se confond avec le plan vertical qui devient la surface de développement.

Ainsi, supposant que la face (A,B) soit fixe sur le plan vertical et que le prisme soit ouvert suivant l'arête A, on rabat d'abord la face (B,C) en la faisant tourner autour de l'arête B comme axe de rotation; le côté n o de la base, étant perpendiculaire à l'arête B, ne cessera pas de l'être dans le mouvement, il se rabattra donc sur le prolongement du côté m n, qui est également perpendiculaire à l'arête B, et le point o viendra en o', tel qu'on ait n o' = n o; l'arête C se placera sur la perpendiculaire C' à m n o' élevée par le point o'; et les autres faces prendront les positions indiquées par les côtés o'p", p"q", q"r", r"m" de la base. Faisons maintenant tourner la face (C,D) autour de l'arête C comme axe de rotation, jusqu'à ce qu'elle vienne s'appliquer sur le plan (AB,C) des deux autres faces; le côté o p de la base, étant perpendiculaire à l'arête C, viendra se confondre avec le prolongement de la droite n o' également perpendiculaire à C, et le point p viendra en p', tel qu'on ait o' p' = o p; l'arête D se placera en D', perpendiculaire à m p' menée par p'; et la ligne p' q" r" m" indique les positions respectives des autres faces. En répétant cette opération jusqu'à l'épuisement des faces, on obtient le développement de la surface du prisme sur le plan (A,B).

Les arêtes A, B,.... G étant parallèles au plan vertical, on connaît les vraies grandeurs des parties de ces arêtes comprises entre la base et le plan coupant; par conséquent si, sur les verticales A'B',.... G' du développement, on porte, à partir des points m', n',...... g' des longueurs respectivement égales à m° a°, n° b°......r° g°, on obtient les points a', b',.... g' qui, joints deux à deux donnent lieu à la transformée de l'intersection.

58. D'après cette dernière construction, on doit remarquer que, pour obtenir la transformée d'une ligne a b c d f g tracée sur le prisme, il faut connaître la transformée d'une seconde ligne m n o p q r de ce prisme à laquelle on rapporte les divers points de la première. La ligne m n o p q r est la section droite du prisme; on la choisit pour arête de développement (N° 58), parce que sa transformée est une droite perpendiculaire aux arêtes. La connaissance d'une telle ligne est nécessaire, non seulement parce qu'elle conduit à la détermination des transformées des différentes lignes de la surface, mais aussi parce qu'elle donne les moyens de trouver promptement les projections d'une autre ligne dont on s'est donné la transformée au développement. On en comprendra l'utilité dans la résolution de problèmes qui suivront.

59. Il peut arriver que, dans un dessin, le plan vertical ne soit pas perpendiculaire au plan coupant, et que l'on ait simplement à représenter la section plane du prisme. Dans ce cas, si le plan horizontal est perpendiculaire aux arêtes, en procédant de la manière suivante, on obtiendra assez promptement un résultat satisfaisant.

fig. 17

Soient donc A B C D F G le prisme donné dont les arêtes sont perpendiculaires au plan horizontal, et P le plan coupant oblique par rapport aux deux plans de projection. Nous déterminerons l'intersection de chacune des arêtes et du plan P (1ʳᵉ Partie N° 106) en faisant usage de plans auxiliaires parallèles à Hᵖ; les traces horizontales de ces plans seront donc les parallèles à cette droite menées par les sommets m, n, o, p, q, r de la base E, et leurs traces verticales sont perpendiculaires à LT. Le plan R, par exemple, passant par l'arête A, coupe le plan P suivant une parallèle M à Hᵖ (1ʳᵉ Partie N° 99); Mʰ se confond avec Hᵖ, et Mᵛ est parallèle à LT; Mᵛ coupe Aᵛ en un point a', projection verticale du point a en lequel l'arête A coupe le plan P (1ʳᵉ Partie N° 106). En procédant d'une manière analogue pour chacune des arêtes, on trouve les points b, c, d, f, g en lesquels les arêtes coupent le plan P, et la ligne $abcdfg$ est l'intersection demandée.

60. **Problème.** Construire la section droite d'un prisme oblique; 2° Trouver la vraie grandeur de cette section; 3° Développer la surface du prisme et déterminer la transformée de la base.

fig. 18.

Prenons le plan de la base pour plan horizontal, et le plan vertical parallèle aux arêtes.

Soit E la base du prisme; on aura les projections horizontales des arêtes en menant par les sommets $m, n, \ldots r$ les parallèles $A^h, B^h, \ldots G^h$ à LT, et les projections verticales en menant par $m^v, n^v, \ldots r^v$ les droites $A^v B^v \ldots G^v$ faisant avec LT des angles égaux à ceux que les arêtes $A, B, \ldots G$ font avec le plan de la base E. La section droite étant déterminée par un plan P perpendiculaire aux arêtes, ce plan P est perpendiculaire au plan vertical; Vᵖ sera donc perpendiculaire à $A^v, B^v, \ldots G^v$ et Hᵖ perpendiculaire à LT. La projection verticale de la section est évidemment la partie de Vᵖ comprise entre A^v et D^v et les intersections $a', b', \ldots g''$ de $A^v, B^v, \ldots G^v$ et de Vᵖ sont les projections verticales des sommets de la section droite; on en conclut $a^h, b^h, \ldots g^h$ sur $A^h, B^h, \ldots G^h$, et, joignant ces points deux à deux, on a la projection horizontale de la section droite demandée.

2° **Vraie grandeur.** Le plan P, perpendiculaire au plan vertical, peut être considéré comme un nouveau plan horizontal; déterminer le rabattement de la section droite sur le plan vertical, c'est donc chercher une nouvelle projection horizontale de cette section. Vᵖ sera alors LʹTʹ; et on trouvera les positions $a_1, b_1, \ldots g_1$ des sommets à des distances de LʹTʹ respectivement égales à celles de $a^h, b^h, \ldots g^h$ à LT, sur les perpendiculaires à LʹTʹ menées par $a^v, b^v, \ldots g^v$; ces perpendiculaires sont évidemment les prolongements de $A^v, B^v, \ldots G^v$. Joignant $a_1, b_1, \ldots g_1$ deux à deux, on a la position de la section droite sur le plan P, et par conséquent sa vraie grandeur.

3° **Développement.** On sait que la transformée de la section droite est une ligne droite perpendiculaire aux arêtes; prenons donc, sur une droite indéfinie XY et à la suite l'une de l'autre, des longueurs $a^h b^h, b^h c^h, \ldots g^h a^h$ respectivement égales aux côtés $a_1 b_1, b_1 c_1, \ldots g_1 a_1$ de la section droite; par les points de division $a^h, b^h, \ldots$

élevons des perpendiculaires à XY, ce sont les positions respectives $A', B', \ldots$ des arêtes $A, B, \ldots$ après le développement. Observant que les arêtes sont parallèles au plan vertical, et qu'en conséquence elles s'y projettent en vraie grandeur, si l'on porte sur $A', B', \ldots$ à partir des points $a', b', \ldots$ des longueurs respectivement égales aux parties de $A'', B'', \ldots$ comprises entre V^p et LT, on obtient les points $m', n', \ldots$ qui, joints deux à deux, donnent lieu à la transformée $m' n' o' p' q' r'$ de la base E.

61. Lorsqu'on procède à la recherche de la section droite d'un prisme, on a principalement pour but de déterminer la vraie grandeur de cette section dont les côtés font connaître les distances respectives des arêtes après le développement. En examinant la figure 18, on reconnaît que cette vraie grandeur a, b, c, d, f, g, peut être obtenue sans avoir préalablement construit la projection horizontale; car les distances des sommets $m, n, \ldots$ de la base E à LT sont respectivement égales à celles de $a', b', \ldots$ à cette même ligne, et donnent par conséquent les distances de $a, b, \ldots$ à LT ou V^p.

62. Application des problèmes précédents. Si, après avoir exécuté un prisme en bois, on veut le terminer par un plan oblique à la base, il faut construire l'épure du N°. 57; la projection verticale donne les grandeurs des arêtes comprises entre la base et la section oblique; portant ces grandeurs sur les arêtes correspondantes du prisme et à partir de la base, unissant deux à deux les points ainsi obtenus, on détermine sur le prisme les côtés de la section plane demandée; de sorte que l'ouvrier, connaissant la partie du corps qu'il doit enlever, peut exécuter son travail avec toute la précision désirable.

De même, si l'on veut former en tôle ou en fer blanc un tuyau ou une boîte prismatique qui doit se terminer à deux plans, l'un perpendiculaire aux arêtes, et l'autre oblique, on fait l'épure du N°. 57, si le prisme est donné par sa section droite; et l'épure du N°. 61, si au contraire il est donné par sa section oblique. On cherche d'abord la vraie grandeur de la section inconnue; puis sur la feuille de métal encore plane, on détermine le développement de la surface prismatique; on trace la transformée de la section oblique, et on obtient une figure analogue à celle $A' m' m'' B' a'' g' f' d' c' b' a'$ (fig. 16) que l'on découpe suivant son contour; pliant enfin cette figure de métal suivant les perpendiculaires $A', B', C', \ldots$ de manière que les parties $m' n', n' o', o' p', \ldots$ prennent les directions respectives des côtés $m n, n o, o p, \ldots$ de la base E, et que les deux lignes A' et A'' viennent coïncider pour former le prisme, on est certain que le bord supérieur $a b c d f g$ prendra la forme d'une ligne polygonale plane ayant l'inclinaison voulue par la question. Si les deux extrémités du prisme doivent être fermées, on découpera deux autres morceaux de métal ayant la forme l'un de la section droite et l'autre de la section oblique dont on connaît les vraies grandeurs respectives et chacun de ces deux morceaux devra exactement fermer l'extrémité correspondante.

63. Problème. Couper une pyramide régulière par un plan oblique à la base. 2°. Trouver

la vraie grandeur de la section. 3°. Développer la surface de la pyramide et déterminer la transformée de l'intersection.

Pl. 15. fig. 19. — D'après sa direction, le plan coupant donne lieu à trois sortes d'intersection. S'il passe par le sommet, il coupe généralement deux faces suivant deux droites, et les autres faces en un même point qui est le sommet.

Il peut ne pas passer par le sommet et ne pas couper toutes les faces; alors l'intersection est une ligne brisée qui n'est pas fermée.

Enfin il peut ne pas passer par le sommet et couper toutes les faces; l'intersection est alors un polygone fermé. Nous traiterons de préférence ce dernier cas comme se rencontrant le plus souvent dans la pratique; du reste dans les deux premiers, l'intersection se détermine par les mêmes constructions.

Prenons pour plan horizontal celui de la base E et le plan vertical perpendiculaire au plan coupant P; H^p sera perpendiculaire à LT, et toutes les lignes tracées sur le plan P se projetteront verticalement sur V^p. La projection horizon-tale s^h du sommet s se confond avec le centre de la base et la projection verticale s^v est à une distance de LT égale à la hauteur de la pyramide. Joignant s^h aux divers sommets m, n, o, p, q, de la base, et s^v aux projections verticales m^v, n^v, o^v, p^v, q^v de ces mêmes sommets, on a les projections respectives des arêtes A, B, C, D, F.

Le plan P coupe toutes les faces de la pyramide chacune suivant une droite, et la suite de ces droites forme un polygone plan, qui est l'intersection demandée. Les sommets de ce polygone sont les intersections respectives a, b, c, d, f des arêtes A, B, C, D, F et du plan P; par conséquent a^v, b^v, c^v, d^v, f^v sont les intersections respectives de A^v, B^v, C^v, D^v, F^v et de V^p. Pour déterminer leurs projections horizontales, celle du point b, par exemple, ramenons l'arête B dans la position B' parallèle au plan vertical en la faisant tourner autour de la hauteur ss^h de la pyramide comme axe de rotation (1re Partie N°s 75 et 77) B'^h sera la parallèle à LT menée par s^h; le point n sera venu en n', ou détermine n'^v sur LT, et on en conclut B'^v. Dans le mouvement, le point b a décrit un arc de cercle M dont le plan est évidemment parallèle au plan horizontal, dont la projection horizontale est identique et dont la projection verticale M^v est la parallèle à LT menée par b^v. On trouve b'^v à l'intersection de B'^v et de M^v; on obtient b'^h sur B'^h et enfin b^h à l'intersection de B^h et de l'arc M^h décrit de s^h comme centre avec $s^h b'^h$ pour rayon. Si on a opéré exactement, b^v et b^h seront sur la même perpendiculaire à LT. En opérant et raisonnant d'une manière analogue sur chacune des arêtes, et observant que, de ce qu'elles sont toutes égales et également inclinées sur le plan de la base, lorsqu'on les aura ramenées parallèles au plan vertical, elles se confondront avec B'; les positions a', c', d', f' correspondantes des points a, c, d, f se trouveront sur cette droite, on en conclura a^h, c^h, d^h, f^h et l'on aura la projection horizontale de l'intersection.

Il ne serait pas d'une bonne exécution d'obtenir les points a^h, b^h.... à l'aide des perpendiculaires à LT menées par a^v, b^v.... parce que les positions de certaines arêtes, comme B, C, F, sont telles que B^h, C^h, F^h seraient coupées sous des angles trop aigus, et les points d'intersection mal déterminés. D'ailleurs, comme pour construire le développement de la surface pyramidale, il sera nécessaire de ramener chaque arête dans une position parallèle au plan vertical, afin d'en connaître la vraie grandeur; en faisant dès à présent cette opération, on peut en profiter pour obtenir les points $a^h, b^h \ldots$ avec toute la précision désirable.

Faisons aussi remarquer qu'en pratique, pour obtenir le point b par exemple, il est inutile de tracer la perpendiculaire $b'^v b'^h$ et l'arc de cercle M^h; il est préférable et plus court de prendre avec le compas à pointes la distance $b'^v i$ du point b à l'axe de rotation, et de la porter immédiatement de b^h en b^h. La perpendiculaire $b'^v b'^h$ et l'arc de cercle M ayant simplement pour but d'expliquer l'opération, on les tracera en dernier lieu, si on les juge nécessaires.

On aura une idée suffisamment claire du résultat de la section, en supposant enlevé la partie de la pyramide qui se trouve au-dessus du plan coupant, et en projetant l'autre partie sur un plan de profil perpendiculaire à LT, et que nous rabattrons sur le plan vertical. $L'T'$ est alors perpendiculaire à LT; la nouvelle projection B'^h de la base se confond évidemment avec le prolongement de B^h ou de LT, et on trouve $m'^h, n'^h \ldots$ à des distances de $L'T'$ égales à celles de $m^h, n^h \ldots$ à LT; on détermine également s'^h sur la perpendiculaire à LT menée par s^h et à une distance de cette ligne indiquée par celle de s^h à LT. Joignant s'^h aux points $m'^h, n'^h \ldots$, on a les nouvelles projections $1'^h, B'^h \ldots$ des arêtes sur lesquelles on obtient $a'^h, b'^h \ldots$ qui doivent aussi se trouver à des distances de $L'T'$ respectivement égales à celles de $a^h, b^h \ldots$ à LT. Dans cette projection, nous avons écrit en lignes de construction les parties des arêtes qui se trouvent au-dessus du plan coupant, puisque cette partie de la pyramide est supposée enlevée.

2° Vraie grandeur de la section. Nous avons rabattu le plan P sur le plan horizontal, en le faisant tourner autour de H^P comme axe de rotation; chacun des sommets de la section, le point a par exemple, décrit une circonférence dont le centre est sur H^P, dont le plan est perpendiculaire à cette droite, et par conséquent parallèle au plan vertical; cette circonférence se projette donc verticalement en vraie grandeur suivant une autre circonférence décrite du point k comme centre avec $k a^v$ pour rayon, et horizontalement suivant la perpendiculaire à H^P menée par a^h. La projection verticale du point a, après le rabattement, doit se trouver à la fois sur LT (1re Partie N° 14 a) et sur l'arc de rayon $k a^v$; donc à leur intersection a_v; d'où on conclut a, rabattement du point a. Par une construction et un raisonnement analogues, on obtiendra b_1, c_1, d_1, f_1, rabattements respectifs des sommets b, c, d, f; en les joignant, on a la vraie grandeur de la section.

3° Développement. Pour obtenir le développement de la surface latérale de la pyramide, il faut rabattre successivement chacune des faces sur le plan de l'une d'entre elles. Remarquons que ces divers rabattements donneront lieu à une surface composée d'une série de triangles respectivement égaux à ces mêmes faces, et ayant tous le même sommet. Nous pouvons construire immédiatement ces triangles, car deux de leurs côtés sont donnés par deux arêtes dont nous avons précédemment déterminé la vraie grandeur, et les troisièmes côtés sont ceux du polygone de la base. Ainsi, en supposant que l'on ait ouvert la pyramide le long de l'arête A, et que le développement se fasse sur le plan $A \delta B$, nous construisons le triangle $m' s' n'$ égal au triangle $m s n$ de la pyramide; sur le côté $n' s'$ nous construisons un second triangle $n' s' o'$ égal à celui $n s o$; sur le côté $o' s'$, un troisième triangle $o' s' p'$ égal à celui $o s p$; ainsi de suite jusqu'à l'épuisement des faces; il est évident que la figure ainsi obtenue sera le développement de la surface latérale de la pyramide.

Lorsque la pyramide est régulière, comme dans le cas actuel, toutes les arêtes sont égales en longueur; par conséquent, après le développement, leurs extrémités $a', b', c', \ldots$ doivent être situées sur une circonférence décrite de s' comme centre avec la longueur d'une arête, A par exemple, pour rayon, et les côtés $a', b', c', \ldots$ sont des cordes égales de cette circonférence. La détermination du développement devient alors bien simple, car il suffit de porter sur la circonférence de rayon $s a$ la grandeur $m n$ autant de fois que la base B contient de côtés. Joignant les points de division $m, n, \ldots$ deux à deux, on a la transformée du polygone de la base B; tirant les rayons $m' s', n' s', \ldots$ des points de division, on a les positions respectives des arêtes après le développement.

On aura les divers points de la transformée de la section oblique en portant sur $A', B', \ldots$, à partir du centre s', les vraies grandeurs des parties de ces arêtes comprises entre le sommet s et le plan coupant. On doit se rappeler que l'on a exprimé ces vraies grandeurs sur B'; portant donc $s' a''$ de s' en a' sur A', et de s' en a^2 sur A^2, car A' et A^2 représentent la même arête A, portant ensuite $s' b''$ de s' en b' sur B', etc., on obtient les points $a', b', \ldots$, qui, joints deux à deux, donnent la transformée de la section oblique.

On détermine également les points $a', b', \ldots$ en portant sur $A', B', \ldots$, à partir des points $m', n', \ldots$, les grandeurs $n' a', n' b', \ldots$ respectives des parties des arêtes comprises entre la base B et le plan P.

64. D'après ce qui précède, on doit comprendre que le développement d'une pyramide peut s'obtenir sans l'emploi d'une arête de développement, puisque cette détermination consiste dans la construction de triangles placés à la suite l'un de l'autre, ayant tous un sommet commun, et dont la grandeur des côtés a été déterminée dans le cours de l'opération.

65. Lorsque le plan coupant est parallèle à la base, la section est semblable à cette base (Géom. de Bobilier. Des Polyèdres. Prop. 8 et 9); et, comme

les arêtes sont divisées par le plan coupant en parties proportionnelles, les côtés de la section sont respectivement parallèles à deux de la base; donc au développement les transformées de la base et de la section sont semblables.

Si la pyramide est régulière, les parties des arêtes ma, mb,..., comprises entre la base et la section, sont égales entre elles; et au développement les sommets a', b',.... sont évidemment situés sur une circonférence qui a pour rayon la partie sa de l'arête comprise entre le sommet et le plan coupant.

66. Applications. Les applications de ce problème sont analogues à celles dont nous avons parlé à l'occasion du prisme. Supposons qu'on ait à couper une pyramide en bois, en pierre, etc par un plan oblique à la base; on construit les deux projections de la pyramide et de la section comme nous l'avons indiqué; on connaît alors les vraies grandeurs $n'a'$, $n'b'$,.... des parties des arêtes comprises entre la base et la section; portant ces vraies grandeurs sur les arêtes correspondantes du solide, à partir des sommets de la base, on obtient sur la pyramide les sommets a, b,...de la section dont on peut tracer le contour ce qui détermine la partie qu'il faut enlever.

S'il est question de former une pyramide tronquée en tôle, en cuivre ou en fer blanc, on fait l'épure du N°.63; on trace sur la feuille de métal le développement de la pyramide et les transformées de la base et de la section; on découpe la figure ainsi obtenue suivant son contour; on la plie suivant les lignes A', B',..., qui indiquent les positions des arêtes au développement, de manière que les lignes extrêmes A' et A^2 viennent coïncider, et que les côtés $m'n'$, $n'o'$,....de la transformée de la base prennent les directions des côtés mn, no,.... de cette base; les côtés $a'b'$, $b'c'$,....de l'autre transformée formeront un polygone plan égal à la vraie grandeur de la section, et qui aura l'inclinaison demandée. Si les extrémités de la pyramide doivent être fermées, on découpera deux morceaux de métal ayant la forme de chacune des bases.

67. Une courbe peut être considérée comme formée de parties rectilignes infiniment petites; la tangente en un point de cette courbe est alors le prolongement de l'élément rectiligne qui contient le point donné. On peut donc dire que la surface cylindrique est un prisme, et que la surface conique est une pyramide, chacune de ces surfaces étant composée d'un nombre infini de faces planes infiniment petites; le plan tangent en un point de l'une de ces surfaces est le prolongement, en tous sens, de la face infiniment petite qui contient le point donné.

Cette manière d'envisager le cylindre et le cône doit faire comprendre que les procédés employés pour la résolution des problèmes précédents sur le prisme et sur la pyramide, serviront généralement à résoudre les mêmes problèmes sur les surfaces cylindrique et conique.

68. Couper un cylindre droit circulaire par un plan oblique à la base, et mener

la tangente en un point de l'intersection. 2°. Trouver le rabattement de la section et de la tangente. 3°. Développer la surface cylindrique et déterminer la transformée de l'intersection avec la tangente.

Pl. 15 fig. 20

1°. Prenons pour plan horizontal celui de la base E du cylindre, et le plan vertical perpendiculaire au plan coupant P.

Les génératrices étant perpendiculaires au plan horizontal, la projection complète de la surface cylindrique sur le plan horizontal se réduit à la base E; celle sur le plan vertical est déterminée par A^v et B^v projections verticales des génératrices limites A et B par rapport au plan vertical. Il est clair que la projection horizontale S^h de l'intersection S demandée se confond avec la base E, et que sa projection verticale S^v est la partie de V^p comprise entre A^v et B^v.

La tangente T en un point f de la section S est située sur le plan P; T^h est la tangente à S^h menée par f^h (1re. Partie N°. 37), et T^v se confond avec V^p.

2°. Vraie grandeur de la section. Rabattons le plan P sur le plan vertical, en le faisant tourner autour de V^p comme axe de rotation. Le plan P, étant perpendiculaire au plan vertical, peut être considéré comme un nouveau plan horizontal, de sorte que la nouvelle projection horizontale de S sera la vraie grandeur de cette courbe; V^p est alors LT; les positions $a, f, b, \ldots$ des divers points $a, f, b, \ldots$ de S se trouvent sur les perpendiculaires à LT élevées par $a^v, f^v, b^v, \ldots$, à des distances de cette ligne respectivement égales à celles de $a^h, f^h, b^h, \ldots$ à LT. Unissant ces points par une ligne continue, on obtient S_1, véritable forme de la section S.

La position T_1 de la tangente T sur le plan P ou H' sera déterminée par celle d'un de ses points, du point t par exemple en lequel elle coupe H^p et qui est sa trace horizontale; on obtient t_1 tel que $t_1 t^v = t t^v$; joignant t_1 et f_1 on a T_1.

On obtient plus promptement la vraie grandeur de la section en ramenant le plan P parallèle au plan horizontal par un mouvement de rotation autour d'une de ses horizontales: prenons celle N dont la projection horizontale N^h passe par le centre de la base; N^v se réduit évidemment à un point qui est le milieu de $a^v b^v$. On sait que, dans ce mouvement, tous les points de S décrivent autour de l'axe de rotation N des arcs de cercle dont les plans sont perpendiculaires à cet axe et, par suite, parallèles au plan vertical; ces arcs se projettent donc verticalement en vraie grandeur, et horizon-talement suivant des parallèles à LT. V^p prendra la position $V^{p'}$ parallèle à LT passant par N^v; les points e et d restent fixes sur l'axe; on obtient $a^v, f^v, b^v, \ldots$ sur $V^{p'}$; on en déduit $a^h, f^h, b^h, \ldots$, qui donnent lieu à S^h projection horizontale de la nouvelle position S' de S, et, par conséquent, sa véritable grandeur.

La tangente T coupe l'axe N en un point n qui reste invariable; joignant donc n^h et f^h, on a T'^h.

3ᵉ *Développement*. Nous avons dit précédemment que la surface cylindrique peut être regardée comme un prisme d'un nombre infini de faces planes infiniment petites ; il s'ensuit qu'après le développement les génératrices ou les arêtes de ce prisme auront conservé leur parallélisme, et seront placées à la suite l'une de l'autre à des distances égales aux éléments rectilignes de la base ou section droite qui les séparent ; que la transformée de la base E sera une droite E' perpendiculaire aux génératrices et égale en longueur à la ligne E rectifiée.

La base E étant une circonférence, on en a la longueur, comme on le sait, en multipliant son diamètre par 3,14159..., ou en prenant trois fois le diamètre plus $\frac{1}{7}$; comme ces deux moyens ne présentent qu'une différence de $0^m 00126$ sur une circonférence de 1^m de diamètre, on conçoit qu'on peut les employer indifféremment, surtout pour les dimensions ordinaires de nos épures.

Ayant divisé la base E en un certain nombre de parties égales, en huit par exemple, les points de division sont les traces horizontales de génératrices dont on trouvera les positions respectives au développement en divisant E' en un même nombre de parties égales, et en élevant des perpendiculaires à cette droite par les points de division.

Lorsque la base E n'est pas une circonférence, on est obligé pour la rectifier d'employer le moyen général, c'est-à-dire de prendre une ouverture de compas assez petite pour que l'élément intercepté se confonde sensiblement avec sa corde ; on porte cette longueur sur une droite indéfinie autant de fois qu'elle est contenue dans la base E ; prenant alors certains points de division de E pour traces de certaines génératrices, les points de division correspondants de E' donneront lieu aux positions respectives de ces génératrices après le développement.

Supposons donc le cylindre ouvert suivant la génératrice C ; pour avoir la transformée de la section S, comme les génératrices sont parallèles au plan vertical, on portera sur C', B'... les grandeurs respectives des parties de C, B... comprises entre LT et V' ; unissant par une courbe continue les points c', b'.... ainsi obtenus, on a la transformée S' de la section oblique S.

La portion tf de la tangente T, comprise entre le plan horizontal et le point de contact f, est l'hypoténuse d'un triangle rectangle dont un des côtés de l'angle droit est sa projection horizontale t'', l'autre côté est la partie ff'' de la génératrice F comprise entre le point f et la base ; portant donc f''t de m' en t sur E', joignant t' et f', on a T'.

On reconnaîtra que le point t' devra se trouver du même côté que la droite A' par rapport à F', parce que le point t se trouve du même côté que la génératrice A, par rapport à la génératrice F.

69. Pour dessiner convenablement et facilement les courbes que nous venons d'obtenir, il est essentiel d'en connaître les propriétés géométriques.

Le cylindre donné étant droit circulaire, la section S, oblique à la base doit être une ellipse (Géom. de Bobilier. Propriétés des Cylindres Prop 3) dont nous allons déterminer le centre et les axes. Chaque diamètre de S^h est évidemment la projection d'un diamètre de l'ellipse S; donc o^h, point de concours et milieu de tous les diamètres de S^h, est la projection horizontale du centre o de S, point de concours et milieu de tous les diamètres de cette courbe; on en conclut o^v qui est également le milieu des projections verticales $a^v b^v$, $f^v k^v$,.... des diamètres ab, fk,.... de S; on détermine o, centre de S, et o^h est le centre de S^h.

Le grand axe d'une ellipse est le plus grand de tous les diamètres, et le petit axe est le plus petit; chacun des autres diamètres est égal seulement à celui qui est symétriquement situé par rapport à l'un des deux axes. Observons aussi que de deux droites, qui ont des projections égales, la plus grande est celle qui fait le plus grand angle avec le plan de projection. Il en résulte que, les diamètres de l'ellipse S ayant des projections horizontales égales, le grand axe M est une ligne de plus grande pente du plan P par rapport au plan horizontal, (1re Partie, N° 54, 3°), et le petit axe N est une horizontale de ce plan P; ces droites sont nécessairement rectangulaires (1re Partie N° 111); le grand axe M est parallèle au plan vertical, car M^h est parallèle à LT; il se projette donc verticalement en vraie grandeur suivant $a^v b^v$; le petit axe N est perpendiculaire au plan vertical, car N^h est perpendiculaire à LT; il se projette donc horizontalement en vraie grandeur suivant $c^h d^h$, et N^v est un point qui se confond avec o^v; il est du reste évident que le petit axe N ne peut qu'être égal au diamètre du cylindre. On en conclut M, et N, axes de S, et M^h et N^h axes de S^h.

69 a. La détermination des tangentes à l'ellipse S en les points a, b, c et d prouve également que les diamètres M et N sont les axes de cette courbe. Remarquons d'abord que la tangente T en un point quelconque f de la section S, étant située sur le plan P et sur le plan tangent mené par le point f, est l'intersection de ces deux plans.

Cela posé, les plans tangents Q et R, menés respectivement par les extrémités a et b du diamètre M de S, sont parallèles entre eux et à H^P, car H^Q et H^R sont parallèles à cette droite; ils coupent le plan P suivant deux droites Q et R parallèles entre elles, à H^P et, par suite, à N; elles sont tangentes à S respectivement en a et en b; de ce qu'elles sont perpendiculaires au diamètre M, les points a et b sont des sommets de la courbe, donc M est un axe principal (Géom. de Bobilier; Des Courbes X). Les plans tangents X et Y, menés respectivement par les extrémités c et d du diamètre N, sont perpendiculaires à H^P, car H^X et H^Y sont perpendiculaires à cette droite; ils sont aussi parallèles entre eux, ils coupent donc le plan P suivant deux droites X et Y tangentes à S respectivement en c et en d, perpendiculaires à H^P et, par suite, au diamètre N; donc les points c et d sont des sommets de la courbe, et le diamètre N en est le second axe. Menant donc Q, et R, X, et Y, Q^h et R^h, X^h et Y^h respectivement perpendiculaires à M, N, M^h, N^h, on verra combien il sera plus facile de dessiner leur courbes S_1 et S'_1.

69.b. Les tangentes horizontales Q et R sont perpendiculaires aux génératrices A et B; on aura donc leurs positions après le développement en menant par a' et b' les droites Q' et R' perpendiculaires à A' et B' ou, ce qui est plus court, parallèles à E'. Les tangentes X et Y sont des lignes de plus grande pente du plan P par rapport au plan horizontal; de toutes les droites du plan P ce sont celles qui font le plus petit angle avec les génératrices, et, après le développement, leurs points de contact sont des points d'inflexion de la transformée S'. En effet: (Comme le cylindre est supposé ouvert suivant la génératrice C, nous n'avons à nous occuper que du contact Q de la tangente Y.) Supposons deux points g' et k' de la transformée S' situés de chaque côté du point Q' et à une faible distance de ce point; menons $i'g'$ et $j'k'$ tangentes en chacun de ces points ($N^o.68.3^o$); l'angle $i'g'E'$ est plus grand que l'angle $Y'Q'D'$; la partie $Q'g'a'$ de la courbe S' est donc concave par rapport à la droite E'; de même l'angle $j'k'b'$ étant plus grand que l'angle $n'Q'p'$; la partie $Q'k'b'$ est convexe par rapport à la droite E'; la droite Y est donc tangente à la courbe S' en le point Q' où la concavité de cette courbe se change en convexité; donc ce point Q' est un point d'inflexion, c'est-à-dire que les portions de la courbe situées de part et d'autre du point de contact se trouvent, l'une d'un côté, et l'autre de l'autre côté de la tangente.

Ces circonstances ont également lieu, quelle que soit la forme de la base E du cylindre.

69 c. Le plan mené par l'axe M et les génératrices A et B coupe le cylindre en deux parties symétriques; par conséquent les portions $c'f'a'$ et $Q'g'a'$ de S' sont symétriques par rapport à A'; et celles $c'u'b'$ et $Q'k'b'$ sont symétriques par rapport à B'.

Le plan mené par l'axe N et les génératrices C et D coupe également le cylindre en deux parties $c'f'a'g'Q'$ et $c'u'b'k'Q'$ symétriques par rapport à D'.

Il est évident que ces deux propriétés existent pour les cylindres dont la base E est une courbe fermée qui possède deux axes de symétrie rectangulaires; et que la dernière seule a lieu lorsque la base E n'a qu'un axe de symétrie.

70. Si l'on suppose que le cylindre droit circulaire donné est coupé par une série de plans $P, P', P''\dots$ obliques à la base, ces plans déterminent sur la surface cylindrique les ellipses $S, S', S''\dots$, qui ont toutes pour projections sur le plan de la base E la circonférence de cette base; les centres respectifs $o, o', o''\dots$ de ces ellipses sont situés sur la perpendiculaire O au plan horizontal élevée par le centre o de E; cette droite O est évidemment parallèle aux génératrices; les petits axes $N, N', N''\dots$ sont parallèles au plan horizontal et égaux aux diamètres du cylindre ou de la circonférence E; les grands axes $M, M', M''\dots$ sont respectivement des lignes de plus grande pente des plans $P, P', P''\dots$ par rapport au plan de E; leurs projections $M'^h, M''^h, M'''^h\dots$ sur ce plan sont des diamètres de E et, par suite, sont égales respectivement à $N, N', N''\dots$ par conséquent;

1º Une même circonférence peut être la projection d'une infinité d'ellipses dont les petits axes respectifs sont égaux au diamètre de cette circonférence.

2º La projection d'une ellipse est une circonférence qui a pour diamètre le petit axe, lorsque le plan de projection est parallèle à ce petit axe, et que la projection du grand axe est égale à ce même petit axe.

Construisant un triangle rectangle abz, dont un côté az de l'angle droit est égal au petit axe, et dont l'hypothénuse ab est égale au grand axe, l'angle baz détermine l'inclinaison du grand axe et, par suite, du plan de l'ellipse sur le plan de projection.

71. La droite 0, qui est parallèle aux génératrices et qui contient les centres de toutes les sections planes de la surface, s'appelle l'axe du cylindre.

72. Nous pouvons maintenant établir les rapports qui existent entre l'ellipse et la circonférence, et en conclure certaines propriétés communes à ces deux courbes.

Soit donc une ellipse S qui a pour projection la circonférence E. Il est évident que le centre de la circonférence est la projection du centre de l'ellipse, que les diamètres de la circonférence sont les projections des diamètres de l'ellipse, que les tangentes à la circonférence, sont les projections des tangentes à l'ellipse, que les parallèles tracées sur le plan de la circonférence sont les projections de parallèles tracées sur le plan de l'ellipse, que les droites qui se coupent sur la circonférence ou dans son plan sont les projections de droites qui se coupent sur l'ellipse ou dans son plan

Par conséquent

1º Sur la circonférence, les points de contact des tangentes parallèles sont les extrémités d'un même diamètre, et ces tangentes sont perpendiculaires à ce diamètre. Sur l'ellipse, les points de contact des tangentes parallèles sont les extrémités d'un même diamètre; mais ces tangentes ne sont perpendiculaires au diamètre de contact que lorsque celui-ci est l'un des axes (1ʳᵉ Partie Nº 111)

2º Sur la circonférence, les milieux respectifs des cordes parallèles à une tangente sont situés sur le diamètre mené par le point de contact. Sur l'ellipse, les milieux respectifs des cordes parallèles à une tangente sont situés sur le diamètre mené par le point de contact (1ʳᵉ Partie Nº 112). Sur l'une et l'autre courbe, le diamètre parallèle à une tangente et le diamètre du point de contact sont dits conjugués.

3º On appelle donc Diamètres conjugués d'une circonférence ou d'une ellipse deux diamètres dont chacun divise en deux parties égales les cordes parallèles à l'autre.

4º Dans la circonférence, tous les diamètres conjugués sont perpendiculaires; dans l'ellipse cette circonstance n'a lieu que pour les axes (1ʳᵉ Partie Nº 111).

5º Dans la circonférence tous les diamètres conjugués sont égaux; dans l'ellipse il n'en est ainsi que pour les deux diamètres dont les projections sont les bissectrices des angles formés par les projections des axes; car ces diamètres soit également inclinés sur les axes, ils sont donc égaux; et de ce que leurs projections sont des diamètres conjugués de la circonférence, ils sont conjugués entre eux.

6° On appelle cordes supplémentaires deux cordes issues d'un même point de la courbe et passant par les extrémités d'un même diamètre. Dans la circonférence, elles sont perpendiculaires entre elles, et par conséquent parallèles à deux diamètres conjugués; dans l'ellipse, elles sont donc aussi parallèles à deux diamètres conjugués; mais elles ne sont perpendiculaires que dans le cas où elles sont parallèles aux axes.

72 a. Ce qui précède suffit pour faire comprendre que les observations faites sur la circonférence ne sont pas toujours applicables à l'ellipse, tandis que celles qu'on peut faire sur l'ellipse sont applicables à la circonférence. Donc la circonférence est un cas particulier de l'ellipse.

72 b. Si l'inclinaison du plan coupant P sur la base est nulle, les axes de l'ellipse de section sont égaux; mais de ce que le plan P est parallèle à la base, la section doit être égale à cette base; c'est donc une circonférence. Il s'ensuit que une ellipse dont les axes sont égaux est une circonférence.

72 c. Enfin l'on sait que l'ellipse est une courbe dont la somme des distances de ses points à deux points fixes est constante; si ces points fixes se confondent en un seul, l'ellipse sera telle que la distance de chacun de ses points à un point fixe seront égales c'est la définition de la circonférence. Donc l'ellipse dans les foyers se confondent en un même point est une circonférence.

---

73. Problème. Construire la section droite d'un cylindre circulaire oblique, en mener la tangente en un point de la section. 2° Trouver le rabattement de la section et de la tangente. 3° Développer la surface cylindrique et déterminer la transformée de la base avec la tangente en un point de cette base.

fig. 21 Prenons pour plan horizontal le plan de la base E et le plan vertical aux arêtes; A^h et B^h, projections horizontales des génératrices limites A et B par rapport au plan horizontal, sont parallèles à LT; A^v et B^v se confondent en une seule droite; C^v et D^v, projections verticales des génératrices limites C et D par rapport au plan vertical, font avec LT des angles égaux à ceux des génératrices avec le plan de E (1re Partie N°. 116 a); C^h et D^h se confondent en une seule droite parallèle à LT.

La section droite S étant déterminée par un plan P perpendiculaire aux génératrices, ce plan P est aussi perpendiculaire au plan vertical; donc V^P est perpendiculaire à C^v, A^v, D^v.... et H^P est perpendiculaire à LT. La projection verticale S^v de S est évidemment la partie de V^P comprise entre C^v et D^v; les intersections m^v, n^v, p^v, s^v...., de A^v, B^v, C^v, G^v.... et de V^P, sont les projections verticales des points en lesquels le plan P coupe les génératrices A, B, C, G,....; on en déduit m^h, n^h, p^h, s^h,.... sur A^h, B^h, C^h, G^h,....; et enfin S^h.

La tangente T en un point x de S est l'intersection du plan P et du plan tangent à la surface cylindrique mené par le point x. La trace horizontale Π^{h} de ce plan est donc la tangente à la base E en la trace g de la génératrice C passant par le point x; Π^{v} coupe Π^{h} en un point t qui appartient à l'intersection ou à la tangente T; joignant donc t et x, on a T^{h}.

Si Π^{v} et Π^{h} ne se coupent pas dans les limites du dessin, on obtient un point z de T en opérant comme au N°. 98, 2° (1re Partie); cette construction est indiquée sur la figure.

2° Vraie grandeur. Le plan P, perpendiculaire au plan vertical, peut être considéré comme un nouveau plan horizontal; alors le rabattement de la section sur le plan vertical sera sa nouvelle projection horizontale.

Prenant donc V^{v} sur LT', on trouve $m_{1}, n_{1}, p_{1}, s_{1}, \ldots$ à des distances de LT' égales à celles de $m^{v}, n^{v}, p^{v}, s^{v}, \ldots$ à LT. Unissant ces divers points par une ligne continue, on a S_{1} vraie grandeur cherchée.

Le point t de la tangente T est projeté en t_{1}, tel que $t_{1} t^{x} = t t^{v}$; joignant t_{1} et x_{1}, on a T_{1}.

On détermine z_{1} de la même manière.

Remarquons que T^{h} coupe LT en un point u^{h}, projection horizontale de la trace verticale u de T; on obtient u sur V^{v} et T_{1} doit évidemment passer par ce point u.

3° Développement. Comme la transformée S' de la section droite S doit être une ligne droite; si l'on suppose le cylindre ouvert suivant la génératrice C, on aura les positions respectives $p'; v'; m'; \ldots$ des points $p, v, m, \ldots$ après le développement; et portant sur une droite indéfinie, et l'un à la suite de l'autre, les arcs $p_{1}, z_{1}, v_{1}, m_{1}, \ldots$ de S_{1} rectifiés, les perpendiculaires $C'F'A' \ldots$ à S' élevées par $p'; v'; m'; \ldots$ sont les positions respectives des génératrices $C, F, A, \ldots$

Pour déterminer la transformée de la base E, comme les génératrices sont parallèles au plan vertical, on obtiendra les points $c'; f'; a'; \ldots$ en portant sur $C'F'A' \ldots$, à partir de S', les grandeurs $p^{v} c^{v}; q^{v} f^{v}; m^{v} a^{v}; \ldots$ des portions des génératrices $C, F, A, \ldots$ comprises entre le plan P et la base E; la courbe continue qui unit tous ces points est la transformée E' de la base E.

Reste à mener la tangente en un point g' de E'. Remarquons que la tangente en le point g de la base E est la trace Π^{h} du plan T mené tangentiellement à la surface cylindrique suivant la génératrice C; Π^{h} est l'hypothénuse d'un triangle rectangle dont l'un des côtés de l'angle droit est la position gx de C, et l'autre côté est la portion xt de la tangente T en le point x de la section droite. Or, après le développement, la tangente T se confond avec S'; décrivant de g' comme centre, avec $g't$ pour rayon, un arc de cercle qui coupe S' en t', joignant g' et t' par une droite C', on aura la tangente demandée. Il est clair que la distance $x t'$ doit être égale à la grandeur $x_{1} t_{1}$ de T_{1}, que l'on a déterminée au rabattement.

Si le point t se trouve hors des limites de la figure, on prend un point l sur Π^{h} que l'on projette en l' sur LT; par le point l menant une parallèle à la tangente T, cette parallèle coupe la génératrice G en un point e que l'on rapporte en e' sur G', tel que $g'e' = g''e''$. Par e' traçant $e't'$ parallèle à S' ou T', c'est la position de el après le développement; de g' comme centre, avec gl pour rayon, décrivant un arc de cercle, qui coupe en l' la droite el', joignant l' et g', on a évidemment la tangente θ, demandée. Nous reviendrons sur cette question lorsque nous connaîtrons les propriétés géométriques de la section droite et de sa projection horizontale.

74. Lorsqu'on procède à la recherche de la section droite d'un cylindre, on se propose principalement d'en déterminer la vraie grandeur, afin de pouvoir rectifier cette ligne qui est l'arête de développement de la surface; il sera donc inutile d'en construire la projection horizontale, car les distances des points c, f, a, ... à LT font connaître celle des points p', t', m', ... à LT'.

75. Le plan P étant perpendiculaire aux arêtes du cylindre, la section droite S est la projection sur ce plan de la circonférence E. Le centre k de E étant le milieu de toutes les diamètres, sa projection o, est le milieu de toutes les cordes de S, qui y passent; c'est donc le centre de cette ligne. Le diamètre ab de E, parallèle à H', est parallèle au plan P; sa projection m_1n_1 lui est égale en longueur, et elle est par conséquent le plus grand diamètre de S. Le diamètre cd de E, perpendiculaire à H' et, par suite, à ab, se projette en p_1q_1 perpendiculaire à m_1n_1 (1re Partie N°. 111); et, de ce qu'il est une ligne de plus grande pente du plan P, sa projection p_1q_1 est le plus petit diamètre de S_1; de plus ab et cd étant deux diamètres conjugués de E, m_1n_1 divise en deux parties égales toutes les cordes de S_1 parallèles à p_1q_1 et qui lui sont par conséquent perpendiculaires; de même p_1q_1 divise en deux parties égales les cordes de S_1 parallèles à m_1n_1 et qui lui sont par conséquent perpendiculaires; donc m_1n_1 et p_1q_1 sont deux axes de symétrie rectangulaires de S_1.

Soient fg et ij deux diamètres conjugués de E, leurs projections vs et xy seront deux diamètres de S_1 dont chacun divisera en deux parties égales les cordes qui seront parallèles à l'autre.

En continuant d'examiner les diverses lignes de la circonférence E et leurs projections, on reconnaîtra que la courbe S possède toutes les propriétés que nous avons énoncées précédemment (N°. 71); c'est donc une ellipse. Donc la projection d'une circonférence est une ellipse dont le grand axe est égal au diamètre de cette circonférence.

75 a. Si par d' on mène $d'\pi$ parallèle à V', on forme un triangle rectangle $c'd'\pi$ dont l'hypothénuse $c'd'$ est égale au grand axe de l'ellipse ou au diamètre de la circonférence E, et le côté $d'\pi$ de l'angle droit est égal au petit axe, c'est-à-dire à la projection du diamètre parallèle à la ligne de plus grande pente du plan de la circonférence par rapport au plan de l'ellipse; l'angle $c'd'\pi$ est donc l'inclinaison de ces deux plans.

76. Si l'on coupe le cylindre circulaire oblique par un plan Q dont l'inclinaison sur le plan P de la section droite S est quelconque, ce plan Q détermine sur la surface cylindrique une courbe R, qui est projetée sur le

plan P évidemment suivant l'ellipse S. Par le centre o' de S menons une perpendiculaire au plan P; cette droite coupe le plan Q en un point o qui est le milieu de toutes les cordes de R qui y passent, car sa projection o' est le milieu de toutes les diamètres de S; la courbe R possède donc un centre qui est le point o. Deux diamètres conjugués de S sont les projections de deux diamètres de R tels que l'un d'eux divise en deux parties égales toutes les cordes qui sont parallèles à l'autre; les tangentes de S sont les projections des tangentes de R; les parallèles tracées sur le plan de S sont les projections de parallèles tracées sur le plan de R. On peut donc conclure que la courbe R possède les mêmes propriétés géométriques que la courbe S et que c'est une ellipse. Par conséquent.

1° Toutes les sections planes du cylindre circulaire oblique sont des ellipses; les centres de ces ellipses sont situés sur une même droite parallèle aux génératrices et qui est l'axe de la surface cylindrique.

2° La projection d'une ellipse est une autre ellipse.

77. On conçoit que le cylindre circulaire oblique peut être considéré comme un cylindre elliptique droit, qui a pour base sa section droite S. On peut donc dire que le cylindre droit à base elliptique peut être coupé par un plan suivant une circonférence dont le diamètre est égal au grand axe de la base.

Pour que cette circonstance ait lieu, on construit un triangle rectangle, comme celui $c \, \delta \, \pi$ (fig. 21), dont l'hypothénuse est égale au grand axe et un côté de l'angle droit égal au petit axe de la base; l'angle compris entre ces deux côtés donne l'inclinaison du plan coupant sur le plan de la base (N° 73 a).

De ce que le plan coupant peut occuper deux positions symétriques par rapport aux génératrices, on conclut que deux plans non parallèles peuvent couper le cylindre à base elliptique chacun suivant une circonférence.

78. Soient S une ellipse et S^h sa projection horizontale;

a. Si le plan de S est tel que le grand axe de cette courbe soit parallèle au plan horizontal, le petit axe est alors une ligne de plus grande pente par rapport au plan horizontal; dans ce cas le grand axe de S est projeté horizontalement en vraie grandeur suivant le grand axe de S^h et le petit axe de S suivant le petit axe de S^h, mais généralement pas en vraie grandeur.

b. Si le petit axe est horizontal, le grand axe est une ligne de plus grande pente du plan de S par rapport au plan horizontal; il se présente alors trois cas:

1° La projection du grand axe de S peut être plus grande que le petit axe de cette ligne; alors le grand axe de S sera projeté suivant le grand axe de S^h et le petit axe de S suivant le petit axe de S^h.

2° La projection du grand axe de S peut être égale à son petit axe; alors S^h est une circonférence dont le diamètre est égal au petit axe de S (N° 72 b).

3° Enfin la projection du grand axe de S peut être plus petite que le petit axe de cette ligne; alors le grand axe de S sera projeté suivant le petit axe de S^h et le petit axe de S suivant le grand axe de S^h.

c. Si aucun des axes de S n'est horizontal, leurs projections seront nécessairement deux diamètres conjugués de S^h; mais ce ne seront pas les axes de cette ligne; (1re Partie Nº 111). De même les axes de S^h seront les projections de deux diamètres conjugués de S, mais ces diamètres ne sont pas les axes de cette ligne.

79. Reportons nous maintenant à la section droite du cylindre circulaire oblique (Nº 73). Il est établi que la section S est une ellipse; donc S^h est aussi une ellipse (Nº 76). Comme le grand axe mn de S est horizontal, $m^h n^h$ doit être le grand axe de S^h; par suite, $p^h g^h$ en est le petit axe et enfin o^h le centre.

Quand on procédera à la détermination de S^h et de la vraie grandeur S, il sera donc convenable de commencer par celle des axes $m^h n^h$, $p^h g^h$ et mn, p, q, respectifs de ces courbes; les tangentes en leurs extrémités sont immédiatement connues. Divisant ensuite chacun des arcs ac, cb.... de la circonférence $\mathcal{B}$ en une ou deux parties égales, les points de division, pris quatre à quatre, sont les extrémités de diamètres conjugués; ils donnent lieu à des points de S^h et de S; indépendamment symétriques par rapport aux axes et qui, pris quatre à quatre sont les extrémités de diamètres conjugués de ces courbes. Les tangentes en chacun de ces points peuvent être immédiatement tracées, puisque chacune d'elles est parallèle à un diamètre conjugué connu. (Nº 72. 2º)

Nous insisterons encore sur la nécessité de ne pas trop multiplier les opérations. Ainsi, pour tracer une ellipse dont le grand axe est égal à $0^m,06$ par exemple, on doit se contenter de deux points intermédiaires pour chaque quart de la courbe; surtout si l'on a eu soin de les répartir symétriquement par rapport aux axes, et de manière à obtenir des diamètres conjugués: on connaît alors la direction des tangentes auxquelles il vaudra mieux avoir recours que de chercher un plus grand nombre de points, ainsi que les commençants sont toujours disposés à le faire. La main s'accoutume plus facilement au tracé des courbes continues, et on acquiert beaucoup plus tôt assez d'habileté pour pouvoir se passer des tangentes.

79.a La courbe S étant symétrique est partagée par les axes en quatre parties égales. Les points z, x, o et y étant symétriques par rapport aux axes, les arcs px, py, qx et qy sont égaux; donc au développement les grandeurs $p^z x$, $p^z y$, $q^z x$ et $q^z y$ sont égales; on voit que si l'on a pu déterminer d'avance les points $p^z g^z$ et p^z, on trouvera les autres points de S^h en rectifiant seulement un quart de S.

Les tangentes à $\mathcal{B}$ en c et en d sont parallèles à H^z, par conséquent perpendiculaires au plan vertical et, par suite, aux génératrices; donc les tangentes à la transformée S^h de $\mathcal{B}$ en $c^h d^h$ et c^g seront perpendiculaires à $O^h D^h$ et O^g.

Les tangentes en a et en b à la circonférence $\mathcal{B}$ sont perpendiculaires à H^z; ce sont donc des lignes de plus grande pente du plan de $\mathcal{B}$ par rapport au plan^h. De toutes les tangentes à la circonférence $\mathcal{B}$ ce sont celles qui font le plus petit angle avec les génératrices; donc les points b^h et a^g de $\mathcal{B}$ sont des points d'inflexion de cette ligne. (Nº 69.b)

En raisonnant comme au Nº 69.c, on démontre que les portions $c^g b^g d^g$ et $c^g f^h a^h i^h d^h$ sont symétriques par rapport à D^h; que les portions $c^g b^g$ et $d^g g^h b^h$ sont inversement symétriques par rapport à $\mathcal{B}$; et que celles $c^g f^h a^h$ et $d^h i^h a^h$ sont aussi inversement symétriques par rapport à A'.

80. Considérons un cylindre droit circulaire ayant pour base la circonférence E; un plan P, perpendiculaire au plan vertical et dont la trace horizontale HP se confond avec cd, détermine sur le cylindre une ellipse S dont les axes sont a'b' et cd (N°. 68). Rabattant le plan P sur le plan horizontal en le faisant tourner autour de cd ou HP, l'ellipse S se rabat en S', et le point m de S vient en m'. La tangente T en le point m de S coupe cd en un point t qui, restant fixe pendant la rotation, est commun à la tangente T" en le point m" de E et à la tangente T' en le point m' de S'.

Considérons S' comme la base d'un cylindre droit que nous coupons par un plan Q de manière que la section soit une circonférence. Prenons l'axe a'b' pour la trace horizontale HQ; a'b' sera le diamètre horizontal de la circonférence de section, et cd sera la projection du diamètre parallèle à la ligne de plus grande pente du plan Q (N°. 74a). Prenant donc le plan vertical tel que LT' soit parallèle à cd, il sera perpendiculaire au plan Q; du point o' comme centre, avec o a' pour rayon, décrivant un arc de cercle qui coupe en c' et en d' les projections verticales des génératrices limites, joignant c' et d', on a VQ et, par suite, le diamètre c' d' ou la projection verticale de la circonférence demandée. Le point m de S' étant considéré comme la projection horizontale d'un point m' de la circonférence, on trouve m" sur VQ. Rabattant enfin le plan Q sur le plan horizontal en le faisant tourner autour de a'b' comme axe de rotation, la section se rabat suivant la circonférence E" décrite sur a'b' comme diamètre et le point m" vient en m". La tangente en le point m' de la circonférence de section coupe l'axe a'b' en un point t qui, restant fixe pendant la rotation, est commun à la tangente T" en le point m" de la circonférence E".

Joignons m m" et m" au centre o.

Les triangles rectangles o'a'i et o'c'o'i sont égaux, car a'o' = c'o' et o'i = o'i: donc les triangles o'm'k et o'm"k' sont semblables, et il vient:
$$a'o' : o'i :: o'm' : o'k :: o'm" : o'k.$$ Remplaçant chacune de ces quantités par son égale, on a o m" : o m :: o s : o g :: m' s : m" g. Les triangles o s m" et o g m" sont donc semblables; les angles s o m" et g o m" sont donc égaux; donc les points g et m" sont en ligne droite, et l'on conclut que si sur la circonférence décrite sur le grand axe d'une ellipse comme diamètre on prend plusieurs points m", n", p",..., les rayons passant par ces points coupent la circonférence décrite sur le petit axe comme diamètre en d'autres points m', n', p',...; si par les points m", n", p",... de la grande circonférence on mène des parallèles au petit axe; et par ceux m', n', p',... de la petite on mène des parallèles au grand axe, ces droites se coupent en des points m, n, p,... qui appartiennent à l'ellipse.

Cette construction de l'ellipse est très expéditive et très commode, en ce que l'on obtient immédiatement des points symétriques par rapport aux axes et qui sont les extrémités de diamètres conjugués, si l'on a eu soin de diviser les circonférences en un nombre de parties égales divisible par 4.

Dans le dessin d'ensemble d'une machine, on peut avoir à représenter des roues d'engrenage ou des pièces rondes cannelées dont les axes sont obliques par rapport au plan de projection; les projections des circonférences perpendiculaires aux axes sont alors des ellipses. La construction précédente donne le moyen d'obtenir immédiatement les projections des extrémités des dents ou des cannelures aussi promptement et aussi exactement que possible. Comme exemple, nous avons dessiné une petite roue à rochet dont l'axe est oblique par rapport au plan vertical. Les diamètres verticaux des diverses circonférences se projettent en vraie grandeur et donnent lieu aux grands axes des ellipses; les petits axes sont les projections des diamètres horizontaux.

fig. 23

fig. 22

81. Si par m' on mène $m'n$ parallèle à $m'o$, le parallélogramme $m'o$ en m' donne $m'n = m'o$; donc $o'n = \frac{1}{2}$ grand axe de s. Le parallélogramme $m'o$ p en donne: $m'p = m'o$, donc $m'p = \frac{1}{2}$ petit axe de s; d'où np est égal à la différence des $\frac{1}{2}$ axes. En raisonnant de la même manière pour chacun des points de l'ellipse, on prouve qu'une droite $m\,n$ égale au $\frac{1}{2}$ grand axe, ayant l'une de ses extrémités m sur l'ellipse et l'autre extrémité n sur le petit axe, est coupée par le grand axe en un point p, de telle sorte que la partie mp, comprise entre l'ellipse et le grand axe, est égale au $\frac{1}{2}$ petit axe; et que la partie np, comprise entre les deux axes, est égale à la différence des demi-axes. Donc si une droite se meut de manière que deux de ses points soient assujettis à glisser respectivement sur deux droites perpendiculaires entre elles, un point quelconque de cette droite non situé entre les deux premiers, décrit une ellipse qui a pour axes les portions de la droite comprises entre le point décrivant et chacun des points donnés.

81 a. Cette propriété a été appliquée à la construction d'un compas à ellipse. Cet instrument se compose d'un croisillon à quatre branches dans lesquelles on a pratiqué deux rainures A et B perpendiculaires entre elles; deux coulisseaux a et b glissent librement et sans jeu dans chacune d'elles. Sur une règle XY sont emmanchées trois têtes M, P, N que l'on peut fixer à volonté par des vis de pression ou des clavettes; deux d'entre elles, P et N, sont armées d'une pointe fixe, et la troisième M d'un porte-crayon. On dispose les têtes de manière que la distance de M à P soit égale au demi-petit axe, et que celle de M à N soit égale au demi-grand axe de l'ellipse à tracer. Plaçant ensuite les pointes de P et de N dans les centres des coulisseaux a et b, imprimant un mouvement à la règle, les coulisseaux font parcourir aux pointes les lignes A et B, et le crayon de M décrit l'ellipse demandée.

On conçoit qu'avec un tel compas on ne peut tracer que des ellipses dont les axes sont plus grands que les branches du croisillon, et dont la demi-différence de ces axes est plus grande que ces mêmes branches; on l'emploie pour décrire des ellipses de grandes dimensions dans les ouvrages de menuiserie, de charpente, etc.

81 b. Dans les dessins ordinaires pour lesquels ce compas ne peut être employé, on suit souvent le procédé suivant, qui est basé sur le même principe. Ayant plié une bande de papier mince pour former une droite, on marque sur le pli trois points m, p, n, tels que la distance $m\,n$ des deux extrêmes soit égale au demi-grand axe, et que celle $n\,p$ du premier au second soit égale au demi-petit axe; la distance P N sera alors la différence des demi-axes. Faisant mouvoir la bande de papier de manière que le point n soit constamment sur le petit axe, et le point p sur le grand axe, marquant au crayon les différentes positions du point m, on

aura autant de points de l'ellipse cherchée.

82. **Problème.** Connaissant un point et l'un des axes d'une ellipse, déterminer l'autre axe.

Soient m le point et ab l'axe donnés. La perpendiculaire $x y$ élevée sur le milieu o de ab est évidemment la direction de l'axe cherché. L'arc décrit, du point m comme centre avec oa pour rayon, coupe xy en un point n; tirons mn; cette droite coupe ab en p, et la grandeur mp est celle de l'axe inconnu (N°. 81).

Les figures 25 et 26 font voir que l'axe ab donné est le grand axe ou le petit axe de l'ellipse, selon que la distance mo du point donné m à son milieu o est plus petite ou plus grande que sa moitié ao.

Scholie. Une ellipse est déterminée quand on connaît l'un de ses axes et l'un de ses points.

83. **Problème.** Connaissant un point et un axe d'une ellipse, mener par le point donné une tangente à cette courbe.

Soient m le point et ab l'axe donnés.

La perpendiculaire à ab menée par le point m coupe en m' la circonférence décrite sur ab comme diamètre. La tangente en m' à cette circonférence coupe l'axe ab en un point t; joignons t et m en a la tangente T demandée (N°. 80.)

84. **Problème.** Une ellipse étant donnée par son tracé, lui mener une tangente parallèlement à une droite donnée.

Soient S l'ellipse et D la droite données. Menant deux cordes xy et pq parallèles à D, la droite gk, qui joint leurs milieux g et k, coupe l'ellipse en deux points m et n, par lesquels menant les parallèles M et N à D, on obtient les tangentes cherchées (N°. 72.)

85. Lorsqu'il est question de couper par un plan oblique un cylindre droit circulaire exécuté en bois, en pierre, etc. on construit, sur une feuille de papier, de carton mince ou de zinc, le développement de la surface et la transformée de la section oblique; on découpe cette feuille suivant son contour, et on applique sur le cylindre le morceau découpé de manière que les deux bords parallèles viennent coïncider, alors le bord supérieur prend la forme qui convient à la section demandée qu'on peut tracer sur le cylindre avec un crayon ou une pointe à tracer.

2°. S'il s'agit de former en tôle ou en fer blanc un tuyau cylindrique terminé à l'une de ses extrémités par un plan perpendiculaire aux génératrices et à l'autre par un plan oblique, il faut tracer sur la feuille de métal le développement de la surface et la transformée de chacune des sections; puis, après avoir découpé suivant son contour la figure ainsi obtenue, on la courbe sur un mandrin ou une enclume cylindrique, de telle sorte que la transformée de la section droite prenne la forme de cette section, et que les bords de la feuille de métal, qui lui sont perpendiculaires viennent coïncider; alors le bord supérieur aura pris la forme de la section oblique voulue par la question.

86. **Problème.** Couper un cône de révolution par un plan oblique à la base et mener la tangente en un point de la section. 2° Rabattement de la section et de la tangente. 3° Développer la surface conique et déterminer la transformée de la section avec la tangente.

Lorsque le plan coupant passe par le sommet, il coupe le cône suivant deux génératrices; nous n'avons pas besoin de nous y arrêter.

Selon que le plan coupe toutes les génératrices, ou qu'il ne les coupe qu'en partie sur la même nappe ou qu'il est parallèle à un plan tangent et, par suite, à la génératrice de contact, la section est une ellipse, une hyperbole ou une parabole (Géom. de Rouché. Propriétés des cônes. Prop. 3).

Soit P le plan donné coupant toutes les génératrices rectilignes de la surface. Prenons pour plan horizontal le plan de la base E du cône, et le plan vertical perpendiculaire au plan coupant. H^p est perpendiculaire à LT; l'axe du cône est perpendiculaire au plan horizontal, et le sommet se projette horizontalement en s^h, centre de E. La projection complète sur le plan horizontal est déterminée par la base E, et celle sur le plan vertical par A^v et B^v, projections verticales des génératrices A et B parallèles au plan vertical (N° 36).

La section S est une ellipse; S^v se confond évidemment avec V^p; c'est la partie de cette droite comprise entre A^v et B^v. S^h doit également être une ellipse (N° 72 2°). Les points a^v et b^v, où lesquels V^p coupe A^v et B^v, sont les projections verticales des points a et b où lesquels le plan P coupe les génératrices A et B; on trouve a^h et b^h respectivement sur A^h et B^h. Les autres génératrices C, F.... sont également coupées par le plan P en des points c, f.... dont les projections verticales c^v, f^v.... sont les intersections respectives de C^v, F^v.... et de V^p. Pour trouver leurs projections horizontales, ramenons les génératrices C, F.... dans les positions C', F'.... parallèles au plan vertical, en les faisant tourner autour de l'axe du cône; C', F'.... se confondront évidemment avec la génératrice B; les points c, f.... viendront en c', f'.... sur B; c'^v, f'^v.... seront donc les intersections de B^v et des parallèles à LT menées par c^v, f^v.... on en conclura c'^h, f'^h.... sur B^h; enfin c^h, f^h.... seront les intersections respectives de C^h, F^h.... et des arcs de cercle décrits de s^h comme centre avec $s^h c'^h$, $s^h f'^h$.... pour rayons. Si l'on a pris convenablement c^v, f^v.... et c^h, f^h.... seront respectivement sur les mêmes perpendiculaires à LT. Unissant c^h, f^h.... par une courbe continue, on aura S^h.

Observons que les génératrices F et G par exemple, dont les projections horizontales F^h et G^h sont symétriques par rapport au diamètre lk de E parallèle à LT, sont situées sur un même plan perpendiculaire au plan vertical, et leurs projections verticales respectives F^v et G^v se confondent en une seule droite; les points f et g peuvent donc être obtenus par une seule opération.

La tangente T en un point f de S est l'intersection du plan coupant P et du plan T tangent au cône suivant la génératrice F qui passe par le point f. H^T est la tangente à la base E en la trace p de F. (N° 33) H^T coupe H^p en un point t qui, joint à f^v, donne T^h tangente à S^h en f^h; T^v se confond avec V^p.

a. La section S et sa projection S^h sont deux ellipses dont nous allons chercher les axes.

Si, par l'axe du cône, on mène un plan Q perpendiculaire à H^p et, par suite, au plan P, ce plan Q est un plan méridien du cône de révolution et, par conséquent, un plan de symétrie; il contient donc les milieux de toutes les cordes de la surface conique qui lui sont perpendiculaires; il coupe le cône suivant les génératrices A et B et le plan P suivant ab; cette droite doit être perpendiculaire à H^p, c'est donc une ligne de plus grande pente du plan P, par rapport au plan horizontal; elle est parallèle au plan vertical, et elle contient les milieux de toutes les cordes de la section S qui lui sont perpendiculaires et, par suite, parallèles à H^v; c'est donc un axe de symétrie de la courbe S, et sa véritable longueur est donc égale à sa projection verticale $a^v b^v$. De plus, les plans tangents au cône suivant les génératrices A et B sont parallèles à H^p; ils coupent donc le plan P suivant deux droites parallèles à H^p et tangentes respectivement en a et en b à la section S; il s'ensuit que ces tangentes sont perpendiculaires à ab, et que les points a et b sont les sommets de la courbe.

Les tangentes en les extrémités du second axe doivent être parallèles à ab; donc les plans menés par ces points tangentiellement à la surface conique se couperont suivant une parallèle I à cette droite et passant par le sommet du cône. Si donc par la trace i de I on mène deux tangentes à la base B, ce sont les traces H^x et H^y de ces plans tangents. Menant les génératrices M et N de contact, déterminant comme précédemment les points m et n en lesquels elles sont coupées par le plan P, joignant les points m et n aux intersections respectives x et y de H^x et de H^y avec H^p, on obtient X et Y parallèles à ab et tangentes à S respectivement en m et en n. Reste à démontrer que la droite m n est perpendiculaire aux tangentes et à ab. En effet la droite H^R qui unit les contacts de H^x et H^y avec la circonférence B est perpendiculaire à la droite I^h, qui joint le centre s au point de concours i de ces tangentes; H^R est donc parallèle à H^p. Or, H^R est la trace du plan R déterminé par les génératrices M et N; ce plan étant parallèle à H^p, son intersection m n avec le plan P est aussi parallèle à cette droite et, par suite, perpendiculaire à a b et aux tangentes X et Y. Donc m n est le second axe de S (№ 72, 1°). Ainsi les axes de l'ellipse S de section du cône sont: 1° une ligne a b de plus grande pente du plan coupant par rapport au plan de la base, et une horizontale m n de ce plan; donc leurs projections $a^b b^b$ et $m^h n^h$ seront les axes de S^h (№ 78.b).

L'intersection o des axes ab et m n est le centre de S; donc o, intersection de $a^b b^b$ et $m^h n^h$ sera le centre de S^h et o^v sera le milieu de $a^v b^v$.

2° Vraie grandeur. Le plan P, étant perpendiculaire au plan vertical, peut être considéré comme un nouveau plan horizontal; on aura donc le rabattement de la section sur le plan vertical, en déterminant sa nouvelle projection verticale; V^p sera LT', et les positions $a_1, f_1, m_1, ...$ des points a, f, m, ... sur le plan P ou H' seront à des distances de V^p ou LT' égales à celles de $a^b, f^b, m^b, ...$ à LT.

Il est évident que les axes $a^b b^b$ et $m^h n^h$ de S^h donneront lieu aux axes $a_1 b_1$ et $m_1 n_1$ de S_1; que $a_1 b_1$ sera parallèle à LT', et $m_1 n_1$ perpendiculaire à cette droite.

Le point t de la tangente T est projeté en t_1, tel que $t_1 t^x = t t^v$; joignant t_1 et f_1 on a T_1, tangente à S_1 en f_1. On vérifiera l'exactitude du tracé en déterminant un troisième point de T, par exemple celui Z, intersection de T_1 et de $a_1 b_1$ prolongé, doit être la projection de z, intersection de T et de ab prolongé.

3° Développement. Supposons le cône ouvert suivant la génératrice A tous les points de la base E sont également éloignés du sommet S, car les parties des génératrices comprises entre le sommet et la base sont égales comme étant issues d'un même point de l'espace et ayant des projections égales ; si donc d'un point s' comme centre, avec $s^v k^v$ pour rayon, on décrit une circonférence, l'arc $\ell' k' \ell^2$, dont la longueur est égale à celle de la circonférence E, sera la transformée E^1 de cette circonférence.

Lorsque le rapport de la génératrice au rayon de la base est simple, on obtient facilement la grandeur de l'arc $\ell' k' \ell^3$ ou de la transformée E^1 de la manière suivante. Pour le cône qui nous occupe, on a $\dfrac{s^v k^v}{s'^v k} = \dfrac{5}{2}$; donc, $\dfrac{\text{circonfér. } s^v k^v}{\text{circonfér. } s'^v k} = \dfrac{5}{2}$ c'est-à-dire que si on divise la circonférence de rayon $s^v k^v$ en cinq parties égales, en prenant deux de ces parties, on a l'arc $\ell' k' \ell^2$ qui est la transformée E^1 de E.

Mais si l'on avait $\dfrac{s^v k^v}{s'^v k} = \dfrac{5,3}{2}$ par exemple, il ne serait pas avantageux de procéder ainsi ; car il faudrait ramener le rapport $\dfrac{5,3}{2}$ à celui $\dfrac{53}{20}$, c'est-à-dire diviser la circonférence de rayon $s^v k^v$ en 53 parties et prendre 20 de ces parties ; ce qui est évidemment plus long que d'employer le moyen général qui consiste à prendre avec le compas à pointes un arc de la circonférence qui se confonde sensiblement avec sa corde, sans s'inquiéter s'il est compris ou non un nombre entier de fois en cette circonférence ; on le porte sur la circonférence de rayon $s^v k^v$ autant de fois qu'il a pu être porté sur la circonférence E ; et si le dernier point de division de E ne tombe pas exactement sur le premier, il suffit de porter la différence à la suite du dernier point de division de la circonférence $s^v k^v$.

Ayant ainsi déterminé l'arc $\ell' k' \ell^2$, si, pour construire S^1, on a eu soin de choisir les génératrices $F, C, \ldots$ telles que leurs traces divisent la base E en parties égales, on obtiendra les positions $F^1, C^1 \ldots$ de ces génératrices, après le développement, en divisant l'arc $\ell' k' \ell^2$ en un même nombre de parties égales et en joignant les points de division au centre s'.

Portant sur $A^1, F^1, C^1 \ldots$, à partir de E^1, les vraies grandeurs des génératrices $A, F, C, \ldots$ comprises entre la base E et la section S, on obtient les points $a^1, f^1, c^1, \ldots$; la ligne continue qui les unit est la transformée S^1 de la section S.

Pour mener la tangente en le point f^1 de S^1, remarquons que la génératrice F est une ligne de plus grande pente du plan T tangent au cône en le point f, car F^h est perpendiculaire à H^T ; donc la portion $t f$ de la tangente T est l'hypothénuse d'un triangle rectangle dont un côté de l'angle droit est la portion $f p$ de F comprise entre la section et la base, et l'autre côté est la portion $t p$ de H^T comprise entre la trace t de T et celle p de F. Si donc en p^1 on mène une tangente à E^1, si on porte sur cette droite, à partir de p^1 et du côté de A^1, une grandeur $p^1 t^1 = p t$, la droite $t^1 f^1$ sera la tangente T^1 demandée, c'est-à-dire la position de la tangente T après le développement.

De ce que les tangentes en a et en b à la section S sont parallèles à H^T, elles sont respectivement perpendiculaires aux génératrices A et B, donc les tangentes en a^1, en ℓ^1 et en a^2 à la transformée S^1 sont respectivement perpendiculaires à

A^1, B^1 et A^2.

De ce que le plan Q des génératrices A et B est de symétrie par rapport au cône et à la section S, la droite B^1 est un axe de symétrie de la transformée S^1.

fig. 29   87. 2° Cas. Le plan P coupe les deux nappes du cône; la section est donc une hyperbole dont chacune des branches est située sur chacune des nappes.

Ayant pris pour plan horizontal le plan de la base E, et le plan vertical perpendiculaire au plan P, la section S se projette verticalement en S^v sur V^p.

Pour construire S^h nous ne suivrons pas le moyen précédant, parce que les projections verticales des génératrices coupent V^p sous des angles trop aigus. Nous ferons usage d'une série de plans horizontaux, chacun d'eux, le plan A par exemple, coupe le cône suivant une circonférence C, projetée en vraie grandeur, suivant C^h, et le plan P suivant une droite parallèle à H^p et par conséquent perpendiculaire au plan vertical; ces deux lignes se coupent elles-mêmes en deux points f et g qui appartiennent à la section S.

Le plan q, passant par l'axe du cône et perpendiculaire à H^p, est un plan de symétrie; il coupe le cône suivant les génératrices A et B et, par suite, le plan P suivant une droite ab qui est une ligne de plus grande pente de ce plan par rapport au plan horizontal; ab contient les milieux de toutes les cordes de S qui lui sont perpendiculaires, car ces cordes sont parallèles à H^p; de plus les tangentes à S en a et en b sont parallèles à H^p et par conséquent perpendiculaires à ab. Donc les points a et b sont des sommets de l'hyperbole S, la droite ab est un axe de symétrie et évidemment l'axe transverse de cette courbe. L'axe non transverse sera la perpendiculaire à ab menée par son milieu o; cet axe est parallèle à H^p et, par conséquent, horizontal; donc les projections horizontales de ces axes seront perpendiculaires entre elles, et ce seront les axes de S^h; leur intersection o^h est nécessairement la projection du centre o de S et le centre de S^h.

87.a. Les asymptotes de l'hyperbole sont les tangentes à cette courbe dont les points de contact respectifs sont à l'infini; les génératrices P et Q qui passent par chacun de ces points sont donc parallèles au plan coupant P; elles sont évidemment l'intersection du cône et d'un plan R mené par le sommet s parallèle au plan P et par suite perpendiculaire au plan vertical; donc P^v et Q^v se confondent avec V^p, et on en conclut P^h et Q^h. Les asymptotes M et N cherchées sont les intersections respectives du plan P et des plans X et Y tangents au cône respectivement suivant les génératrices P et Q (N°. 69.a); elles doivent donc être parallèles à ces génératrices; par conséquent si par les points n et n, intersections respectives de E^p avec H^x et H^y, on mène des parallèles respectivement à P^h et à Q, ma les projections horizontales M^h et N^h des asymptotes M et N; M^v et N^v se confondront avec V^p.

87.b Remarquons que la projection S^h de la section S possède deux axes rectangulaires et par conséquent un centre o^h; les droites M^h et N^h sont deux asymptotes de S, car elles touchent cette courbe à l'infini. De plus M. Ch. Ollivier a démontré certaines propriétés de l'hyperbole qu'il nous suffit de signaler; c'est-à-dire que les assymptotes M et N de l'hyperbole S se croisent en son centre o; donc leurs projections M^h et N^h se croisent en le centre o^h de S^h.

Que les points de contact des tangentes à S parallèles entre elles sont les extrémités d'un même diamètre de cette ligne; donc les points de contact des tangentes à S^h parallèles entre elles sont les extrémités d'un même diamètre de cette ligne;

Que le diamètre de S, qui unit les points de contact de deux tangentes parallèles et celui qui est parallèle à ces tangentes, sont conjugués; donc le diamètre de S^h, qui unit les points de contact de deux tangentes parallèles et celui qui est parallèle à ces tangentes, sont conjugués.

Enfin on voit que la courbe S^h possède toutes les propriétés de la courbe S qui ne sont pas métriques; ces deux courbes sont donc de même nature. On en conclut que

1.º La projection d'une hyperbole est une autre hyperbole.

2.º Un cylindre droit ou oblique à base hyperbolique est coupé par un plan suivant une hyperbole.

2.º *Vraie grandeur.* On obtiendra la vraie grandeur S' de la section S comme dans les cas précédents, en rabattant le plan P sur le plan vertical; on doit maintenant comprendre, en lisant la figure, les opérations à effectuer.

3.º *Développement.* Supposons le cône ouvert suivant la génératrice B; après le développement, la base E aura été transformée suivant l'arc $l'k'l^2$, décrit de S' comme centre avec $S'k^v$ pour rayon et dont la grandeur est égale à celle de la circonférence E. Le point k', milieu de l'arc $l'k'l^2$, est évidemment la trace de la génératrice A; tirant donc $S'l'$, $S'k'$ et $S'l^2$, on a les positions respectives B', A' et B^2 des génératrices B et A après le développement.

Comme la nappe supérieure du cône se développe en même temps que la nappe inférieure, le prolongement $\bar{A}'$; au delà de S', de A' est évidemment la position de la partie $\bar{A}$ de la génératrice A située sur la nappe supérieure. La transformée de la base supérieure Z est l'arc $\bar{l}'\bar{k}'\bar{l}^2$, décrit de S' comme centre avec $S'\bar{k}^v$ pour rayon et dont la longueur doit être égale à celle de la circonférence Z. Le point $\bar{k}'$ est évidemment le milieu de l'arc $\bar{z}'$; tirant enfin les rayons $S'\bar{l}'$ et $S'\bar{l}^2$, on a les positions $\bar{B}'$ et $\bar{B}^2$ respectives de la partie $\bar{B}$ de B située sur la nappe supérieure. On doit nécessairement avoir angle $\bar{B}'S'\bar{B}^2$ = angle $\bar{B}'S'B^2$.

Pour tracer la transformée de la section, on cherchera comme précédemment les positions F', G'.... X', Y'.... des génératrices F, G,.... X, Y,.... passant par les divers points de chacune des branches de S, et celles f', g'.... x', y'.... des points f, g.... x, y,...., après le développement. On remarquera que, le cône étant ouvert suivant la génératrice B, la transformée de la branche inférieure de la section est une seule courbe $i'f'$... a'... $y'j'$, et celle de la branche supérieure se divise en deux courbes $b'x'z'$ et $b^2y'z^2$; chacune de ces transformées est symétrique par rapport à A'.

Les tangentes à la section S en a et en b sont perpendiculaires à ab

elles sont donc parallèles à H^b et, par suite, perpendiculaires aux génératrices A et B; donc les tangentes en a^b, en b' et en b^2 aux transformées des branches de la section sont perpendiculaires à A^b, $\overline{B}'$ et $\overline{B}^2$.

De ce que la section S possède deux assymptotes, les transformées de chacune de ses branches doivent également avoir des assymptotes, car ce sont les tangentes à ces courbes dont les points de contact respectifs sont situés à une distance infinie de k; elles seront évidemment les positions des assymptotes de S après le développement.

Remarquons que, pendant le mouvement, elles n'auront pas cessé d'être respectivement parallèles aux génératrices P et Q, dont nous déterminons les positions P' et Q' au développement en prenant les arcs $k'\,p'$ et $k'\,q'$ respectivement égaux à ceux $k\,p$ et $k\,q$ de B. Par les points p' et q', menons des tangentes à E' sur lesquelles nous portons, à partir de p' et de q' du côté de A', des grandeurs $k'\,p'$ et $k'\,q'$ respectivement égales aux arcs $k\,p$ et $k\,q$; les parallèles M' et N', menées par les points p' et q' respectivement aux droites P' et Q' sont les assymptotes demandées.

88. 3e Cas. Le plan coupant P est parallèle au plan mené tangentiellement au cône suivant la génératrice B; la section S est donc une parabole.

Prenant le plan horizontal perpendiculaire à l'axe du cône et le plan vertical perpendiculaire au plan coupant, on déterminera la projection horizontale S^h de la section, sa vraie grandeur S, le développement du cône et la transformée S^t de S comme dans les cas précédents; la figure fera suffisamment comprendre l'opération.

On démontrera de même que si, par l'intersection k de l'axe du cône et du plan P, on mène une ligne ab de plus grande pente de ce plan par rapport au plan de la base B, cette droite ab est l'axe de la section S, et, par suite, $a^h b^h$ est l'axe de S^h.

89. 1° Il résulte des démonstrations de M^r Ch. Ollivier sur les propriétés des sections coniques que, si on conçoit une tangente T en un point de la parabole S et une série de cordes parallèles à la tangente, le point de contact et les milieux de toutes ces cordes seront sur une même droite parallèle à l'axe ab; donc si on mène une tangente T^h en un point de la projection S^h de la section S et une série de cordes parallèles à cette tangente, le point de contact et les milieux de toutes ces cordes seront situés sur une même droite parallèle à l'axe $a^h b^h$.

2° Sur la parabole S, la sous-tangente ij est divisée par le sommet en deux parties égales (Géom. de Bobillier); donc, sur sa projection S^h, la sous-tangente $i^h j^h$ sera divisée par le sommet a^h en deux parties égales.

Enfin on peut reconnaître que la courbe S^h possède les propriétés de la courbe S qui ne sont pas métriques; ces deux courbes sont donc de même nature; donc la projection d'une parabole est une autre parabole.

D'où on conclut qu'un cylindre droit à base parabolique est coupé par un plan suivant une parabole.

90. La tangente T en le point d de S coupe la tangente au sommet en un point m; de ce que l'on a $ij = 2aj$, on a aussi $di = 2am$, à cause de la similitude des triangles dji et mja. Donc pour mener une tangente T en un

point f d'une parabole dont on connaît le sommet a et l'axe ; on mène par le sommet une perpendiculaire à l'axe sur laquelle on porte une grandeur am égale à la moitié de l'ordonnée fi ; la droite fm sera la tangente demandée.

91. Par les procédés de la Géométrie analytique, on démontre que, dans la parabole, les abscisses sont proportionnelles aux carrés des ordonnées correspondantes ; c'est-à-dire que si des divers points b, c, d, f d'une telle courbe, on abaisse sur l'axe les

Pl. 17. fig 31 — perpendiculaires bm, cn, do, fp, on a : $\dfrac{am}{bm^2} = \dfrac{an}{cm^2} = \dfrac{ao}{do^2} = \dfrac{ap}{fp^2}$. De là un procédé bien simple pour construire une parabole quand on connaît un point, le sommet et la direction de l'axe.

Soient donc f un point, a le sommet et ax l'axe d'une parabole tracer cette courbe.

1° Par le point a, élevons la perpendiculaire ay à l'axe ax ; la parallèle à ax menée par le point f coupe ay en p', tel que $ap' = $ l'ordonnée fp, et $fp' = $ l'abscisse ap ; divisons ap' en un certain nombre de parties égales, en quatre par exemple, que nous désignerons par la suite naturelle des nombres $1, 2, 3, 4$; par les points de division menant des parallèles à ax, on trouvera d'un même coup de règle à calcul toutes les grandeurs des parties de ces lignes comprises entre ay et la courbe, et, par suite, celle de toutes les abscisses. En effet, les grandeurs $a1, a2, a3, a4$, qui sont entre elles comme $1:2:3:4$, sont celles d'ordonnées de la parabole dont il s'agit de déterminer les abscisses correspondantes ; on aura donc $\dfrac{am}{1^2} = \dfrac{an}{2^2} = \dfrac{ao}{3^2} = \dfrac{ap}{4^2}$. Ayant mesuré fp' que nous trouvons égale à 46,5, nous disposons la règle comme pour la division de 46,5 par 4^2 ou 16 ; et les nombres 2,9, 11,6, 26,15 de l'échelle supérieure, correspondant aux carrés 1,4,9 des numéros d'ordre pris sur la coulisse, sont les grandeurs des abscisses am, an et ao.

fig 32 — 2° Ayant abaissé une perpendiculaire fp sur l'axe, divisant la distance ap en un certain nombre de parties égales, en quatre par exemple, que nous désignerons par 1, 2, 3, 4, par ces points de division élevant des perpendiculaires à ax, ce seront les ordonnées de la parabole dont les abscisses correspondantes $a1, a2, a3, a4$, sont proportionnelles aux nombres 1, 2, 3, 4. On peut encore d'un seul coup de règle déterminer ces ordonnées. En effet, on a $\dfrac{1}{bm^2} = \dfrac{2}{cn^2} = \dfrac{3}{do^2} = \dfrac{4}{fp^2}$; ayant mesuré fp que nous trouvons égale à 32, disposons la règle de manière que 4 pris sur la coulisse corresponde à 32 pris sur l'échelle inférieure ; les nombres 16, 22,6, 27,7 de cette échelle, correspondant aux nombres 1, 2, 3 lus sur la coulisse, sont les grandeurs des ordonnées cherchées.

91 a. La même propriété donne encore lieu au procédé graphique suivant.

fig 33 — Soient d un point, a le sommet et ax l'axe d'une parabole ; du point d abaissons sur ax une perpendiculaire da' que nous prolongeons au-delà de l'axe d'une quantité $a'k = a'd$; divisons $a a'$ en un certain nombre de parties égales, en trois par exemple ; aux points o et q ; et $a'd$ en un même nombre de parties égales aux points m et p ; tirons ko et kq et les parallèles mm', nn', dp à ax ; les droites de même rang, par rapport à la position du point a, se coupent respectivement en des points n' et b qui appartiennent à la parabole cherchée.

En effet, les triangles semblables $kn'c$ et $ka'q$ donnent $\frac{kn'}{ka'} = \frac{n'c}{a'q}$; mais $kn' = 5\,a'm'$, et $ka' = 3\,a'm'$; donc $\frac{kn'}{ka'} = \frac{5}{3}$ par suite $\frac{n'c}{a'q} = \frac{5}{3}$. Or, si on fait $a'q = 3$, on aura $aa' = q$; donc $nc = n'n - n'c = 9 - 5 = 4$, et $dp = 9$. Les triangles semblables $km'b$ et $ka'o$ donnent $\frac{km'}{ka'} = \frac{m'b}{a'o}$; mais $km' = 4\,a'm'$ et $ka' = 3\,a'm'$; d'où $\frac{km'}{ka'} = \frac{4}{3}$; donc $\frac{m'b}{a'o} = \frac{4}{3} = \frac{8}{6}$. Or, $a'o = \frac{6}{9}$ de aa' donc; $m'b = \frac{8}{9}$ de aa'; par suite, $bm = \frac{1}{9}$ de aa' ou de dp. On a donc $\frac{bm}{1} = \frac{cn}{4} = \frac{dp}{9}$ ou bien $\frac{bm}{1^2} = \frac{cn}{2^2} = \frac{dp}{3^2}$; donc les points b et c appartiennent à la parabole cherchée.

Ce procédé, qui est très simple, ne peut être employé lorsque le point k sort des limites de la figure, ou lorsqu'il est situé très près du point a; car, dans ce dernier cas, les lignes ko et kq coupent les droites mm' et nn' sous des angles trop aigus.

La construction par la règle à calcul a cet avantage d'être exacte et applicable dans tous les cas.

92. Un cône, non de révolution, à base section conique, est toujours coupé par un plan de direction arbitraire suivant une section conique (Voir le cours de Géométrie Descriptive de M. Ch. Ollivier). Donc la section plane d'un cylindre circulaire oblique sera une ellipse, une hyperbole, une parabole, selon la direction du plan coupant.

Dans le cas d'une section elliptique, on conçoit qu'on peut donner au plan coupant une position non parallèle à la base et telle que cette section soit une circonférence, ce qui donne lieu au problème suivant.

93. Problème. Couper un cône circulaire oblique par un plan non parallèle à la base, de manière que la section soit une circonférence.

Soient B la base et s le sommet du cône.

fig. 34

Nous prenons pour plan horizontal le plan de la base B, et le plan vertical parallèle à la droite so, qui joint le sommet s au centre de la circonférence B.

Si par le sommet s et par trois points quelconques de la circonférence B, on fait passer une sphère, tout plan perpendiculaire à la droite sk, tirée par le sommet s et le centre k de cette sphère, coupera le cône suivant une circonférence (Géométrie de Bobillier).

La circonférence B est évidemment située sur la sphère cherchée; donc le centre k de la sphère se trouve sur la perpendiculaire X au plan de B menée par son centre o; la génératrice B étant une corde de la sphère et parallèle au plan vertical, le plan K, qui passe par son milieu et qui lui est perpendiculaire, doit passer par le centre de la sphère et être perpendiculaire au plan vertical; donc k', intersection de X' et de V', est la projection verticale du point k, intersection de X et du plan P (1re Partie N°. 106, 4°), et, par suite, centre de la sphère, dont le rayon est évidemment égal à $k'n'$. Tirons sk, c'est la droite à laquelle le plan coupant P doit être perpendiculaire; et comme sk est parallèle au plan vertical, le plan P est perpendiculaire à ce plan, donc V' est perpendiculaire à $s'k'$, et H^P est perpendiculaire à LT.

La section S sera projetée verticalement en S' suivant $a''b''$, partie de V' comprise entre A'' et B''. Pour déterminer S', nous faisons usage d'une série de plans horizontaux;

chacun d'eux, le plan A par exemple, coupe le plan P suivant une droite parallèle à TT' et, par suite, perpendiculaire au plan vertical et le cône suivant une circonférence C dont le centre i est évidemment sur la droite so et dont la projection horizontale est la circonférence C^h; ces deux lignes se coupent en deux points f et g, qui appartiennent nécessairement à la section S. Remarquons que les projections horizontales M^h et N^h des génératrices limites par rapport au plan horizontal, sont tangentes à S^h; car les plans tangents suivant ces génératrices sont perpen-diculaires au plan horizontal (N° 36); ils coupent le plan P suivant deux droites respectivement tangentes à S en les intersections m et n de M et de N avec le plan P et dont les projections horizontales se confondent avec M^h et N^h.

La vraie grandeur $S_,$ de S et la tangente en un point de S^h et de $S_,$ se détermineront comme dans les problèmes précédents.

On remarquera que S^h doit être une ellipse dont le petit axe est la projection $a^h b^h$ du diamètre ab de S parallèle à une ligne de plus grande pente du plan P par rapport au plan de E, et le grand axe est la projection $c^h d^h$ du diamètre de S parallèle à TT' qui est projeté horizontalement en vraie grandeur. (N° 75)

94. **Problème.** Couper une surface de révolution par un plan et mener la tangente en un point de la section. 2° Trouver la vraie grandeur de la section avec sa tangente.

Prenons le plan horizontal perpendiculaire à l'axe de révolution, et le plan vertical perpendiculaire au plan coupant P; et soit M la méridienne de la surface dont nous déterminons les projections complètes sur chacun des plans de projection (N° 44).

La projection verticale S^v de la section S se confond évidemment avec V^v et c'est la partie $a^v b^v$ de cette ligne limitée à M^v en ses deux extrémités. Les points a et b, par lesquels la méridienne M est coupée par le plan P, sont projetés verticalement en a^v et b^v, intersections de M^v et de V^v; on en conclut a^h et b^h sur M^h. Pour obtenir d'autres points de S^h, concevons une série de plans perpendiculaires à l'axe A; chacun d'eux, le plan R par exemple, coupe le plan P suivant une parallèle à TT' et, par suite, perpendiculaire au plan vertical, et la surface donnée suivant un parallèle C dont la projection hori-zontale C^h est identique; ces deux lignes se coupent en deux points c et d, qui appar-tiennent à la section S; faisant passer une courbe continue par les points ainsi obtenus, on a S et par conséquent S^h.

Observons que l'équateur E coupe le plan P en f et en g; comme ce cercle détermine le contour apparent de la surface par rapport au plan horizontal (N° 44), la partie $fc\,a\,dg$ de S étant au-dessus de E, sa projection horizontale $f^h c^h a^h d^h g^h$ sera écrite en ligne pleine; par contre, l'autre partie $f^h b^h g^h$ de S^h sera écrite en ligne pointillée; les points f et g de S sont limites, en ce qu'ils séparent les parties visible et invisible de S par rapport au plan horizontal.

Le plan méridien M perpendiculaire à TT' et, par suite parallèle au plan vertical, coupe le plan P suivant une ligne ab qui est de plus grande pente par rapport au plan horizontal; de ce que le plan M est un plan de symétrie de la surface de révolution, ab divise en deux parties égales toutes les cordes de S qui lui sont perpendiculaires; donc ab est un axe de symétrie de S; par suite $a^h b^h$ est un axe de symétrie de S^h. (1ʳᵉ Partie N°ˢ 111 et 112).

La tangente T en le point c de la section S est l'intersection du plan P et du plan tangent T mené par ce point à la surface de révolution. Ce plan T est perpendiculaire au plan de la méridienne N passant par le point c (N°. 44), et il contient la tangente R à cette méridienne en ce même point c. Si l'on ramène le plan méridien N parallèle au plan vertical en le faisant tourner autour de l'axe A, la méridienne N viendra se confondre avec la méridienne M (N°. 21), le point c viendra en c sur M, et la tangente R viendra en R'' tangente en c à M. Ramenant le plan R dans sa position primitive, la trace r de R'' décrit un arc de cercle dont le centre est A^h et dont l'intersection r avec H^x est la trace de la tangente R. H^x sera la perpendiculaire à H^x menée par la trace r (N°. 45), et l'intersection t de H^p et de H^x appartient à la tangente T. Joignant donc t et c^h on a T^h; T^v se confond avec V^p.

Les plans respectivement tangents à la surface de révolution en les points f et g de l'équateur E sont perpendiculaires au plan horizontal, car ils sont aussi tangents à la surface cylindrique dont les génératrices sont perpendiculaires au plan horizontal et qui est tangente à la surface donnée évidemment suivant l'équateur E. Si donc par les points f et g, on mène des tangentes à la section S et à l'équateur E, ces droites se projetteront horizontalement suivant les traces horizontales des plans tangents qui les contiennent. Donc S^h et E^h ont des tangentes communes en f^h et en g^h; donc elles doivent se raccorder en ces points.

2°. Vraie grandeur. Au lieu de rabattre le plan P sur le plan vertical en le faisant tourner autour de V^p, ramenons-le parallèle à ce plan en le faisant tourner autour de l'axe ab de S; alors la nouvelle projection verticale S'^v de S sera évidemment sa véritable grandeur. Les cordes cb, fg, ... de S étant perpendiculaires à ab et projetées horizontalement en vraie grandeur, leurs nouvelles projections verticales seront les perpendiculaires à $a^v b^v$ élevées par les points c^v, f^v, ...; portant sur ces droites de chaque côté des points c^v, f^v, ... des grandeurs respectivement égales aux demi-cordes $c^h d^h$, $f^h g^h$, ..., les points c'^v, d'^v, f'^v, g'^v, ... ainsi obtenus appartiennent à S'^v; comme les points a et b restent fixes sur l'axe, a^v et b^v appartiennent aussi à cette courbe; unissant donc a^v, c^v, f^v, b^v, ... par une courbe continue, on conclut S'^v ou la vraie grandeur de la section S.

La tangente T coupe une corde quelconque, fg par exemple, en un point u; portant $f^h u^h$ de f_2^v en u'^v, joignant u'^v et c'^v on a T'^v tangente à S'^v en le point c'^v.

a. On peut encore obtenir les divers points de S'^v en observant que tous les points d'un même parallèle, c par exemple, sont à égale distance du point k, intersection de l'axe A et du plan P; si donc, de k^v comme centre avec $k^v c'^v$ pour rayon, on décrit un arc de cercle, les intersections de cet arc de cercle et de la perpendiculaire à $a^v b^v$ menée par c^v seront les points c'^v et d'^v de S'^v.

Intersections des surfaces polyédrales.

93. L'intersection de deux polyèdres est une ligne polygonale; car elle est formée des intersections des faces successives de l'un des polyèdres avec certaines faces de l'autre. Or, toutes ces faces sont planes.

L'intersection de deux polyèdres est généralement un polygone gauche.

96. Problème. Trouver l'intersection de deux prismes.

Soient P et Q les deux prismes donnés.

Nous prenons le plan horizontal perpendiculaire aux arêtes de l'un des prismes, P par exemple, et le plan vertical parallèle aux arêtes de l'autre prisme Q; ce plan sera aussi parallèle aux arêtes du prisme P.

L'intersection cherchée S sera projetée horizontalement suivant la trace horizontale B du prisme P, qui n'est autre chose que sa section droite.

Si par l'arête A de P on mène un plan X parallèle aux génératrices des deux prismes et, par suite, au plan vertical; sa trace horizontale H^x coupe la base du prisme Q en deux points i et j qui sont les traces horizontales de deux droites I et J suivant lesquelles le plan X coupe ce prisme Q, I et J sont évidemment parallèles aux arêtes $M, N \ldots$ de Q, I^h et J^h se confondent avec H^x; I^v et J^v sont les parallèles à M^v menées par i^v et j^v. Les intersections k et a respectives de ces droites avec l'arête A sont les points en lesquels cette arête est coupée par les faces (N, R) et (M, R) (1re Partie N° 106, 2°) ces points appartiennent donc à l'intersection S.

En opérant de la même manière pour toutes les arêtes des deux prismes, on trouvera les points en lesquels chacune d'elles est coupée par l'autre prisme, et unissant ces points deux-à-deux on aura l'intersection S demandée.

96.a. Pour ne pas faire d'erreur dans le tracé de la projection verticale S^v de l'intersection, il suffit d'observer que deux arêtes consécutives M et N du prisme Q, par exemple, pénétrant le prisme P sur la même face (C, D), leurs points respectifs de pénétration m et n sont deux sommets consécutifs de S, car la droite $m\,n$ est l'intersection des faces (M, N) et (C, D). Ces arêtes sortent du prisme P par deux faces différentes, l'une M par la face (A, B), et l'autre N par la face (C, B); alors leurs points respectifs de sortie b et d ne seront plus des sommets consécutifs de S, car on devra joindre chacun d'eux au point c en lequel l'arête B est coupée par la face (M, N) que ces arêtes déterminent; de sorte que les droites bc et dc sont les intersections respectives des faces (A, B) et (C, B) avec la face (M, N); par suite, elles appartiennent à l'intersection S.

96.b. Supposons-nous placé en avant du plan vertical; les plans Y et Z, menés par les arêtes B et D de P perpendiculairement à ce plan de projection, partagent le prisme P en deux parties l'une BAD plus éloignée du plan vertical et par conséquent visible, l'autre BCD plus rapprochée de ce plan et par conséquent invisible. Si l'on considère le prisme P isolé, les portions $c\,b\,a\,p$ et $f\,k\,l\,p\,v\,S$ situées sur leur faces (A,B) et (A,D) seront visibles et par conséquent écrites en lignes pleines.

De même les faces (M,B) et (N,R) du prisme Q sont visibles par rapport au plan vertical et la troisième face (M,N) est invisible, si ce prisme est isolé, les portions ba, p m et fh l de S sont visibles et par conséquent écrites en lignes pleines.

Mais lorsque les deux prismes seront placés comme l'indique la figure, il peut arriver que des parties de l'un, visibles quand il est isolé, soient cachées par certaines parties de l'autre. Ainsi l'arête visible B de P entre dans le prisme Q par le point f de la face visible (N,R) de R; ce point f reste donc visible. Cette même arête A soit du prisme Q par le point c de la face (M,N) qui est invisible; donc ce point c est maintenant invisible ainsi que la droite bc qui est situé toute entière sur la face (M,N). On peut donc énoncer les principes généraux suivants:

1° Un point de l'intersection de deux surfaces est visible quand il est déterminé par deux lignes visibles respectivement situées sur chacune de ces surfaces.

2° Un point de l'intersection de deux surfaces est invisible quand il est déterminé par deux lignes respectivement situées sur chacune de ces surfaces, l'une de ces lignes étant visible en l'autre invisible, ou toutes deux étant invisibles.

96.c. Dans le cas actuel, l'intersection à lieu par arrachement, c'est à dire qu'il existe sur chaque prisme une ou plusieurs arêtes que ne contiennent aucun point de l'intersection; alors cette intersection est une ligne polygonale non interrompue.

Lorsque toutes les arêtes de l'un des prismes entrent dans l'autre, l'intersection se divise en deux lignes totalement distinctes, l'une d'entrée et l'autre de sortie; on dit alors que l'intersection a lieu par pénétration.

97. On trouve de fréquentes applications de ce problème dans les travaux de charpente. Il est facile de tracer sur chacun des prismes donnés la ligne suivant laquelle ils doivent être assemblés, c'est-à-dire leur intersection; car, par un choix convenable de plans de projection, les parties des arêtes comprises entre l'intersection S et leurs sections droites E et F respectives sont projetées verticalement in vraie grandeur, ainsi que les droites telles que K et I, menées sur chacun d'eux respectivement parallèles aux arêtes par les sommets b et k situés à l'intérieur des faces; les distances respectives de ces droites aux arêtes B et R sont données par les parties xy et zu des côtés des sections droites qu'elles interceptent. On pourra donc rapporter immédiatement les points a, b, c,.... puis tracer l'intersection S sur chacun des prismes.

Pour la coupe des pierres, on développe les deux prismes et on trace sur chaque développement la transformée correspondante de l'intersection S (fig. 57 et 60). Comme exemple nous avons développé le prisme P. Découpant une feuille de zinc ou de carton mince ayant la forme du polygone n, m, p, l, déterminé par la transformée sur la partie (C₂,D) de la surface développée, on l'applique sur la face (C,D) correspondante du prisme, de manière que le côté p, l, se confonde avec l'arête D, et on trace le contour p m n l. Un deuxième morceau de zinc, ayant la forme du polygone l, p, k, a, intercepté par la partie (A₁,D₁), est appliqué sur la face (A,D) du prisme, de manière que le côté p, l, coïncide avec le côté p l de l'arête D, le côté opposé a k, s'appliquera évidemment sur l'arête A, et on tracera encore la ligne *p l a k*. En continuant ainsi jusqu'à l'épuisement des divers polygones de la transformée, on aura tracé sur le prisme P la ligne suivant laquelle ce prisme doit s'assembler avec le prisme Q.

98. **Problème.** Intersection de deux prismes qui se coupent à angle droit.

Prenant les plans de projection respectivement perpendiculaires aux arêtes des prismes P et Q donnés, les projections de l'intersection S se confondront avec les traces respectives de ces prismes. Or, ces traces sont respectivement égales à leurs sections droites.

On opérera comme précédemment le développement de l'une des surfaces prismatiques, et on en conclura la transformée de l'intersection S. La figure 37 indique suffisamment la marche de l'opération.

99. **Problème.** Intersection d'un prisme et d'une pyramide.

Soient P le prisme et Q la pyramide en question.

Nous prenons pour plan horizontal le plan de la base de l'un des corps donnés, et le plan vertical parallèle aux arêtes du prisme.

Si par le sommet s de la pyramide on mène une série de plans parallèles aux arêtes du prisme, ces plans couperont la pyramide suivant des droites qui passeront par le sommet, et le prisme suivant d'autres droites parallèles aux arêtes; ces droites se couperont deux à deux en des points qui appartiennent à l'intersection S cherchée. Observons que tous ces plans auxiliaires se couperont suivant une même droite K, passant par le sommet s et parallèle aux arêtes du prisme; donc leurs traces horizontales se couperont toutes en un même point qui sera la trace horizontale de la droite K.

Ainsi le plan X, déterminé par la droite K et l'arête A de la pyramide, a pour trace horizontale H^x qui joint les traces K et a respectivement de ces droites; il coupe le prisme suivant deux droites I et J, parallèles à K et, par suite, aux arêtes, et dont les traces horizontales i et j sont les intersections de H^x et de la base E du prisme. On en conclut i^v et j^v sur IT, puis enfin I^h et J^h, I^v et J^v respectivement parallèles à K^h et à K^v. Les points m^v et n^v, m^h et n^h en lesquels A^h et A^v coupent respectivement I^h et J^h, I^v et J^v, sont nécessairement les projections respectives des points en lesquels l'arête A est coupée par les droites I et J et conséquemment par le prisme; m^h et m^v, n^h et n^v sont donc respectivement sur les mêmes perpendiculaires à IT.

Le plan Y, déterminé par la droite K et l'arête F du prisme, a pour trace horizontale H^y qui joint les traces horizontales K et f de ces droites; il coupe la pyramide suivant deux droites M et N qui passent évidemment par le sommet s et dont les traces horizontales x et y sont les intersections de H^y et de la base de la pyramide; on trouve x^v et y^v sur IT, et on trace M^h et N^h, M^v et N^v. L'arête F est coupée par les droites M et N en deux points p et q, qui appartiennent évidemment à l'intersection S.

Opérant de la même manière pour chacune des arêtes de la pyramide, on obtiendra les divers sommets de la ligne polygonale S cherchée.

Raisonnant comme au N° 96 b, on reconnaîtra que les parties

$i''m'' u s$ et $p'' m'' g''$ de la projection verticale et celle $n b u b z b t b$ de la projection horizontale sont visibles et, par conséquent, doivent être écrites en lignes pleines.

De ce que toutes les arêtes de la pyramide sont coupées par le prisme, l'intersection a lieu par pénétration, elle se divise en deux lignes, l'une $n o g g a p$ d'entrée et l'autre $u z t a$ de sortie.

100. Pour tracer sur la pyramide Q l'intersection S dont on a préalablement déterminé les deux projections, il faut d'abord opérer le développement de cette pyramide (N° 68, 3º); ce qui consiste à construire une série de triangles placés à la suite l'un de l'autre, ayant tous un sommet commun et respectivement égaux aux faces de la pyramide. Les côtés de ces triangles aboutissant au sommet commun sont évidemment les parties des arêtes comprises entre le sommet s et la base, on les obtiendra en faisant tourner chacune de ces lignes, l'arête B, par exemple, autour de la verticale $s b$ passant par le point s, jusqu'à ce qu'elle soit venue en B' parallèle au plan vertical; alors le point o de S sera venu en o' sur B'; de telle sorte que $s b$ b' est égale à la vraie grandeur cherchée, et que o' b' est égale à la partie de B comprise entre l'intersection et la base. Les autres côtés des triangles sont ceux $ab, be, \ldots$ de la base. On pourra donc faire le développement demandé, tracer la transformée de l'intersection S et rapporter sur la pyramide les divers points de cette ligne comme il a été dit au N° 66.

101. *Problème.* Intersection de deux pyramides.

Soient P et P' les pyramides données.

Si, par la droite K, qui unit les sommets s et s', et par chacune des arêtes de l'une des pyramides, P par exemple, on mène une série de plans, chacun d'eux coupe généralement la seconde pyramide P' suivant deux droites passant par le sommet s' et dont les intersections avec l'arête correspondante de la pyramide P appartiendront à l'intersection S demandée. Les traces horizontales de ces divers plans concourront toutes au même point k, trace horizontale de la droite K.

Ainsi la trace horizontale $H x$ du plan X, déterminé par la droite K et l'arête A de la pyramide P, coupe la base E' de P' en deux points i et j qui sont les traces horizontales de deux droites I et J suivant lesquelles le plan X coupe la pyramide P'; on trouve i^v et j^v sur IJ; joignant i^v et j^v à s'^v et i^h à s'^h on a I^v et J^v, I^h et J^h. Les droites I et J coupent l'arête A en deux points m et n, qui sont ceux en lesquels cette droite est coupée par la pyramide P'; ils appartiennent évidemment à l'intersection S.

En opérant ainsi pour toutes les arêtes de chacune des pyramides, on détermine les divers points en lesquels ces arêtes sont coupées par l'autre pyramide, ou les divers sommets de la ligne polygonale S, qui est l'intersection demandée.

Intersections des surfaces courbes.

fig. 40

102. *Problème.* Trouver l'intersection de deux cylindres quelconques, et mener la tangente en un point de cette ligne.

Soient C et C' deux cylindres donnés par leurs projections complètes sur chacun des plans de projection.

Rappelons-nous, que la surface cylindrique peut être considérée comme un prisme formé d'un nombre infiniment grand de faces planes infiniment petites, (N°. 67); pour la résolution du problème en question et des problèmes suivants, nous procéderons donc en principe comme pour l'intersection de deux prismes.

Par un point quelconque u de l'espace menons deux droites K et K' respectivement parallèles aux génératrices des cylindres donnés; ces droites déterminent un plan X évidemment parallèle à toutes ces génératrices.

Si on coupe les deux cylindres c et c' par une série de plans parallèles au plan X, les traces horizontales de ces plans sont évidemment parallèles à H^x et, par suite, parallèles entre elles. Chacun d'eux; le plan A par exemple, coupe la surface C suivant deux génératrices M et N, et la surface C' également suivant deux génératrices M' et N'; les traces horizontales respectives $m, n; m'n'$ de ces droites sont nécessairement les intersections de H^A et des bases B et B' des cylindres donnés; on en conduit $M^h N^h M'^h N'^h$ puis $M^v N^v M'^v N'^v$. Ces quatre droites se coupent deux à deux en quatre points a, b, c, d qui appartiennent évidemment à l'intersection S demandée. On vérifiera l'exactitude de l'opération en s'assurant que les projections respectives de ces points se trouvent sur les mêmes perpendiculaires à LT.

D'après ce qui a été dit au N°. 96 b, les points a^h, b^h, c^h, d^h appartiennent à la partie visible de S^h, et les points a^v, b^v, c^v, d^v appartiennent à la partie invisible de S^v.

La tangente T en le point f de l'intersection S doit être l'intersection de deux plans T et T', passant par le point b et respectivement tangents à chacun des deux cylindres (N°. 51). Le plan T contient la génératrice E de C, et le plan T' contient celle E' de C'; donc H^T et $H^{T'}$ seront respectivement tangentes aux bases B et B' en les traces respectives des génératrices F et F'; H^T et $H^{T'}$ se couperont en un point t appartenant à l'intersection des deux plans tangents; joignant donc les points t et f on a la tangente T en le point f de S.

102.a. Le plan X, projetant verticalement une génératrice limite A du cylindre C par rapport au plan vertical, est tangent à ce cylindre tout le long de cette droite; il contient donc les tangentes à S, menées par les points i et j de cette ligne situés sur la génératrice A. Or, les projections verticales de ces tangentes se confondent avec V^x ou A^v; donc A^v est tangente à S^v en les points i^v et j^v; mais il ne s'ensuit évidemment pas que A^b soit tangente à S^b.

On peut donc poser les conclusions suivantes :

1º Lorsqu'une courbe située sur une surface développable rencontre une génératrice limite de cette surface par rapport au plan vertical, la projection verticale de la génératrice est généralement tangente à la projection verticale de la courbe en la projection verticale de leur point de rencontre.

2º Lorsqu'une courbe située sur une surface développable rencontre une génératrice limite de cette surface par rapport au plan horizontal, la projection horizontale de la génératrice est généralement tangente à la projection horizontale de la courbe en la projection horizontale de leur point de rencontre.

Il est donc essentiel de déterminer d'abord ces divers points limites, dont les projections séparent généralement les parties visible et invisible des projections respectives de l'intersection S.

102. b. Le plan auxiliaire π, tangent au cylindre C' suivant la génératrice P', coupe le cylindre C suivant deux génératrices P et Q qui, par leurs intersections avec la droite P', donne lieu aux points p et q de S. Or, la génératrice P est située à la fois sur le plan π et sur le plan tangent au cylindre C mené par le point p; donc elle est l'intersection de ces deux plans et, par suite, elle est tangente à la courbe S en le point p. De même, Q est tangente à S en le point q.

Par un raisonnement semblable, on conclut que le plan auxiliaire π, tangent au cylindre C suivant la génératrice I, coupe le cylindre C' suivant les génératrices I' et J' qui sont tangentes à S respectivement en les points i et j qu'elles déterminent.

102. c. Reste à déterminer le point le plus haut et le point le plus bas de l'intersection S. Les tangentes en chacun de ces points doivent évidemment être horizontales; ces points sont donc tels que si par l'un d'eux on mène deux plans respectivement tangents à chacun des deux cylindres, les traces horizontales de ces plans seront parallèles. La question consiste donc à chercher quel est le plan auxiliaire dont la trace horizontale coupe les bases E et E' en des points pour lesquels les tangentes sont parallèles. Cette recherche sera plus ou moins facile selon la nature géométrique des bases des cylindres donnés; pour le cas actuel où ces bases sont des circonférences, le plan auxiliaire cherché sera celui P dont la trace horizontale H^p passe par le point z, qui divise la ligne oo' des centres des bases en parties oz et $o'z$ proportionnelles à leurs rayons. H^p coupe la base E aux points r et s, et la base E' aux points r' et s', de telle sorte que les rayons or et os de E respectivement parallèles à ceux $o'r'$ et $o's'$ de E'; les génératrices R et R', dont les traces respectives r et r' sont les extrémités de rayons parallèles et, par suite, les points de contact de tangentes parallèles, donnent lieu au point x le plus élevé de la courbe S.

De même les génératrices B et B', dont les traces respectives s et s' sont les extrémités de rayons parallèles, donnent lieu au point y le plus bas de S.

Remarquons que les génératrices B et B' sont limites par rapport au plan vertical; donc la tangente à S en le point y est perpendiculaire à ce plan; et sa projection verticale se réduit à un point qui se confond avec y''; on dit alors que y'' est un point de rebroussement; c'est-à-dire qu'en ce point la courbe S'' change brusquement de direction; on conçoit que, dans ce cas, les projections verticales B'' et B''' des génératrices limites B et B' ne seront pas tangentes à S'' en y''.

103. Dans la détermination des projections de l'intersection S, on devra chercher de préférence les divers points singuliers que nous venons de signaler, et pour lesquels les tangentes sont immédiatement connues. On a pu remarquer que le plan sécant, qui sert à déterminer chacun de ces points singuliers, donne généralement lieu à trois autres points de S; le nombre des points ainsi obtenus est souvent suffisant pour tracer convenablement les courbes S'' et S^h; il sera alors inutile de rechercher d'autres points intermédiaires, ce qui ne servirait qu'à compliquer davantage la figure.

104. Problème. Intersection de deux cylindres de révolution.

Soient C et C' les cylindres donnés.

1º Les axes ne sont pas dans le même plan, et ils font entre eux un angle quelconque.

Nous prenons le plan horizontal perpendiculaire à l'axe O du cylindre C et le plan vertical parallèle aux deux axes O et O' respectifs des cylindres.

Construisons la section droite E du cylindre C (Nº 73); E'' est évidemment une droite $a^v b^v$ perpendiculaire à O'', et E^h est une ellipse dont les axes sont $a^h b^h$ et $c^h d^h$ (Nº 75).

La disposition des plans de projection que nous avons prise nous fait voir de suite que l'intersection S des deux cylindres a lieu par pénétration, par conséquent S se compose de deux parties dont chacune est projetée horizontalement suivant les arcs $m^h n^h$ et $m'^h n'^h$ de la base E du cylindre C interceptés par les projections horizontales M^h et N^h des génératrices limites M' et N' du cylindre C' par rapport au plan horizontal.

Pour déterminer les divers points de S et, par suite de S'', nous employons comme précédemment une série de plans auxiliaires parallèles aux génératrices des deux cylindres et, par suite, au plan vertical. L'un d'eux, le plan z par exemple, coupe le cylindre C suivant deux génératrices P et Q, et le cylindre C' également suivant deux génératrices P' et Q'. P^h et Q^h se réduisent évidemment à deux points qui sont les intersections de H et de la base E; on en déduit P'' et Q'' perpendiculaires à LT; P'^h et Q'^h se confondent avec H; les points g et k, où les axes P' et Q' sont coupés par le plan de la section droite E, sont projetés horizontalement en g^h et k^h, intersections de H et de E^h; on en conclut g'' et k'' sur E''. Mais, comme E'' peut être peu inclinée par rapport à LT, on obtiendra plus exactement g'' et k'' comme il suit. Ramenons le plan de E dans la position E''' parallèle au plan horizontal en le faisant tourner autour du diamètre horizontal d comme axe de rotation; E''' sera la parallèle à LT menée par c^v et E'^h sera la circonférence décrite sur $c^h d^h$ comme diamètre. Les points g et k viendront en g'^h et en k'^h, tels que g'^h et k'^h seront les intersections de E'^h et de H', qui est perpendiculaire à $c^h d^h$; on en conclut g''' et k''' sur E''', et enfin g'' et k'', intersections respectives de E'' et des arcs décrits de c^v comme centre avec $c^v g'''$ et $c^v k'''$ pour rayons:

ces rayons sont évidemment égaux. Traçant donc P'' et Q'' parallèles à O'', les intersections p'', q'', p''' et q''' de ces droites avec P'' et Q'' sont les projections verticales des points
p, q, p' et q' en lesquels P, Q, P' et Q' se coupent deux à deux et, par suite, appartenant
à l'intersection S des cylindres donnés.

Les observations sur les divers points singuliers de S sont mot pour mot celles
que nous avons faites dans le problème précédent; nous nous dispenserons de les répéter.

Développant la portion $MQLPN$ du cylindre C, on détermine les positions
relatives des transformées des courbes de pénétration. Pour le cas actuel de deux
cylindres de révolution, ces courbes sont évidemment égales, et les éléments homologues
sont parallèles et de sens contraires.

Pl. 19. Fig. 42.   2° Les axes O et O' des deux cylindres se coupent à angle droit.

L'intersection S des cylindres donnés a nécessairement lieu par pénétration.

Nous n'emploierons qu'un seul plan de projection, le plan vertical, qui est
celui déterminé par les deux axes O et O'.

Pour construire les courbes d'intersection, au lieu de faire usage de plans
auxiliaires parallèles aux axes O et O', nous prendrons des sphères concentriques, ayant
pour centre commun l'intersection O de ces axes. Chacune de ces sphères, celle Z
par exemple, coupe le cylindre C suivant deux circonférences P et Q, et le cylindre C'
également suivant deux autres circonférences P' et Q'; les plans de ces circonférences
sont respectivement perpendiculaires aux axes O et O'. En effet, le plan des axes
(O, O') coupe le cylindre C suivant les génératrices A et B, et la sphère suivant une
circonférence de grand cercle Z; si on fait tourner la droite A et la circonférence Z
autour de l'axe O pour engendrer, l'une la surface cylindrique C et l'autre la
sphère Z, le point a, intersection de A et de Z, décrira une circonférence dont le plan
est perpendiculaire à l'axe de révolution O, et évidemment située sur chacune de ces
surfaces; c'est donc leur intersection. P'' et Q'', P''' et Q''' seront donc les perpendiculaires
à O et à O' menées respectivement par les points a et b, a' et b' en lesquels la circonférence
Z coupe les génératrices A et A'. Les circonférences P et P' se coupent en deux points p et
p' qui appartiennent à l'intersection S et évidemment situés sur la même perpendiculaire au plan vertical (O, O'); p'' et p''' se confondront donc en un même point
appartenant à S'' et qui est l'intersection de P'' et de P'''. Les circonférences P, Q, Q' et P'
se coupent encore deux à deux en six autres points, m, m', n, n', q, q' de S dont les
projections m'', m''', n'' ..... sont les intersections de P'', Q'', Q''' et P'''. Il est évident
que les points tels que p, p', q, q' situés sur la même circonférence P, sont deux à
deux symétriques par rapport au plan (O, O') des axes.

La sphère tangente au plus grand cylindre C donne lieu aux points x, x', y,
y' de S, pour lesquels les tangentes respectives sont les génératrices G, G', K et K' de C.
En effet, la sphère Y est tangente au cylindre C suivant le grand cercle M dont le
plan est perpendiculaire à l'axe O; donc le plan tangent à cette sphère mené par le point
x de S, est parallèle à cet axe. (N° 42). Le plan tangent au cylindre, mené
par le même point x, est aussi parallèle à l'axe O; donc l'intersection de ces
plans, ou la tangente à S en x, lui est également parallèle, donc elle se confond

avec la génératrice K de C.

Les génératrices A et B de C, celles A' et B' de C' sont situées sur le plan (O, O') et sont limités par rapport à ce plan vertical ; elles se coupent donc deux-à-deux en des points c, d, c' et d' de S pour lesquels les tangentes sont perpendiculaires au plan de projection (O, O'), et parconséquent à ces génératrices ; mais de ce que les parties de l'intersection, par exemple, celles $c\,p\,x\,q\,c'$ et $c\,p'x'q'c'$, situées l'une en avant et l'autre en arrière du plan (O, O'), sont symétriques par rapport à ce plan et se confondent en projection verticale, les points c et c' ne sont pas de rebroussement ; il est vrai que la courbe $c\,p^v\,x^v\,q^v\,c'$ se termine brusquement en ces points et n'est en contact avec aucune des génératrices A, B, A', B' ; mais il n'y a pas de changement de direction puisque la courbe revient sur elle-même pour former la projection verticale $c\,p^{iv}\,x^{iv}\,q^{iv}\,c'$ de la partie postérieure $c\,p'x'q'c'$.

Pour opérer le développement de l'un des deux cylindres, C par exemple, il faut connaître les positions relatives de ses diverses génératrices. Rabattons la base E en E_1 sur le plan de projection en la faisant tourner autour de E^v ou du diamètre $i\,j$; les points g, r, K, ... en lesquels les génératrices G, R, K ...... sont coupées par la base E, se rabattent en g_1, r_1, K_1, ... sur E_1 ; ouvrant donc le cylindre suivant la génératrice R, les arcs $r_1\,g_1$, $r_1\,K_1$ ...... développés sont les distances des génératrices G, K, ... à celle R après le développement ; on peut donc tracer leurs positions respectives G_1, K_1, ... au développement, et on en conclut les transformées des courbes d'intersection. On remarquera que G_1, K_1, B_1, et F_1 sont tangentes à ces courbes respectivement en x_1, y_1, y'_1, et x'_1, et que les tangentes en c_1, c'_1, d_1, d'_1 sont perpendiculaires à A_1 et à B_1.

On opérera d'une manière analogue le développement du cylindre C' et les transformées des courbes d'intersection.

Lorsque les axes se coupent sous un angle quelconque, la recherche des courbes d'intersection se fait absolument de la même manière.

3°. Les axes se coupent à angle droit et les cylindres sont de même diamètre.

Procédant comme dans le cas précédent, nous prenons le plan (O, O') des axes pour plan unique de projection. Nous coupons les deux cylindres par une série de sphères concentriques ayant pour centre l'intersection O des axes. Chacune d'elles, Z par exemple, coupe les cylindres C et C' chacun suivant une circonférence P et Q, P' et Q' dont les plans sont respectivement perpendiculaires aux axes O et O', et elles se coupent deux-à-deux en huit points p, m, q, n, p', m', q', n' qui appartiennent à l'intersection des deux cylindres.

La sphère Y, tangente au cylindre C suivant la circonférence M est aussi tangente au cylindre C' suivant la circonférence M' ; ces deux circonférences se coupent en deux points x et x' dont les projections x^v et x^{iv} se confondent évidemment avec le centre o.

Les circonférences P, P', Q et Q' sont nécessairement égales ; donc P^v, P^{iv}, Q^v et Q^{iv} sont quatre cordes égales de la circonférence Z, et également éloignées du centre o ; de ce qu'elles sont perpendiculaires deux-à-deux, leurs intersections p^v, p^{iv}, q^v, q^{iv} sont les sommets d'un carré dont o est le centre. Il en est de même des points c, c', d, d'

en lesquels les génératrices A, A', B, B' se coupent, ainsi que des projections de tous les points de l'intersection S situés sur une même sphère auxiliaire. Comme ces divers carrés ont leurs côtés respectivement parallèles, les lignes $cp''x''g''d'$ et $dp''x''g''c'$ sont droites; elles sont égales et rectangulaires comme diagonales d'un même carré $cc', d'd$, et de plus symétriquement placées par rapport à chacun des axes o et o'. Par conséquent les parties $cpxg'd'n'x'mc$ et $dp'xgc'nx'm'd$ sont planes (1re Partie $N°.36$); ce sont donc deux ellipses, ayant même petit axe xx', et dont les grands axes respectifs cd' et dc' sont égaux; donc elles sont égales, et de ce qu'elles se croisent aux points x et x', on conclut qu'on peut mener à l'intersection S deux tangentes en chacun de ces points que, pour cette raison, l'on appelle points doubles. Ainsi le cylindre C pénètre le cylindre C' suivant deux demi-ellipses égales entre elles, ayant même petit axe, et dont les plans sont perpendiculaires entre eux et nécessairement également inclinés sur l'axe o; les secondes moitiés de ces ellipses forment la courbe de sortie du cylindre C.

Fig. 44.   Lorsque les axes ne se coupent pas à angle droit, les courbes d'intersection sont également des lignes planes et, par suite, elliptiques; dans ce cas, les droites cd' et dc' sont les diagonales d'un losange $cc'd'd$, elles sont rectangulaires, mais d'inégale longueur et inégalement inclinées sur l'axe o. Donc les plans des ellipses d'intersection sont rectangulaires; ces ellipses ont toujours même petit axe xx', mais de ce que les grands axes cd' et $c'd$ sont inégaux, elles sont inégales.

Fig. 43.   Développant le cylindre C en le supposant ouvert suivant la génératrice A, on trouve au développement les positions F', K', D'..... des génératrices passant par les points p et q, x, p' et q'..... à des distances de A' marquées par les arcs de la circonférence Y compris entre le point a et les intersections respectives f_1, K_1, d_1,..... de $F''K''D''$.... avec cette circonférence; car la circonférence M, suivant laquelle la sphère Y est tangente au cylindre C, est évidemment une section droite de ce cylindre; si donc on la rabat sur le plan vertical en la faisant tourner autour du diamètre ab, elle viendra se confondre avec la circonférence Y; les points f, K, d,..... en lesquels les génératrices F, K, D,.... sont coupées par le plan de la circonférence M, décrivent autour de ab des arcs de cercle dont les projections respectives, perpendiculaires à cette ligne, se confondent avec $F''K''D''$...; ces points se rabattront donc en f_1, K_1, d_1,..... intersections de $F''K''D''$....et de la circonférence Y. On peut donc tracer les positions F', K', D'.....respectives des génératrices F, K, D..... au développement et en déduire les transformées des courbes d'intersection qui sont de même nature que celle du n°68.

Comme les cylindres sont de même diamètre, leurs développemens respectifs et les transformées des courbes d'intersection sur chacun d'eux peuvent être identiques, par exemple si l'un d'eux C est ouvert suivant la génératrice A, et l'autre C' suivant la génératrice A'.

105. L'application de ces problèmes se présente dans la formation d'un grand nombre de corps employés dans l'industrie, tels que les corps de pompe qui portent des tubulures cylindriques, l'assemblage de deux tuyaux de directions différentes, les

trous circulaires pratiqués dans les chaudières cylindriques et destinés à établir la communication de celles-ci avec d'autres capacités cylindriques qui y sont adaptées, la rencontre de deux routes qui n'ont pas même direction, etc. ....

106. *Problème*. Intersection d'un cylindre et d'un cône quelconques; tangente en un point de cette courbe.

Fig. 45.

Soient C le cylindre et Q le cône donnés.

Nous prenons pour plan horizontal le plan de la base de l'un de ces corps, et le plan vertical parallèle aux génératrices du cylindre.

Opérant en principe comme pour l'intersection d'un prisme et d'une pyramide (N°. 99), par le sommet s du cône, nous menons une droite K parallèle aux génératrices de la surface cylindrique.

Coupons les corps donnés par une série de plans passant par la droite K; leurs traces horizontales concourront toutes au point k, trace horizontale de cette droite. Chacun d'eux, le plan A par exemple, coupe le cylindre suivant deux génératrices M et N, et le cône également suivant deux génératrices B et D; ces quatre droites se coupent deux-à-deux en les points m, n, b et d, qui appartiennent à l'intersection S des deux surfaces données. En répétant cette opération, on obtiendra autant de points S que l'on voudra.

Ainsi qu'il a été dit aux N°. 102 et 103, on cherchera de préférence les points de l'intersection qui sont situés sur les génératrices limites par rapport aux deux plans de projection, le point le plus haut et le point le plus bas de cette courbe, les points situés sur les plans auxiliaires limites qui sont tous deux tangents au cône, car, l'intersection ayant lieu par pénétration, toutes les génératrices du cône pénètrent le cylindre; on a vu que la connaissance de ces divers points rend plus facile le tracé des projections de l'intersection, en ce que les tangentes sont immédiatement connues.

La tangente T en le point f de l'intersection S est l'intersection de deux plans T et T' menés par le point f tangentiellement l'un au cylindre et l'autre au cône. H^T et H^{T'} sont respectivement tangents aux bases E et E', en les points x et y, traces horizontales respectives des génératrices F et G menés par le point f sur chaque surface. H^T et H^{T'} se coupent en un point t que l'on joint au point f, et la droite f t est la tangente T demandée.

107. — *Problème*. Intersection de deux cônes quelconques; tangente en un point de l'intersection.

Soient Q et Q' les cônes donnés.

Procédant comme pour l'intersection de deux pyramides (N°. 101), nous coupons les deux cônes par une série de plans passant tous par les sommets s et s'; ces plans se couperont donc suivant la droite K, qui joint ces sommets, et dont la trace horizontale k sera le point de concours des traces horizontales des plans sécants. Chacun d'eux, le plan A par exemple, coupe le cône Q suivant deux génératrices M et N, et le cône Q' également suivant deux génératrices M' et N'.

Les quatre droites se coupent deux-à-deux en quatre points m, n, p et q qui appartiennent à l'intersection S cherchée. Les bases E et E' se coupent en en les points

x et y, qui sont les extrémités de la courbe d'intersection, si l'on suppose les cônes limités au plan horizontal.

On déterminera les points de l'intersection qui sont situés sur les génératrices limites par rapport aux deux plans de projection; les points situés sur les plans sécants limites, dont l'un est tangent au cône Q et l'autre au cône Q'; puisque l'intersection a lieu par arrachement, enfin le point le plus élevé de S; quant au point le plus bas il est clair qu'il doit se trouver au-dessous du plan horizontal; il n'y a donc pas à s'en occuper.

La tangente T en le point m de l'intersection S doit être l'intersection des plans T et T' menés par le point m tangentiellement l'un au cône Q, et l'autre au cône Q'; H^T et $H^{T'}$ sont respectivement tangentes aux bases E et E' en les points p et p', traces horizontales des génératrices P et P' suivant lesquelles les plans T et T' sont tangents aux cônes Q et Q'; joignant le point m à l'intersection t de H^T et de $H^{T'}$ la droite mt est la tangente T demandée.

108. Nous avons vu (N°s 64 et 99) que, sans recourir à une arête de développement particulière, on peut obtenir le développement d'une pyramide et, par suite, la transformée d'une ligne quelconque tracée sur sa surface. Quelqu'intimes que soient les rapports du cône et de la pyramide, en pratique il n'est possible d'obtenir le développement exact d'un cône quelconque par l'assemblement d'une série de triangles comme nous l'avons fait pour la pyramide quelconque, en raison de l'infiniment petite longueur des divers éléments rectilignes de la base; on est obligé de choisir entre toutes les lignes tracées sur la surface conique, qui rencontrent toutes les génératrices, celle dont la transformée au développement peut être décrite rigoureusement et facilement. Ainsi une sphère, qui aura pour centre le sommet du cône, coupera celui-ci suivant une ligne dont tous les points sont nécessairement à égale distance du sommet et dont la transformée au développement sera un arc de cercle ayant pour rayon celui de la sphère; une telle ligne sera par conséquent une arête de développement convenable. On aura été conduit à résoudre le problème suivant.

109. Problème. Intersection d'un cône et d'une sphère dont le centre est au sommet du cône. 2° Développement de la surface conique; transformées de l'intersection et d'une seconde ligne tracée sur le cône.

Soient Q le cône et z la sphère dont le centre est au sommet s de la surface conique. Concevons une série de plans passant par le sommet s et perpendiculaires au plan horizontal; leurs traces horizontales passeront toutes par s^h, et leur intersection commune sera la droite K menée par le sommet s perpendiculairement au plan horizontal. Chacun de ces plans, celui A par exemple, coupe la sphère suivant un grand cercle C, et le cône suivant deux génératrices M et N; C^h, M^h et N^h se confondent nécessairement avec H^A, et on conclut M^v et N^v. Ces génératrices sont coupées par le cercle C respectivement en les points m et n qui appartiennent à l'intersection S cherchée. Pour les déterminer, amenons le plan A dans la position A' parallèle au plan vertical, en le faisant tourner autour de la droite K comme axe de rotation; les génératrices M et N viendront en M' et en N' et le grand cercle C en C', se confondant avec celui X de la sphère parallèle au plan vertical; les points m et n occuperont alors les positions m' et n', intersections respectives de la circonférence C' ou X avec M' et N'; on connaît donc m'' et n''. D'où on déduit m''^h et n''^h sur H^Δ. Ramenons le plan Δ dans sa position primitive, les points m' et n' décrivent autour de H des arcs de cercle dont les centres sont sur cette droite et dont les plans lui sont perpendiculaires et, par suite, horizontaux; on trouvera donc m^h et n^h aux intersections respectives de M^h et de N^h avec les arcs décrits de s^h comme centre avec $s^h m''^h$ et $s^h n''^h$ pour rayons; puis m^v et n^v aux intersections respectives de M^v et de N^v avec les parallèles à LT menées par m^h et par n^h. Nécessairement m^h et m^v, n^h et n^v doivent respectivement se trouver sur les mêmes perpendiculaires à LT.

On déterminera de la même manière autant de points qu'il sera nécessaire pour tracer convenablement les projections S^v et S^h de l'intersection S.

On aura soin de chercher: 1° les points a et b qui se trouvent sur les génératrices limites A et B du cône par rapport au plan vertical, car A^v et B^v sont tangentes à S^v respectivement en les points a^v et b^v ($N°.102 A$). 2° Les points c et d situés sur le cercle X qui détermine la projection complète de la sphère sur le plan vertical; car de ce que les plans tangents à la sphère en chacun de ces points sont perpendiculaires au plan du cercle X et, par suite, au plan vertical, leurs traces verticales sont tangentes à la fois à S^v et à X^v respectivement en les points c^v et d^v; donc S^v et X^v se raccorderont en ces points. 3° Le point le plus haut et le point le plus bas de S; les tangentes en chacun de ces points étant horizontales, chacune d'elles est l'intersection de deux plans tangents, l'un au cône et l'autre à la sphère, dont les traces horizontales sont parallèles. La question est donc en principe la même que pour l'intersection des cylindres ou des cônes; il faut déterminer les plans sécants P et Q, dont les traces horizontales H^P et H^Q coupent celle B du cône en des points pour lesquels les tangentes sont respectivement perpendiculaires à ces droites: en général, décrivant de s^h comme centre des arcs de cercle tangents l'un extérieurement et l'autre intérieurement à la base B, joignant les points de contact au centre s^h, ce sont les traces horizontales H^P et H^Q des plans sécants cherchés; on en conclut le point le plus élevé p et le point le plus bas q de l'intersection S. Lorsque la base B est une circonférence, H^P et H^Q se confondent en une seule droite qui passe par s^h et par le centre de B.

109. a. Il peut arriver, comme dans le cas actuel, que S^v présente un nœud, c'est-à-dire un point de croisement i^v; ce point est évidemment la projection verticale de deux points i et j de S; la droite ij, qui les unit, est nécessairement une corde de la sphère perpendiculaire au plan vertical; elle est par conséquent divisée en deux parties égales par le plan du grand cercle X. Donc les génératrices I et J, qui passent par les points i et j, sont dans un même plan perpendiculaire au plan vertical; la corde uv de la base B, qui unit leurs traces respectives, est perpendiculaire à LT et, par suite, parallèle à ij; donc elle est divisée en deux parties égales par H^h, trace horizontale du plan du cercle X. On voit donc que le nombre de nœuds, que peut présenter la projection verticale de la section sphérique du cône, est indiqué par le nombre de cordes de la base perpendiculaires à la ligne de terre qui sont divisées en deux parties égales par la parallèle à cette ligne menée par la projection horizontale

du sommet.

Lorsque la base E est une ellipse, le diamètre conjugué de toutes les cordes perpendiculaires à LT sera la droite xy qui unit les traces respectives des génératrices A et B limites par rapport au plan vertical; si cette droite rencontre H^b on sera certain que S^v présentera un nœud que l'on obtiendra directement. Dans le cas d'un cône à base elliptique, on conçoit que S^v peut présenter un nœud, mais elle ne peut en présenter qu'un.

Si la base E est une circonférence, S^v ne présentera jamais de nœud.

2°. Développant la surface conique, la transformée de l'intersection S après le développement sera un arc de cercle de rayon égal à celui de la sphère et dont la longueur est égale à celle de la courbe S. Pour obtenir cette longueur, développons le cylindre projetant horizontalement S; S^h en est évidemment la section droite, et cette ligne se transforme en une droite S'^h dont on trouve la grandeur en portant sur cette droite, l'un à la suite de l'autre, les arcs $a^h p^h, p^h m^h, m^h i^h \ldots$ rectifiés. Par les points de division $a'^h, p'^h, m'^h, i'^h, \ldots$ élevant des perpendiculaires à S'^h, on a les positions respectives, après le développement, des lignes projetant horizontalement les points $a, p, m, i, \ldots$ dont les longueurs respectives sont nécessairement les distances de $a^v, p^v, m^v, i^v, \ldots$ à LT. Les points $a'_1, p'_1, m'_1, i'_1, \ldots$ ainsi obtenus déterminent une ligne plane S'_1 dont la grandeur des divers éléments $a'_1 p'_1, p'_1 m'_1, m'_1 i'_1, \ldots$ est celle absolue des éléments correspondants $ap, pm, mi, \ldots$ de l'intersection S. Portant enfin les arcs $a'_1 p'_1, p'_1 m'_1, m'_1 i'_1 \ldots$ de S'_1 en $a'p', p'm', m'i', \ldots$ sur l'arc décrit de s^h comme centre avec un rayon égal à celui de la sphère, on obtient S'_1 transformée de l'intersection S. Joignant $a', p', m', i', \ldots$ au centre s^h, on a les positions respectives $A', M', I', \ldots$ des génératrices $A, M, I, \ldots$ après le développement. Observons que pour déterminer les points $m, i \ldots$ de S, les génératrices $M, I, \ldots$ ont été ramenées dans les positions $M', I', \ldots$ parallèles au plan vertical; par conséquent les vraies grandeurs des parties de ces droites, comprises entre le sommet s et la base E, sont exprimées par les parties de $M'^v I'^v \ldots$, comprises entre s^v et LT; portant donc ces longueurs respectivement sur $M', I', \ldots$ à partir du centre s', joignant les points ainsi obtenus par une courbe continue, on a E', transformée de la base E.

110. **Problème.** Intersection d'un cylindre et d'un cône de révolution dont les axes se coupent à angle droit.

Pl. 21   fig. 48
fig. 49
fig. 50

Soient C le cylindre et Q le cône donnés.

L'intersection S a nécessairement lieu par pénétration.

Nous prenons le plan horizontal perpendiculaire à l'axe O' du cône et le plan vertical parallèle au plan (O, O') des deux axes.

Nous emploierons comme précédemment une série de sphères concentriques ayant pour centre commun l'intersection o des axes O et O'. Chacune d'elles, celle Z par exemple, coupe le cylindre suivant deux circonférences P et Q, et le cône également suivant deux circonférences P' et Q'; les plans de ces circonférences sont respectivement perpendiculaires aux axes O et O'. Par conséquent P^v et P'^h, Q^v et Q'^v sont deux droites qui se confondent respectivement avec les perpendiculaires à TT menées par a" et b" intersections de la circonférence T" et de la projection verticale A" d'une génératrice limite A du cylindre par rapport au plan vertical; P" et Q" sont les parallèles à LT menées par les points a" et b" en la susdite circonférence Z" coupe la projection verticale A" de la génératrice limite A du cône par rapport au plan vertical. Les circonférences P et P' se confondent en deux points p et p', appartenant à l'intersection S et évidemment situés sur le même perpendiculaire au plan vertical; p' et p" se confondent donc en un point, appartenant à S et qui est l'intersection de P' et de P"; p' et p" sont les intersections de P' et de P" et appartiennent à S. Les circonférences P, P', Q et P' se coupent encore deux à deux en six autres points q, q', m, m', n, n' de S dont les projections respectives sont les intersections de P', P", Q' et Q" entre elles et de P', Q', Q" et P" également entre elles; il est évident que les points tel que p, p', q et q' situés sur la même circonférence P' sont deux à deux symétriques par rapport au plan (O, O') des axes. On en conclut la symétrie des courbes de pénétration par rapport à ce plan et, par suite, la symétrie de leurs projections par rapport à celles des axes; il en résulte que chacune de celles-ci possède généralement un centre qui est la projection de même nom de l'intersection o des axes. Les génératrices limites A et B, A' et B' se coupent en les points c, c', d et d' qui appartiennent à l'intersection S.

110.a. Les trois figures ci-jointes font voir que l'intersection peut affecter trois formes différentes, bien que, dans les trois cas, les cônes et les cylindres soient respectivement égaux. Ainsi dans le premier cas, la sphère Y' tangente au cône et dont le centre est le point o, est d'un plus petit diamètre que le cylindre; elle n'a donc aucun point commun avec lui. Dans le second cas, cette sphère Y' est d'un plus grand diamètre que le cylindre; alors elle le coupe suivant deux circonférences M et N. Enfin dans le troisième cas, elle est de même diamètre avec le cylindre; elle lui est donc tangente suivant la circonférence M. Nous allons examiner les trois cas.

1°. De ce que la sphère Y' tangente au cône, ne rencontre pas le cylindre, celle Y tangente au cylindre et de même centre o que la première coupe nécessairement le cône suivant deux circonférences M' et N', et donne ainsi lieu aux points x, x', y et y' de S. On conçoit que c'est le cône qui pénètre dans le cylindre, c'est-à-dire que toutes les génératrices du cône contiendront des points de l'intersection et qu'une partie des génératrices du cylindre n'en contiendront pas. Les points x, x', y, y' sont limites en ce que la génératrice du cylindre qui passe par chacun d'eux est tangente à l'intersection S. En effet, la tangente en le point x, par exemple, est l'intersection de deux plans menés par ce point, l'un T tangent au cylindre suivant la génératrice G, et l'autre T' tangent au cône suivant la génératrice G'. Le plan T est évidemment parallèle à l'axe O du cylindre O. De ce que le cône est de révolution, le plan T' est perpendiculaire au plan méridien (O', x) qui lui-même est perpendiculaire au plan vertical; il est donc aussi parallèle à l'axe O du cylindre O; par conséquent son intersection avec le plan T ou la tangente en x à S est parallèle à cet axe et, par suite, se confond avec la génératrice G du cylindre passant par le point x. Il en est de même de chacune des génératrices F, C et D qui passent par chacun des points c, y et y'.

2°. La sphère Y' tangente au cône coupe le cylindre suivant les deux circonférences

fig. 49

M et N, et donne lieu aux points x, c, y et z de S; mais aucune des génératrices du cône et du cylindre passant par ces points n'est tangente à l'intersection S; ce que l'on va reconnaître tout-à-l'heure. De ce que la sphère Y tangente au cylindre ne rencontre pas le cône, il résulte que toutes les génératrices du cylindre doivent contenir des points de l'intersection et qu'une partie des génératrices du cône n'en contiendront pas; par conséquent les courbes de pénétration seront comprises entre certaines génératrices du cône qui seront nécessairement tangentes à ces lignes en les points limites que nous allons déterminer. Remarquons que ces points sont situés deux à deux sur les plans menés par le sommet du cône tangentiellement au cylindre; ces plans sont aussi tangents à la sphère Y inscrite au cylindre; si l'on fait tourner l'un d'eux, celui T par exemple qui contient les points k et k' de S, autour de l'axe O' du cône jusqu'à ce qu'il soit venu dans la position T' parallèle au plan vertical, pendant la rotation il ne cessera pas d'être tangent à la sphère, par conséquent sa nouvelle trace verticale $V^{T'}$ sera la tangente à la circonférence Y'' menée par s'', et le point de contact z'' sera la nouvelle projection verticale du point de contact c de la sphère Y et du plan T. Ramenant le plan T dans sa position primitive, le point c' décrit autour de O' un arc de cercle dont le plan A est horizontal; mais la génératrice K du cylindre, qui passe par les points k et k' de S, et suivant laquelle le plan T est tangent au cylindre C, est nécessairement tangente à la sphère Y en le point c; donc elle est située sur le même plan horizontal A. Ce plan A coupe le cône suivant une circonférence X' et le cylindre suivant la génératrice K et une autre génératrice G; toutes ces lignes se projettent verticalement sur V^A. Pour trouver K^b et G^b, nous amenons la section droite E du cylindre en E'' parallèle au plan horizontal; les points i et j, en lesquels K et G rencontrent le plan de E, viennent en i'' et en j'' sur E'' et on détermine i''^h et j''^h sur E'''^h. Ramenant le plan de E dans sa position primitive, on obtient i^h et j^h sur E^h et par suite K^h et G^h; on a donc k^h et k'^h, g^h et g'^h intersections respectives de K^h et de G avec la circonférence X'; on en déduit k^v et k'^v, g^v et g'^v sur V^A; ces points se confondent évidemment deux à deux. Les génératrices K', I', G' et J' du cône, qui passent par chacun des points k, k', g et g', sont tangentes à l'intersection S, car chacune d'elles appartient à deux plans menés par chacun des points donnés tangentiellement au cône et au cylindre. Il vaut mieux obtenir directement ces génératrices en observant que le plan T' doit être parallèle à la ligne de terre par conséquent H^T sera la parallèle à LT menée tangentiellement à la circonférence R; H^T coupe la base B du cône en deux points z et u, qui sont les traces horizontales respectives des génératrices K' et I'; on en conclut K'^h et I'^h, par suite, K'^v et I'^v.

fig. 50

3°. La sphère Y' tangente au cône suivant la circonférence M', est également tangente au cylindre suivant la circonférence M, et les intersections z et z' de ces deux circonférences sont deux points de S qui se confondent évidemment en projection verticale; les courbes de pénétration viennent se croiser en ces points, de sorte que toutes les génératrices du cylindre et du cône contiennent des points de l'intersection. Les courbes de pénétration sont planes. En effet considérons les quadrilatères $i''z''k''c''$ et $b''g''g''c''$; parce que $c''i''=c''k''$ comme tangentes à une même circonférence Y'' et $b''z''=g''k''$ comme demi-cordes d'une même circonférence Z'' également éloignée du centre on a: $\dfrac{c''i''}{c''b''} = \dfrac{c''k''}{c''g''}$; de plus les côtés $i''z''$ et $b''g'$, $k''z''$ et $z''g'$, sont respectivement parallèles et l'angle en c'' est commun; donc ces quadrilatères sont semblables, par suite les trois ... i'', g'' et z'' sont des lignes droites. On démontrera de même que tous les points de S situés entre c'' et z' sont sur la même ligne droite $c''z'$ et que tous ceux compris entre c'' et z'' sont également sur la droite $c''z''$. Donc les courbes de pénétration sont planes (N°. 36) et par conséquent, des ellipses dont les grands axes respectifs sont égaux à $c''z'$ et à $z''c''$, et dont les petits axes sont horizontaux, égaux au

lumière du cylindre et, par suite, égaux entre eux. Mais à raison que les points sont à côté
sont deux à deux symétriques par rapport à O', les droites et sont égales;
donc les deux ellipses sont égales. Leurs projections horizontales sont nécessairement deux
autres ellipses égales.

110.b. Opérant les développements de ces diverses surfaces, on obtiendra, par les procédés
employés précédemment et sur lesquels il est désormais inutile de revenir, les transformées
des courbes de pénétration sur les cônes et sur les cylindres. Les bases respectives E et E'
de ces surfaces sont évidemment les arêtes de développement, et, ayant rabattu la base E
du cylindre en E'', les arcs de E'' compris entre $F^h, A^h, G^h, \ldots$ sont égaux aux distances respectives
des génératrices $F, A, G, \ldots$ après le développement; ces génératrices sont projetées en vraie
grandeur; quant aux génératrices du cône, on sait qu'on doit ramener chacune d'elles,
celle G par exemple qui passe par les points x et y, dans la position G'' parallèle au
plan vertical; alors elle vient se confondre avec la génératrice A, et les points x et y viennent
en x'' et y'' sur A', de telle sorte que $s' x''$ et $s' y''$ sont égales aux vraies grandeurs
des portions de G comprises entre le sommet sur les points x et y, et on porte ces longueurs
de s' en x' et y'.

fig. 51   111. **Problème.** Intersection de deux cônes de révolution dont les axes se coupent.

Soient Q et Q' les cônes donnés.

L'intersection S aura lieu par pénétration.

Nous prenons le plan horizontal perpendiculaire à l'axe O du plus grand cône
Q, et le plan vertical parallèle au plan (O, O') des deux axes. Comme dans les problèmes
précédents nous coupons les deux cônes par une série de sphères concentriques ayant
pour centre commun l'intersection s des axes. Chacune d'elles, celle t par exemple,
coupe les cônes Q et Q' chacun suivant deux circonférences dont les plans sont
respectivement perpendiculaires à O et à O'; les circonférences P et P' seules sont dans
les limites du dessin, et donnent lieu aux points p et p' de S qui se confondent
évidemment en projection verticale en l'intersection de P' et de P''. On trouvera sur
la circonférence P leurs projections horizontales respectives
p^h et p'^h et joignant p'^h et p''^h à s'' et à s'', p^h et p^h à s^h et à s^h
on a F'^h et F'^h, F^h et F^h, G^h et G^h projections des génératrices F, F', G et G
des deux cônes qui passent respectivement par les points p et p'.
Les points a et b d'intersections des génératrices A, A' et B' limités par rapport
au plan vertical appartiennent également à l'intersection S, et les
tangentes en ces points sont perpendiculaires au plan (O, O') et, par
suite, aux génératrices A, A' et B'; comme c'est le petit cône Q', qui
pénètre dans celui Q, l'intersection S est comprise entre deux génératrices
I et J de celui-ci, qui sont tangentes à cette courbe et que nous allons déterminer.
La génératrice I est située sur le plan T mené par le sommet s de Q tangentiellement
au cône Q'; ce plan T contient donc la droite K, qui joint les deux sommets, et il est tangent
à la sphère Y inscrite au cône Q' et dont le centre est le point v. Amenons le plan T
dans la position T' perpendiculaire au plan vertical en le faisant tourner autour de l'axe O;
sa nouvelle trace verticale sera V^T passant par s'' et tangente à la circonférence Y'' en

le point c''. Ramenant ce plan dans sa position primitive, le point c décrit autour de l'axe O une circonférence C dont le plan est perpendiculaire à cet axe et que nous avons pris pour plan horizontal et à laquelle la trace horizontale H^T restera constamment tangente, par conséquent H^T sera la tangente à C menée par la trace k de R. Le point de contact c est celui en lequel le plan T est tangent à la sphère Y, et en même temps c'est la trace horizontale de la génératrice I suivant laquelle le plan T est tangent au cône Q. La tangente H^R menée par le point k à la circonférence C est la trace d'un second plan R passant par le sommet S du cône Q et tangent au cône Q' suivant la génératrice J. Les plans T et R coupent le cône Q suivant les génératrices I et J dont les traces horizontales i et j sont les intersections respectives de H^T et de H^R avec la base B de Q. I et I', J et J' se coupent en les points a et b de S, qui se confondent en projection verticale et qui sont limites parce qu'ils ont pour tangentes respectives les génératrices I et J du cône Q.

Développant chacune des surfaces coniques, nous prenons pour arêtes de développement la base B du cône Q et la section E' du cône Q'. Comme cette dernière circonférence a été rabattue en E'^n dans sa vraie grandeur, il s'ensuit que l'on obtiendra les positions F', G'... des génératrices F', G'... en portant sur E' les arcs $a'f'$, $a'g'$... respectivement égaux en longueur à ceux $a'^n f'^n$, $a'^n g'^n$... de E'^n. Ensuite on détermine les vraies grandeurs des circonférences en les ramenant parallèles au plan vertical.

112. Lorsque, par la disposition des cônes Q et Q' la sphère Y, tangente au cône Q suivant la circonférence M est aussi tangente au cône Q' suivant la circonférence M', cette sphère donne lieu à deux points x et x' de l'intersection S qui se confondent en projection verticale et en lesquels les courbes de pénétration viennent se croiser. Ayant déterminé comme précédemment les divers points de ces courbes, de la similitude des quadrilatères tels que $c''b''q''g''$ et $c''i''x''k''$ on conclut que les points $c''q''$ et x'' et, par suite, tous ceux de S'' compris entre c'' et x'' sont en ligne droite; de même tous ceux de l'autre branche de S'' qui passe par le point c'' sont aussi en ligne droite. Donc dans ce cas les courbes de pénétration sont des lignes planes (1re Partie N°. 86).

À la seule inspection de la figure, on reconnaît que la courbe $c'y'x'x'q'c'$ est une ellipse, et que l'autre courbe, qui doit passer par le point c et par l'intersection des génératrices B du cône Q, et B' du cône Q' sera une ellipse ou une hyperbole ou une parabole selon que B coupera B' dans la nappe du cône sur laquelle le point c est situé ou dans une nappe différente ou si ces deux génératrices sont parallèles. (N°. 86).

113. L'application des problèmes sur l'intersection d'un cylindre et d'un cône et sur l'intersection de deux cônes se rencontre dans la formation des robinets et d'un grand nombre de corps confectionnés par les ferblantiers.

114. *Problème.* Intersection de deux surfaces de révolution dont les axes se coupent; tangente en un point de cette courbe.

Soient E et E' les surfaces de révolution données.

Nous prenons le plan horizontal perpendiculaire à l'axe O de la surface E, et le plan vertical parallèle au plan (O, O') des deux axes. Les surfaces E et E' sont représentées verticalement par les projections verticales M'' et M''' des méridiennes respectives situées dans le plan (O, O'). La surface E est représentée horizontalement par la projection horizontale A^h de son équateur A; quant à la surface E', nous nous abstenons d'en déterminer la projection horizontale complète; cette détermination étant inutile pour la construction de la projection horizontale de l'intersection S.

De même que pour l'intersection des cylindres et des cônes de révolution, nous ferons usage d'une série de sphères concentriques dont le centre est l'intersection o des axes O et O'. L'une d'elles 2 coupe les surfaces données suivant les circonférences M et M' dont les plans sont respectivement perpendiculaires aux axes O et O'; par conséquent N'' et N''' sont les perpendiculaires à O'' et à O''' menées respectivement par les points a'', intersection de M'' et de N'', et b'', intersection de M''' et de N'''. Les circonférences N et N' se coupent en deux points n et n' appartenant à l'intersection S et dont les projections verticales n'' et n''' appartenant à S'', se confondent en l'intersection de N'' et N'''; on en déduit n'' et n''' sur la circonférence T''. On obtiendra de même les autres points de S. Remarquons que les cordes de S, qui sont perpendiculaires au plan vertical, sont divisées en deux parties égales par le plan (O, O'); donc l'intersection S est symétrique par rapport à ce plan, et S'' est symétrique par rapport à O''. Les intersections p et q des méridiennes M et M' appartiennent évidemment à l'intersection S.

La tangente T en le point n de S est l'intersection de deux plans P et P' menés par le point n, l'un P tangent à la surface E, et l'autre tangent à la surface E'. Observons que la normale R de E, menée par le point n, est perpendiculaire au plan P; de même la normale R' à E', passant par le même point n est perpendiculaire au plan P'; donc le plan (R, R') de ces normales est perpendiculaire à la tangente T cherchée. Or, la normale R est évidemment perpendiculaire à la tangente G en le point n de la méridienne X de E qui passe par ce point; de plus elle est située dans le plan de cette méridienne. (N° 43). Si donc on ramène le plan méridien X dans la position X' parallèle au plan vertical en le faisant tourner autour de l'axe O, la méridienne X viendra se confondre avec la méridienne M, le point n viendra en n' sur M, et la tangente G en G' tangente à M en n'; par suite la normale R viendra en R' perpendiculaire à G'. De même ramenant la méridienne X' de E', qui passe par le point n, dans la position X'' parallèle au plan vertical en la faisant tourner autour de l'axe O, elle viendra se confondre avec la méridienne M'; le point n viendra en n'' sur M'; la tangente G' à X' en le point n viendra en G'' tangente à M' en le point n'', et la normale R' en R'' perpendiculaire à G''. Les droites R' et R'' coupent respectivement les axes O et O' en les points z et z' qui, restant fixes pendant chaque mouvement de rotation, appartiennent respectivement à R et à R'; joignant donc z et n, z' et n, on a les normales R et R'. Remarquons que la droite I, qui joint les points z et z', est une verticale du plan normal (R, R'); déterminant une horizontale J de ce même plan par n et par n'' on mène deux droites respectivement perpendiculaires à I et à J, on a T' et T'', projections de la tangente T en le point n de l'intersection S.

Les projections horizontales a'' et b'' des points a et b de S, situés sur l'équateur de la surface E, séparent les parties visible et invisible de S'; le plan tangent à cette surface en le point a est évidemment perpendiculaire au plan horizontal; donc les tangentes à l'intersection S et à l'équateur en ce même point a se confondent en projection horizontale. Il en est de même pour le point b. Donc S' et A' devront se raccorder en les points a^b et a^{bb}.

Les tangentes à S^v en les points p^v et q^v sont perpendiculaires au plan vertical, car le plan normal pour chacun des points p et q se confond avec le plan $(0, 0')$ des axes. Ainsi chacune des courbes M^v et M^{vv} ne se raccordera avec S^v en les points p^v et q^v; mais ces points ne sont pas de rebroussement, parce que S^v n'y éprouve pas de changement brusque de direction. Les tangentes à S^h en les points p^h et q^h sont perpendiculaires à 0^h.

115. L'intersection de deux surfaces de révolution dont les axes se confondent est une circonférence dont le plan est perpendiculaire à l'axe commun de révolution.

Soient Z et Z' deux surfaces de révolution ayant même axe 0. Un plan passant par l'axe 0 coupe la première suivant une méridienne M, et la seconde également suivant une méridienne M'; ces deux méridiennes se coupent en un point m qui, par sa rotation autour de l'axe 0, engendre un parallèle c commun aux deux surfaces Z et Z'; c'est donc leur intersection.

fig. 54. Ainsi la sphère Z et le cylindre de révolution C, dont l'axe passe par le centre de la sphère, se coupent suivant la circonférence M engendrée par le point m en lequel la génératrice s du cylindre coupe le grand cercle X qui se trouve dans le même plan méridien.

Les exemples de ce cas d'intersection de surfaces se présentent sur tous les corps exécutés au tour, lorsqu'il s'agit d'opérer un changement brusque de surface; c'est ce que les tourneurs appellent un angle vif ou une arête vive.

116. Problème. Intersection d'une sphère et d'un prisme régulier et dont l'axe passe par le centre de la sphère.

fig. 55. Soient Z la sphère et P le prisme donnés.

Le plan horizontal est perpendiculaire à l'axe commun 0, et il passe par le centre o de la sphère. Un plan R, perpendiculaire à l'axe 0, coupe la sphère suivant un petit cercle M, et le prisme suivant un polygone I égal à la base E et dont la projection horizontale se confond avec cette base. La circonférence M coupe la section I en les points $a, b, c, \ldots$ appartenant à la ligne de pénétration S cherchée. Remarquons que toutes les faces du prisme, étant à égale distance de l'axe 0, coupent la sphère suivant des arcs de circonférence de petit cercle dont les centres sont situés sur le milieu de chaque face et sur un même plan perpendiculaire à l'axe 0 et passant par le centre o de la sphère; leurs diamètres sont respectivement égaux aux cordes $gk, ij, \ldots$ de la circonférence X de grand cercle déterminés par les traces horizontales des faces; ces diamètres sont évidemment égaux, les arcs de section le sont donc aussi. Ces arcs se coupent deux à deux sur chaque arête en des points $m, n, p, \ldots$ situés sur une même circonférence dont le plan est perpendiculaire à l'axe 0 et dont le rayon est égal à celui du cercle circonscrit à la base E. Les points $r, s, t, \ldots$ les plus élevés, c'est-à-dire ceux pour lesquels les tangentes sont horizontales, sont également sur une même circonférence Q dont le plan est perpendiculaire à l'axe 0, mais dont le rayon est égal à celui du cercle circonscrit à la base E. L'arc rsp, situé sur la face (B, C), parallèle au plan vertical, se projette verticalement en vraie grandeur suivant l'arc décrit de 0^v comme centre avec $\frac{1}{2} gk$ pour rayon. Les arcs mrn et prq, respectivement situés sur les faces (A, B) et (C, D), se projettent verticalement suivant des arcs d'ellipses $m^v r^v n^v$ et $p^v r^v q^v$

dont les grands axes sont égaux à 1/2 g k et dont les petits axes sont égaux entre eux : en raison de l'égale inclinaison des faces AB et OD sur le plan vertical.

Déterminant une seconde projection sur un plan V', perpendiculaire à LT, les axes de pénétration situés sur les faces (A,B) et (A,G) se projettent encore suivant des axes 2 ellipses égales entre elles, et les axes situés sur les faces (B,O) et (E,G) se projettent suivant les nouvelles traces verticales de ces faces ou les prolongements de B'' et de C'' jusqu'à la circonférence Y'''.

La forme du corps représenté sur la figure est celle que l'on donne aux écrous et aux têtes de certains boulons.

117. Problème. Intersection d'un prisme régulier et d'une surface de révolution dont l'axe se confond avec celui du prisme.

fig. 56 — C'est absolument la même construction que pour le cas précédent, ainsi que l'indique l'opération exécutée sur la figure.

L'application de ce problème se rencontre dans certaines pièces de machines, les Bielles par exemple, dont la partie du milieu où le corps est tournée et dont les parties extrêmes ou les têtes sont à section rectangulaire ou carrée. Pour qu'une telle pièce ne soit pas d'un aspect lourd et disgracieux on abat en chanfrein une portion de chaque arête des têtes dans le voisinage de la partie tournée, de manière à former un prisme octogonal qui peut ne pas être régulier mais dont les faces opposées sont égales et parallèles et à égale distance de l'axe. Dans ce cas, où toutes les faces adjacentes ne sont pas égales entre elles, les points les plus élevés des courbes de pénétration ne sont dans un même plan qu'autant qu'ils appartiennent à des faces également éloignées de l'axe. Mais il est évident que, dans tous les cas, les courbes de pénétration adjacentes coupent la même arête au même point, et que ces intersections sont toutes situées sur le même plan perpendiculaire à l'axe.

118. Problème. Intersection de deux surfaces de révolution dont les axes sont parallèles.

Pl. 23. fig. 57 — Soient une sphère L et un cône de révolution Q. De ce que la sphère est de révolution par rapport à l'un quelconque de ses diamètres, nous considérerons comme son axe de révolution le diamètre A parallèle à l'axe O du cône.

Le plan horizontal est perpendiculaire aux axes A et O des surfaces données et le plan vertical est parallèle au plan déterminé par ces mêmes axes. Un plan R, perpendiculaire aux axes, coupe le cône et la sphère respectivement suivant les circonférences M et N qui se coupent elles-mêmes en les points m et n, situés sur la même perpendiculaire au plan vertical et appartenant à l'intersection S cherchée. On déterminera de la même manière autant de points de S que l'on voudra.

On observera que cette construction est, en principe, la même que celle employée pour le cas de l'intersection de deux surfaces de révolution dont les axes se coupent, car, pour le cas actuel, l'intersection de ces axes a lieu à l'infini; les rayons des sphères auxiliaires sont donc infiniment grands; par conséquent chacune d'elles dégénère en un plan perpendiculaire aux axes A et O.

La tangente T en le point m de S a été déterminée par la méthode du N° 114; c'est-à-dire que cette droite est perpendiculaire au plan des normales P et R à chacune. De surfaces données et passant par le point m. L'opération est totalement indiquée sur la figure et doit suffire pour faire comprendre la construction.

fig. 58

119. Le cas d'intersection de surfaces se présente souvent dans les manivelles, les leviers, les croisillons etc. employés dans les machines. Ainsi soit un corps formé d'un cylindre de révolution C et d'un parallélipipède ou prisme rectangulaire P. La face supérieure (A,B) du prisme est raccordée au cylindre par une portion de surface de révolution Σ dont l'axe se confond avec celui O du cylindre et dont la méridienne M est tangente à la génératrice G et à la droite K milieu de la face (A,B). Les faces (A,D) et (B,F) sont respectivement raccordées au cylindre C par les cylindres de révolution C' et C'' de même diamètre et dont les axes respectifs O' et O'' sont parallèles à celui O du cylindre C; ces deux cylindres sont ainsi symétriquement placés par rapport au plan (C,K) passant par le milieu du corps donné. Les surfaces (C',A,D) et (C'',B,F) coupent la surface de révolution Σ suivant les lignes S et S' que nous déterminerons comme précédemment. Ainsi un plan R perpendiculaire aux axes de révolution, coupe la surface Σ suivant un parallèle N, et les cylindres C' et C'' respectivement suivant les circonférences N' et N'' égales aux bases B' et B''; ces circonférences N' et N'' mécoupées par le parallèle N et les points m et m' évidemment symétriques par rapport au plan (O,K), se confondent en projection verticale et appartenant respectivement aux intersections S et S'. On détermine de la même manière les autres points de ces courbes.

Chacune d'elles se termine, d'un côté, aux points c et c' situés sur le cercle Q, commun au cylindre C et à la surface Σ, et sur les génératrices G et G' communes au cylindre C et respectivement aux cylindres C' et C''; et de ce que les surfaces Σ, C' et C'' sont tangentes au cylindre C, les tangentes en les points c et c' de S et de S' se confondent respectivement aux génératrices G et G'. Les autres extrémités respectives de S et de S' sont les points g et g', situés sur le cercle K en lequel la surface Σ se raccorde avec le prisme, et les tangentes en ces points sont les arêtes A et B.

Des deux projections que nous venons d'établir, il est facile de déduire une troisième dont on doit aisément comprendre la construction en lisant la figure.

Des surfaces Hélicoïdes.

De l'Hélice.

120. On appelle Hélice toute ligne qui, tracée sur une surface développable, se transforme en une ligne droite lorsque cette surface est étendue sur un plan.

121. Il résulte de cette définition que: 1° La ligne la plus courte que l'on peut tracer sur une surface développable entre deux points de cette surface est une hélice. 2° Les génératrices de toute surface développable, les sections droites des surfaces cylindriques sont des hélices particulières.

122. Lorsqu'une telle ligne est située sur un cylindre de révolution, elle prend le nom d'Hélice cylindrique circulaire; comme c'est à peu près la seule employée dans les arts, nous nous en occuperons spécialement.

fig. 59   123. Soit donc A'B'A² le développement d'un cylindre de révolution; B' est la transformée de la base B, et la droite Y' celle d'une hélice Y tracée sur le cylindre. Par les points m', n', de B' élevons des perpendiculaires à cette droite; elles coupent Y' en les points b', c'; on a donc : $a'b' : a'c' : a'd' :: a'm' : a'n' : a'a² :: b'm' : c'n' : d'a²$. Observons que $a'm'$, $a'n'$ et $a'a²$ sont respectivement égales aux projections horizontales rectifiées des parties ab, ac et ad de l'hélice, et que $b'm'$, $c'n'$ et $d'a²$ sont aussi respectivement égales aux parties des génératrices B, C et A comprises entre les points b, c et d de l'hélice et la base B. D'où on déduit la construction suivante des projections de l'hélice.

fig. 60   Soient C un cylindre droit circulaire, O son axe et B sa base; soient a et o deux points de la génératrice A, par lesquels il s'agit de faire passer une hélice. Divisons la distance $a'o'$ en un certain nombre de parties égales, en douze par exemple, que nous désignons par 1, 2, 3 .... 12, et par les lesquels nous menons des parallèles à TT; divisons la base B en un même nombre de parties égales aux points m, n, p .... que nous désignons également par 1, 2, 3 ..... 12; par les points de division menant des perpendiculaires à TT, on aura les projections verticales des génératrices passant par les points m, n, p .... de la base B; ces perpendiculaires coupent les parallèles à TT de même numéro d'ordre respectivement en les points b', c', d' .... par lesquels faisant passer une courbe continue, on a la projection verticale Y' de l'hélice Y demandée; car les portions des génératrices B, C, D, ..., comprises entre la base B et les points b, c, d ... sont proportionnelles aux arcs am, an, ap, ... De cette base Y^h se confond évidemment avec la circonférence B.

Si les points donnés ne sont pas sur la même génératrice, par exemple ceux c et k, on suit le même procédé; on divise l'arc $c^h k^h$ de B en un certain nombre de parties égales, et la distance verticale $c'k'$ de ces points en un même nombre de parties égales, et on continue l'opération comme il vient d'être dit.

124. On conclut de cette construction que l'hélice cylindrique circulaire peut être considérée comme engendrée: 1° par un point qui se meut sur un cylindre de révolution en s'avançant dans le sens de la génératrice de quantités proportionnelles aux angles de rotation décrits autour de l'axe. La grandeur ao, que le point décrivant a parcourue dans le sens de l'axe après avoir achevé une révolution complète, se nomme Pas de l'hélice; la portion de la courbe comprise entre ces deux points se nomme spire.

2° Par un point assujetti à se mouvoir sur un cylindre, parallèlement à l'axe et avec une vitesse uniforme, tandis que le cylindre tourne, d'une vitesse uniforme, autour de son axe.

Ainsi lorsqu'on tourne un arbre cylindrique sur un tour parallèle, l'outil, entraîné par le support à chariot que l'on a embrayé, enlève la matière suivant une hélice dont le pas reste invariable tant que le mouvement rectiligne de l'outil et celui de rotation du cylindre restent dans le même rapport.

125. La tangente T en le point c de l'hélice Y est projetée horizontalement en T^h tangente à Y^h ou B en le point c^h ou n. Pour trouver T', remarquons que la tangente T est l'hypoténuse d'un triangle rectangle dont un côté de l'angle droit est la portion cn de la génératrice C, et l'autre côté est la portion c^h de T^h comprise entre c^h et la trace horizontale t de T. Or, après le développement, T^h se confond avec B; B se confond avec la droite Y' transformée de l'hélice Y; donc le triangle rectangle $a'c'n'$ est égal à celui $t\,c\,c^h$ que l'on cherche. Portant donc sur T' à partir de c^h

et du côté du point a une longueur o't = n'a', on a la trace horizontale t de T; on en déduit t" que l'on joint à c", et l'on a ainsi T". Remarquons que n'a' = arc n a de E rectifié; donc aussi o't = arc n'a'; par conséquent le point appartient à la développante de la base E qui a pour origine le point a; par suite, cette développante est le lieu des traces horizontales des tangentes à l'hélice. Cette propriété existe quelle que soit la base de la surface cylindrique; on peut donc établir la conclusion générale suivante: Les tangentes à l'hélice, tracée sur une surface cylindrique quelconque, sont coupées par le plan d'une section droite en des points qui appartiennent à la développante de cette section; cette développante ayant pour origine l'intersection de l'hélice et de la section droite.

Les tangentes à l'hélice I en les points a et g, respectivement situés sur les génératrices limites A et G par rapport au plan vertical, se confondent en projection verticale avec A" et G", car elles appartiennent aux plans menés tangentiellement au cylindre C respectivement suivant les génératrices A et G. Or ces plans sont perpendiculaires au plan vertical.

126. De ce que la transformée de l'hélice est une ligne droite, il résulte que les éléments rectilignes de cette courbe font tous le même angle avec les génératrices droites du cylindre. Si donc on désigne cet angle par α, le rayon de la base E du cylindre par R et le pas de l'hélice par H, le triangle rectangle a'o²a³ (fig. 79) fournit: ang. a'o²a³ = ang α; a'a³ = $2\pi R$ et o²a³ = H, et l'on a tang. $\alpha = \dfrac{2\pi R}{H}$; de sorte que deux de ces quantités étant connues, on pourra déterminer.

Si l'angle α est nul, l'hélice se confond avec une génératrice droite du cylindre; si cet angle est droit, l'hélice se confond avec une section droite.

127. Lorsqu'une droite se meut dans l'espace en s'appuyant constamment sur une hélice a c, suivant une certaine loi, elle engendre une surface réglée que l'on a appelée hélicoïde. De ces diverses surfaces nous n'avons à étudier que l'hélicoïde développable qui sert à former les dents de certains engrenages, et l'hélicoïde gauche qui est la surface des vis à filet carré et à filet triangulaire, des propulseurs employés depuis quelques années dans la navigation par la vapeur, etc...

De l'hélicoïde développable.

128. L'hélicoïde développable est engendré par une droite indéfinie qui glisse le long d'une hélice en restant constamment tangente à cette courbe. Les parties de la droite, situées de chaque côté du point de contact, engendrent chacune une nappe de l'hélicoïde; ces deux nappes sont nécessairement réunies par l'hélice directrice qui, contenant les intersections de toutes les génératrices droites successives, prend le nom d'arête de rebroussement.

129. De ce mode de génération il résulte:

1° Que l'hélicoïde développable est le lieu de toutes les tangentes à l'hélice directrice; par conséquent (N° 125) tout plan perpendiculaire à l'axe coupe l'hélicoïde développable suivant une développante du cercle qui est la base du cylindre sur lequel est située l'hélice.

arête de rebroussement ; cette développante ayant pour origine l'intersection de l'hélice et du plan coupant.

2° Que, dans son mouvement, la génératrice conserve toujours la même inclinaison sur tout plan perpendiculaire à l'axe (N°. 126) ; conséquemment, tous les points de cette droite s'avancent en même temps de quantités égales dans le sens de l'axe, et ils décrivent aussi en même temps, autour de cet axe, des angles de rotation égaux. Chacun de ces points, le point a par exemple, engendre donc une hélice Y' de même pas H que celui de l'hélice directrice Y, mais dont l'inclinaison des éléments est différente, car l'hélice Y' est située sur un cylindre C' dont l'axe se confond avec celui O du cylindre C sur lequel est située l'hélice Y ; le rayon R' du cylindre C' étant plus grand que celui R du cylindre C, l'expression $\tan g.\ \alpha = \dfrac{2\pi R}{H}$, qui donne l'inclinaison α des éléments de l'hélice Y avec les génératrices du cylindre C, devient $\tan g.\ \alpha' = \dfrac{2\pi R'}{H}$ pour celle α' des éléments de l'hélice Y' avec les génératrices du cylindre C'. On peut donc conclure que tout cylindre de révolution, dont l'axe se confond avec celui du cylindre sur lequel est tracée l'hélice directrice et de plus grand rayon que celui-ci, coupe l'hélicoïde développable suivant une hélice de même pas que la première.

130. D'après cela, on peut encore considérer l'hélicoïde développable comme engendré par une droite qui se meut en s'appuyant constamment sur une hélice et en restant continuellement tangente à une autre hélice de même pas que la première, ces deux hélices étant situées sur deux cylindres de révolution ayant même axe.

131. Cette manière d'envisager la génération de l'hélicoïde développable nous fournit un moyen facile de représenter cette surface sur les plans de projection.

fig. 61.   Soit donc Y l'hélice directrice ; le plan horizontal est perpendiculaire à l'axe O du cylindre C sur lequel est tracée l'hélice Y donnée ; les projections horizontales des génératrices sont nécessairement tangentes à la base E du cylindre C. Pour trouver leurs projections verticales, nous avons construit les hélices X et X' respectivement engendrées par les points x et x' d'une tangente G à l'hélice Y. Pour rendre l'opération plus simple et plus exacte, nous avons pris le point x à l'intersection de G et du plan horizontal R passant par le point c de l'hélice Y ; x est donc l'intersection de G et de la développante D^h de la base E qui a pour origine le point c^h (N°. 129) ; on en conclut x^v sur V^R et, joignant x^v et g^v, on a G^v tangente à Y^v. La circonférence E', dont le rayon est $O^h x^h$, est la base du cylindre de révolution C' sur lequel est située l'hélice X engendrée par le point x ; prolongeant G^h au delà de g^h, H coupe cette droite en x'^h, de sorte que $g^h x^h = g^h x'^h$; mais la base E étant divisée en parties égales aux points $b^h, c^h, \ldots g^h \ldots k^h, \ldots$, on a arc $g^h z = $ arc $g^h k^h$, par suite, $g^h x'^h = $ arc $g^h k^h$; donc le point x'^h appartient à la développante de E qui a k^h pour origine ; donc le point x' de G est situé sur le plan horizontal Q passant par le point k, et on trouve x'^v sur V^Q. De cette manière les hélices X et X' respectivement engendrées par les points x et x' de G, sont toutes deux situées sur le cylindre C'. Menant les autres tangentes $F^h, G^h \ldots$ en chacun des points de division de la base E, les portions de ces droites $g^h x^h$, $f^h y^h$, $e^h z^h \ldots$, situées du même côté de chacun des points de contact, sont les projections des portions des génératrices appartenant à la même nappe de l'hélicoïde ; les intersections x^h, y^h, $z^h \ldots$ de ces portions de droites et de la base E divisent cette base en parties égales que nous désignons par $1'$, $2'$, $3'$, ... $12'$, en ayant soin de donner au point a^b le même numéro d'ordre $2'$ qu'au point c^b, puisque c^b et $2'$ sont situés sur la même parallèle 2 à IT; si donc par $1'$, $2'$, $3'$, ... $12'$, nous élevons des perpendiculaires à IT, ces droites couperont les parallèles à IT de même numéro d'ordre en des points appartenant à la projection verticale de X et à celle des tangentes à l'hélice X. Les portions $g^b x^{\prime b}$, $f^b y^{\prime b}$, $c^b z^{\prime b}$, ... situées de l'autre côté du point de contact, coupent également B' en des points qui divisent cette base en parties égales et que nous désignons par $1''$, $2''$, $3''$... $12''$ en ayant soin de donner $N°\ 8''$ au point $x^{\prime b}$, puisque 4^b et $x^{\prime b}$ se trouvent sur la même parallèle 8 à IT. Les perpendiculaires à IT, élevées par les points $1''$, $2''$, $3''$, ... $12''$, coupent les parallèles à cette droite de même numéro d'ordre en des points appartenant à la projection verticale de l'hélice Y' et à celle des tangentes à l'hélice Y. Joignant donc y^v et y'..., z^v et z'... on a $F^v C^v$... qui doivent être tangentes à Y^v respectivement en les points f^b, c^b,..... On peut maintenant comprendre, sur la figure, que l'hélicoïde présente un rebroussement le long de l'hélice Y, qui est tangente à tous les côtés de la ligne polygonale gauche formée par les génératrices successives de la surface.

Nous avons terminé l'hélicoïde à un plan P perpendiculaire à l'axe o; ce plan coupe donc chacune des nappes suivant les développantes B et B' ayant évidemment pour origine commune le point b en lequel l'hélice Y arête de rebroussement est coupée par le plan P. On obtiendra directement des points p et q de ces courbes en cherchant les intersections des génératrices P et Q avec le plan P.

132. Le plan tangent T en le point q de l'hélicoïde est tangent à cette surface tout le long de la génératrice C qui passe par le point m; par conséquent T^h sera tangente à la développante K, trace horizontale de l'hélicoïde, en le point m, intersection de C^h et de K. Mais C^h tangente à la développée B, est normale à la développante K; donc T^h est perpendiculaire à C^h et, par suite, parallèle au rayon R du cylindre O passant par le point de contact c de la génératrice C; ce rayon est donc aussi situé sur le plan T. Il s'ensuit que le plan tangent en un point d'un hélicoïde développable est déterminé par la génératrice passant par le point de contact et par le rayon du cylindre sur lequel est située l'hélice arête de rebroussement, ce rayon étant mené par le point de contact de cette hélice et de la génératrice.

De ce que T^h est perpendiculaire à C^h, on conclut que la génératrice C de contact est une ligne de plus grande pente du plan tangent par rapport au plan horizontal. Donc tous les plans tangents à l'hélicoïde développable sont également inclinés sur tout plan perpendiculaire à l'axe et, par suite, sur l'axe. Conséquemment si l'on veut mener la tangente U en le point n de la section faite par le plan P, U^h sera la perpendiculaire élevée par n^h perpendiculairement à N^h, projection horizontale de la génératrice N passant par le point n; N^v se confond avec V^p.

D'après cela, le contour apparent de l'hélicoïde est déterminé par les génératrices, telles que E, parallèles à ce plan, car le plan tangent le long de cette génératrice est perpendiculaire au plan vertical ($N°\ 29$); donc F^v sera tangente aux courbes X' et X^v respectivement en les points y', f^v et y'^v ($N°\ 102$ à $1°$) et cette droite limite les parties visible et invisible de chaque nappe.

133. Développement. Considérons la surface hélicoïde comme formée d'un nombre infiniment grand de faces planes dont chacune est déterminée par deux génératrices infiniment voisines, supposons que, pour opérer le développement, on ait employé le moyen général qui consiste à rabattre successivement chacune des faces sur l'une d'entre elles en faisant tourner la face qu'on veut rabattre autour de son intersection avec celle qui a été précédemment rabattue, les angles que les génératrices forment entre elles, après le développement, sont respectivement égaux à ceux qu'elles formaient avant le développement; mais, comme ces génératrices sont les prolongements des éléments de l'hélice arête de rebroussement, il s'ensuit qu'après le développement les angles de contingence de cette ligne, c'est-à-dire les angles que les éléments consécutifs font entre eux, sont restés invariables. Or, pour l'hélice, les angles de contingence sont tous égaux entre eux, car les éléments de cette ligne sont également inclinés sur tout plan perpendiculaire à l'axe, et la projection de cette hélice sur ce plan est une circonférence dont on sait que la courbure est uniforme. Donc la transformée de l'hélice arête de rebroussement, après le développement, sera une ligne plane dont les angles de contingence sont égaux entre eux; c'est donc une circonférence à laquelle les génératrices sont évidemment restées tangentes.

Toute autre hélice du même hélicoïde, celle X par exemple, peut être considérée comme engendrée par le même point z de la génératrice; par conséquent les portions de génératrices, comprises entre les hélices Y et X, sont égales; donc la transformée de cette hélice sera une circonférence concentrique à la première. Donc dans l'hélicoïde développable, toutes les hélices se transforment au développement en des circonférences concentriques. Reste à déterminer le centre commun.

Si nous opérons le développement de l'hélicoïde sur le plan tangent perpendiculaire au plan vertical, les droites F tangente à l'hélice Y, et T tangente à l'hélice X, toutes deux situées sur ce plan, seront tangentes aux circonférences transformées de ces hélices. Rabattons ce plan sur le plan horizontal en le faisant tourner autour de H^a, les points de contact f et i viennent en f' et en i'; la droite F s'est donc rabattue sur F', et la droite T et T'; par les points f' et i' menons les droites F' et T' respectivement perpendiculaires à F' et à T', l'intersection o' de ces droites est le centre commun des transformées de Y et de X, et les grandeurs $o'f'$ et $o'i'$ en sont les rayons respectifs.

La longueur de l'arc Y' transformée de Y est nécessairement égale à celle de cette hélice. Or, cette longueur est l'hypoténuse $X^a d'$ un triangle rectangle dont un côté H^a est égal à la base Y rectifiée et l'autre côté égal au pas; on fera donc l'arc $f'f^2$ égal en longueur à Y'; puis, divisant cet arc en douze parties égales et menant les tangentes en les points de division, on a les positions respectives des génératrices après le développement. Portant sur toutes ces droites, à partir du point de contact et dans le même sens, des longueurs égales à $f'i$, on aura les divers points de la transformée X^2 de l'hélice X que nous avons démontré être une circonférence.

Comme une partie du développement de la nappe supérieure doit se confondre avec celui de la nappe inférieure, pour éviter toute confusion, nous avons seulement représenté le développement de celle-ci, pour une spire de l'hélice X.

Il est facile maintenant de trouver la transformée d'une autre ligne tracée sur l'hélicoïde, par exemple celle d'une section S faite par un plan perpendiculaire à l'axe, en déterminant les vraies grandeurs des portions des génératrices comprises entre l'hélice arête de rebroussement et la section S. Chaque nappe est coupée suivant une développante dont il est facile de prouver que la transformée est une développante de la circonférence Γ.

134. M. Ch. Ollivier a employé l'hélicoïde développable pour former les dents de l'une des roues de l'engrenage destiné à transmettre un mouvement de rotation uniforme entre deux axes non situés dans le même plan.

Dans la coupe des pierres, on emploie aussi l'hélicoïde développable comme surface de jointe pour certaines constructions comme les voûtes d'escaliers tournantes ne Vis St Gilles.

De l'Hélicoïde gauche.

135. Lorsqu'une droite D se meut dans l'espace en s'appuyant constamment sur une hélice X, tracée sur un cylindre de révolution C' et en restant toujours tangente à un cylindre de révolution C, concentrique au premier, dont elle coupe les génératrices sous un angle constant, la suite des points de contact sur le cylindre C formera une hélice Y de même pas que la première X. Si la droite D est tangente à la seconde hélice Y, la surface engendrée sera évidemment une hélicoïde développable; dans le cas contraire, ce sera une hélicoïde gauche, ainsi que nous le démontrerons bientôt.

136. L'hélicoïde gauche que nous allons étudier est engendrée par une droite indéfinie qui se meut en s'appuyant constamment sur une hélice cylindrique circulaire et sur son axe, et en formant avec cet axe un angle constant. On conçoit que cette surface admet deux nappes dont chacune est engendrée par les portions de la génératrice situées de chaque côté de l'axe.

137. Si l'angle α que la génératrice fait avec l'axe, est quelconque, les génératrices successives de l'hélicoïde sont respectivement parallèles à celles d'un cône de révolution dont l'axe A est parallèle à celui O de l'hélicoïde, et dont la génératrice fait avec l'axe A un angle égal à l'angle α; la surface gauche prend alors le nom d'hélicoïde gauche à cône directeur.

Si l'angle α est droit, les génératrices de l'hélicoïde sont parallèles à un plan perpendiculaire à l'axe; alors c'est un hélicoïde gauche à plan directeur.

138. De ce que, dans son mouvement, la génératrice fait toujours le même angle avec l'axe, il résulte que tous les points de cette droite s'avancent en même temps de quantités égales dans le sens de cet axe, et ils décrivent, autour de lui et en même temps, des angles de rotation égaux. Chacun de ces points, le point a par exemple, engendre donc une hélice X de même pas que l'hélice directrice Y, mais dont l'inclinaison des éléments est différente; car R et R' étant les rayons respectifs des

cylindres concentriques sur lesquels sont tracées les hélices Y et X, b et b' étant les inclinaisons respectives de ces hélices par rapport à tout plan perpendiculaire à l'axe et H leur pas, on a, pour l'hélice Y, $\tan b = \dfrac{H}{2\pi R}$; et, pour l'hélice X, $\tan b' = \dfrac{H}{2\pi R'}$; d'où $\dfrac{\tan b}{\tan b'} = \dfrac{R'}{R}$: c'est-à-dire que tout cylindre de révolution, concentrique à celui sur lequel est tracée l'hélice directrice, coupe l'hélicoïde gauche suivant une hélice de même pas que la première, et dont l'inclinaison sur tout plan perpendiculaire à l'axe est en raison inverse du rayon du cylindre.

139. Représentation graphique de l'hélicoïde gauche à cône directeur.

Soient Y l'hélice directrice, O son axe et a l'angle que les génératrices font avec cet axe.

Afin de rendre plus distincte la forme de la surface, nous n'avons représenté que la nappe inférieure de l'hélicoïde, et nous avons terminé les génératrices aux points où elles s'appuient sur l'hélice directrice. De cette manière la projection complète de l'hélicoïde sur le plan horizontal sera déterminée par la circonférence Y^h projection horizontale de l'hélice Y. Le plan X, parallèle au plan vertical et passant par l'axe O, coupe l'hélicoïde évidemment suivant les génératrices A, B et I dont les projections verticales A^v, B^v et I^v font avec O^v des angles égaux à l'angle a donné. A^v, B^v et I^v coupent O^v respectivement en m^v, n^v et p^v; et comme, dans la génération de la surface, tous les points de la génératrice s'élèvent de quantités égales, il s'ensuit que $m^v n^v = a^v i^v$ et $m^v p^v = a^v i^v$. On comprend donc que, pour avoir la projection verticale de la génératrice qui passe par un point quelconque f de l'hélice, il suffit de porter de m^v en g^v la distance verticale $a^v f^v$ des points a et f; et, joignant g^v et f^v on a Y^v; par suite, joignant O^v et f^h on a F^h. Mais comme, pour le tracé de Y^v, on a divisé la circonférence Y^h et le pas $a^v i^v$ en un même nombre de parties égales, en 12, si on divise la portion $m^v n^v$ de O^v, qui est égale à $a^v i^v$, en autant de parties égales désignées par $0'$, $1'$, $2'$, $3'$, ... $12'$ joignant ces points à ceux de Y^v qui se trouvent sur les parallèles à III de même numéro d'ordre, on aura G^v, F^v, D^v, J^v, ..., projections verticales des génératrices G, F, D, J, ... dont les projections horizontales G^h, F^h, D^h, I^h, ... concourent au point O^h.

Il est maintenant évident que deux génératrices, si rapprochées qu'elles soient, ne se trouveront jamais dans un même plan, car leurs projections horizontales se coupent toutes en O^h, et leurs projections verticales ne peuvent se couper sur O^v. Donc cet hélicoïde est une surface gauche.

La projection verticale du contour apparent de l'hélicoïde par rapport au plan vertical se compose d'abord des parties $z^v i^v n^v b^v a^v i^v g^v$ de Y^v, puis des courbes Z^v et Z'^v symétriques qui sont tangentes à la ligne polygonale formée par les intersections successives des projections verticales des génératrices situées sur les portions (A, C) et (D, D) de l'hélicoïde, car ces projections font avec O^v des angles qui vont toujours en diminuant, et, si l'on conçoit ces génératrices multipliées infiniment, ce polygone deviendra une courbe tangente à chacune des projections de ces droites. Les courbes Z^v et Z'^v sont respectivement tangentes à C^v et à D^v, qui se confondent avec O^v en les points $3'$ et $9'$, projections verticales des intersections de l'axe O avec les génératrices C et D;

surface; comme nous n'avons représenté qu'une seule nappe de l'hélicoïde, il est évident que cette nappe doit se terminer à l'axe; qui est la ligne engendrée par l'extrémité de la génératrice.

140. Section par un plan perpendiculaire à l'axe. Nous avons terminé l'hélicoïde à un plan P perpendiculaire à l'axe O. Nous obtiendrons les divers points de la section S en cherchant les intersections respectives des génératrices avec le plan P. Ainsi, amenant la génératrice F en F' parallèle au plan vertical, en la faisant tourner autour de l'axe O, F' coupe le plan P en x', tel que x'' est l'intersection de F'' et de V^p, on en déduit x'^h sur F'^h. Ramenant F' dans sa position primitive F, on obtient x, intersection de F^h et de l'arc $O^h x'^h$, et f^h est l'intersection de F^h et de V^p. Opérant de même pour les autres génératrices $I, G, D, \ldots$, on trouve les autres points $i, z, y \ldots$ de la section S. Observons que le plan P coupe l'axe O en un point o, qui appartient aussi à une génératrice K de l'hélicoïde; supposons qu'on ait amené cette droite en K' parallèle au plan vertical, en la faisant tourner autour de l'axe O, K'' sera la parallèle à F'' menée par o''; cette droite coupe la perpendiculaire i^o à LT en le point k'', nouvelle projection verticale du point k en lequel la génératrice K coupe l'hélice X; on en conclut k^o sur Y', puis k^h sur Y^h et, par suite, K' et K^h. Ainsi la section plane S est limitée aux points i et k des génératrices I et K.

Les droites $F', G', F'', D', \ldots K''$ parallèles entre elles, coupent O'' aux points $12, 11, 10, 9, \ldots 5$ qui sont à égale distance; donc les points $i, z'', z'', y'', \ldots o''$, en lesquels ces mêmes droites coupent V^p, sont aussi à égale distance. Remarquons en outre que $o^h i^h = o^h i^h$ et $o^h y'' = o^h y^h$, $o^h z'' = o^h z^h$, $o^h y'' = o^h y^h \ldots$ Donc $\dfrac{o^h y^h}{5} = \dfrac{o^h z^h}{5} = \dfrac{o^h z^h}{6} = \dfrac{o^h i^h}{7}$. De plus les angles $X^h o^h B$, $\ldots D^h o^h V^h$, $F^h o^h G^h$, $G^h o^h F^h$ sont égaux; donc aussi $\dfrac{\text{ang. } D^h o^h K^h}{4} = \dfrac{\text{ang. } F^h o^h K^h}{5} = \dfrac{\text{ang. } G^h o^h K^h}{6} = \dfrac{\text{ang. } V^h o^h K^h}{7}$; c'est-à-dire que les distances des points y^h, z^h, z^h, i^h au point o^h sont proportionnelles aux angles que les rayons passant par ces points font avec une droite fixe K^h. Donc la courbe S^h est une spirale d'Archimède dont le point o^h est le pôle; et, comme S^h est la vraie grandeur de la section S, on conclut que tout plan perpendiculaire à l'axe coupe l'hélicoïde gauche à cône directeur suivant une spirale d'Archimède.

141. Le plan tangent en un point d'une surface gauche contient la génératrice qui passe par le point de contact; mais il n'est tangent à la surface qu'en ce point de la génératrice, et il est sécant en tout autre point de cette droite. Ce plan sera donc déterminé par la génératrice et par la tangente à une ligne tracée sur la surface gauche et passant par le point de contact. Ainsi, mener la tangente T en le point x de la section S c'est déterminer l'intersection du plan S et du plan T tangent en le point x de l'hélicoïde. Or ce plan T doit contenir la génératrice F et la tangente R à l'hélice X engendrée par le point x de la génératrice F. Cette hélice X est projetée horizontalement suivant la circonférence X^h, et la tangente R en le point x de cette hélice se projette en R^h, tangente à X^h en x^h. Un plan perpendiculaire à l'axe O, par exemple celui Q dont la trace x^q se confond avec la parallèle 10 à LT, coupe évidemment la génératrice F en le point f de l'hélice directrice Y; et, comme il se trouve à deux divisions au-dessous

du plan P, il coupera l'hélice auxiliaire x en le point j de la deuxième génératrice S au-dessous de celle F; ainsi le point j, intersection de la génératrice S et du plan q, est aussi l'intersection de l'hélice X et de ce plan. Si donc on trace la développante X^h de X^h qui a pour origine le point j^h, cette développante coupera x^h en un point x^h, projection horizontale du point x en lequel le plan P coupe la tangente R à l'hélice X. Joignant les points f et x, on a une horizontale L du plan tangent T. Mais la tangente T en le point x de S est aussi une horizontale de ce plan tangent; menons donc par x^h une parallèle à L^h, on a T^h, tangente à S^h en f^h. T^v se confond avec V^v. On a dû remarquer que pour la détermination de la tangente T, il n'a pas été nécessaire de tracer la projection verticale de l'hélice auxiliaire x ni celle de sa tangente R.

De la Vis à filet triangulaire.

fig. 63   142. Soit un triangle isocèle a b c dont la base a c, égale au pas π d'une hélice X, coïncide avec la génératrice A du cylindre de révolution O sur lequel est tracée l'hélice X, et dont le plan passe par l'axe o de ce cylindre; si l'on fait tourner ce triangle autour de l'axe O, de manière que son plan passe toujours par cet axe et que les deux extrémités de sa base s'appuient constamment sur les deux spires consécutives de l'hélice X, le solide engendré est le filet d'une vis que l'on appelle naturellement Vis à filet triangulaire; et le cylindre O prend le nom de Noyau de la Vis.

143. Dans toutes les positions du triangle générateur, chacun des côtés ba et bc, prolongé à l'intérieur du cylindre O, coupe l'axe O sous un angle constant. Par conséquent les faces du filet sont des portions de deux hélicoïdes gauches à cône directeur dont les génératrices respectives font des angles égaux avec l'axe O, et les hélices, engendrées par les divers points de ces côtés, sont concentriques et de même pas que l'hélice X. Il s'ensuit que l'hélice X, engendrée par le sommet b est commune aux deux faces et forme l'arête saillante du filet; de même l'hélice Y, directrice du point a, est également commune aux deux faces et forme l'arête rentrante du filet.

144. Projection de la Vis. Le plan horizontal est perpendiculaire à l'axe.

La projection horizontale sera déterminée par deux circonférences concentriques l'une E, base du noyau et dont le rayon est R, l'autre E', base du cylindre sur lequel est située l'hélice X engendrée par le point b et dont le rayon est égal à celui R augmenté de la hauteur bb' du triangle générateur. Ayant divisé la circonférence E en un nombre pair de parties égales, en 12 par exemple, les rayons passant par les points de division sont les projections horizontales du triangle a b c dans les positions correspondantes. Ayant porté sur O' une série de divisions égales au douzième du pas et par lesquelles nous menons des parallèles à L T, prenant le point a pour origine de l'hélice Y, nous traçons Y^v.

Considérons le triangle abc. Dans la position parallèle au plan vertical, il se projette en $a'b'c'$ dans sa vraie grandeur, et le point b' tombe nécessairement sur la parallèle N°6 à LT; et comme l'hélice Z est de même pas que celle Y, nous pourrons tracer X'' en nous servant de la même série de parallèles à LT.

Nous avons vu (N°139) que la projection du contour apparent, par rapport au plan vertical, est une courbe tangente à la ligne polygonale formée par les intersections successives des projections verticales des génératrices. Or, dans la vis à filet triangulaire où les portions des deux hélicoïdes gauches sont peu étendues et assez éloignées de l'axe, cette courbe se confondra sensiblement avec la tangente commune aux projections verticales des deux hélices Y et Z. On complétera donc la projection verticale de la vis en menant les tangentes $R'', Z'', M'', N''\ldots$ à Y'' et à Z''. On remarquera que R'' et N'' sont totalement visibles, attendu que leurs points de contact respectifs avec Y'' sont dans la partie visible de cette ligne; ce qui n'a pas lieu pour Z'' et M'', qui sont en partie cachées respectivement par R'' et par N''.

Le plan P, qui termine la vis, coupe les faces du filet suivant les arcs S et S' de spirales d'Archimède issues du même point y et ne rejoignant au point z, ces deux points étant les intersections respectives des hélices Y et Z et du plan P. La construction de S^h et de S'^h est simple, car les rayons $1, 2, 3,\ldots$ et $11, 10, 9,\ldots$ de chaque demi-circonférence forment entre eux des angles égaux; si l'on divise la différence $a'b'$ des rayons en 6 parties égales, et qu'on porte, à partir de E, $\frac{1}{6}$ sur les rayons 1 et 11, $\frac{2}{6}$ sur ceux 2 et 10, $\frac{3}{6}$ sur ceux 4 et 9, ainsi de suite jusqu'au dernier rayon 6, unissant par une ligne continue les points ainsi déterminés sur chaque série de rayons, on aura évidemment S^h et S'^h ces courbes sont nécessairement égales.

145. La vis que nous avons représentée est à un seul filet, c'est-à-dire que la base du triangle générateur est égale au pas de l'hélice directrice Y. Lorsque cette base est la moitié, le tiers ou le quart du pas de l'hélice, on conçoit que, dans la longueur π de ce pas, on peut placer deux, trois ou quatre triangles générateurs égaux qui, se mouvant ensemble autour du noyau, donnent lieu à deux, trois ou quatre filets de même pas que l'hélice Y, de telle sorte qu'après une révolution, chaque triangle s'est élevé, dans le sens de l'axe, d'une quantité égale à deux fois, trois fois ou quatre fois la longueur de sa base. On dit alors que la vis est à deux, à trois ou à quatre filets.

146. On appelle vis à droite celle dont le filet va en montant de gauche à droite; telle est la vis de la fig. 63. La vis à gauche est celle dont le filet va en montant de droite à gauche. On n'emploie cette dernière que dans les cas exceptionnels.

fig 64   147. Soit une pièce P en bois ou en métal percée d'un trou cylindrique

C' de même diamètre que le noyau C de la vis (fig. 63); soit Y' une hélice tracée sur le cylindre C' et de même pas que l'hélice Y du noyau C. Faisant tourner le triangle a'b'c' égal au triangle abc générateur de la vis, de manière que les sommets a et c restent constamment sur l'hélice Y', et que le plan de ce triangle passe toujours par l'axe O; si l'on suppose que ce triangle enlève toute la matière qui se trouve sur son passage, il tracera à l'intérieur du corps P une surface qui présentera en creux la même forme que le filet de la vis en relief. Alors le corps P prend le nom d'Écrou.

Si on introduit le noyau C de la vis dans le trou C' de l'écrou, et si on fait tourner la vis en maintenant l'écrou fixe, le filet saillant de la vis entrera dans le filet creux de l'écrou; et, comme les génératrices du filet creux font avec l'axe O le même angle que les génératrices du filet de la vis, il en résulte que tous les éléments de celui-ci viendront successivement coïncider avec ceux du filet creux et, par suite, toute la surface intérieure de l'écrou pourra s'appliquer exactement sur celle extérieure de la vis. On comprend qu'après un tour de la vis un point quelconque b de l'hélice Y aura parcouru un spire de l'hélice Y; donc la vis aura parcouru dans le sens de l'axe une longueur égale au pas; et vice versa, si l'écrou est mobile et la vis fixe, après chaque révolution, l'écrou se sera avancé dans le sens de l'axe, d'une quantité égale au pas.

148. Les projections de l'écrou s'obtiendront absolument comme celle de la vis, ainsi que l'indique la figure. Nous avons supposé que la pièce P est coupée par un plan θ passant par l'axe O et parallèle au plan vertical, et qu'on a enlevé la partie antérieure; de sorte que nous n'avons dû représenter que la seconde moitié de l'écrou qui est exactement la même que la partie postérieure de la vis. Le plan θ coupe les faces du filet de l'écrou suivant les génératrices A, B, C, D, ... dont les projections verticales complètent la projection verticale de l'écrou. Il faut observer que A'', B'', C'', D'', ... ne doivent pas être tangentes à Y'' et à X''. Enfin les plans A et B des faces supérieures et inférieures de P déterminent sur chaque face du filet des arcs de spirale d'Archimède que nous construirons comme précédemment (N°. 144)

De la vis à filet carré.

149. Si on remplace le triangle abc par un carré abcd dont le côté ab soit égal à la moitié du pas de l'hélice Y, et qu'on fasse tourner ce carré autour de l'axe O de manière que son plan passe toujours par cet axe et que le sommet a suive constamment l'hélice Y, le solide engendré sera le filet d'une vis appelée vis à filet carré; le cylindre C, sur lequel est située l'hélice Y prend le nom de noyau de la vis.

150. Entre deux spires consécutives de l'hélice Y, il existe donc un plein et un vide dont les hauteurs respectives, mesurées parallèlement à l'axe sont égales à la moitié du pas. On dit alors que la vis est à un filet.

Si le côté du carré abcd est le quart, le sixième ou le huitième du pas de l'hélice Y, on pourra disposer, dans la longueur YY de ce pas et dans le même plan passant par l'axe, deux, trois ou quatre carrés, en laissant entre chacun d'eux un intervalle égal au côté. Ces carrés, tournans ensemble autour du noyau de manière que tous leurs points décrivent des hélices concentriques et de même pas que l'hélice Y, donneront lieu à deux, trois ou quatre filets égaux. Alors la vis est à deux, à trois ou à quatre filets.

Pl. 24 fig. 65   151. Projections de la vis. Soient Y l'hélice directrice et abcd le carré générateur; le côté ab étant le quart du pas de l'hélice, la vis sera à deux filets F et F' respectivement engendrés par les carrés abcd et a'b'c'd' (N° 153). Dans toutes les positions du carré abcd les côtés ad et bc, perpendiculaires aux génératrices du noyau, couperont l'axe à angle droit; ils engendreront donc deux hélicoïdes gauches à plan directeur (N° 137) qui seront coupées par le noyau c et par le cylindre de révolution c' engendré par le côté cd suivant les hélices Y, N, M et X de même pas (N° 138). Ces hélices se confondent avec celles engendrées respectivement par les sommets a, b, c et d dans le mouvement du carré, et elles se projettent horizontalement en Y^h, N^h, M^h et X^h suivant deux circonférences concentriques qui déterminent la projection horizontale de la vis. Partageons la circonférence extérieure X^h et le pas en un même nombre de parties égales, en 12, divisible par le rapport 4 du pas au côté du carré générateur, la même série de parallèles à YY nous servira pour construire Y^v, N^v....; menant les rayons des points de division de X^h, on a les projections horizontales du carré abcd dans ses diverses positions; on en conclut les projections verticales et, par suite, celle des divers points de Y^v, N^v, M^v et X^v. Dans les positions 0 et 6, pour lesquelles les carrés générateurs sont parallèles au plan vertical, les projections verticales des côtés ab, a'b', d'c, d'c' parallèles à l'axe, sont tangentes à celles des hélices Y, N, Y', N' et Y, M, Y', M' (N° 123), et elles complètent la projection verticale de la vis, car elles limitent les parties visible et invisible des contours cylindriques de chaque filet et du noyau. Dans les positions 3 et 9, perpendiculaires au plan vertical, les projections des hélices, telles que Y et X, situées sur la même face hélicoïdale, coupent l'axe de la figure 0^v au même point, car, dans cette position, le côté générateur ad se projette vertica-lement en un seul point de 0; ce qui fait voir que dans l'hélicoïde gauche à plan directeur, les projections verticales des hélices engendrées par les divers points de la génératrice coupent la projection verticale de l'axe au même point qui est la projection verticale de la génératrice dans sa position perpendiculaire au plan vertical. Cette particularité, qui ne peut avoir lieu pour l'hélicoïde gauche à cône directeur, fait reconnaître, en jetant les yeux sur un dessin si un hélicoïde est à cône ou à plan directeur.

152. Tout plan perpendiculaire à l'axe coupe l'hélicoïde gauche à plan directeur suivant une génératrice, ce qui résulte du mode de génération de la surface.

Par conséquent, le plan P, qui termine la vis, coupe les faces inférieure (X, Y) et supérieure (M, N) du filet F suivant les droites A et B perpendiculaires à l'axe 0; ces droites sont rectangulaires, car, leur distance verticale étant le quart du pas, l'angle AOB est le quart de quatre angles droits. De même les faces (X'Y') et (M'N'), du filet F' sont respectivement coupées suivant les droites B et B', qui sont rectangulaires.

153. L'écrou de la vis sera formé par les carrés mnpq et m'n'p'q' qui sont égaux à ceux abcd et a'b'c'd' générateurs des filets de la vis. Si on fait tourner ces carrés autour d'un

tion cylindrique C' percé dans un corps P de même diamètre que le noyau C' de manière que tous leurs points engendrent des hélices concentriques et de même pas que celle Y, ils traceront à l'intérieur du corps P une empreinte qui offrira en creux la même forme que le filet de la vis en relief.

On doit reconnaître sur la figure que les projections de l'écrou s'obtiennent de la même manière que celles de la vis. Comme nous avons supposé la pièce P coupée par un plan Q passant par l'axe et parallèle au plan vertical, nous n'avons dû représenter que la seconde moitié de l'écrou avec laquelle la partie postérieure de la vis doit coïncider dans toute son étendue. Le plan Q coupe les parties saillantes de l'écrou suivant les carrés $n\,m'\,p'\,q$ ... et les parties rentrantes suivant d'autres carrés $m\,n\,p\,q$, ... nécessairement égaux aux premiers, $n\,n''$ ... et $q'\,p'$ ... sont respectivement tangentes aux courbes B'' et A''. On observera que les parties saillantes de la vis... correspondent aux parties rentrantes de l'écrou, et réciproquement; d'où les hélices $A, C'; A', C''$ de l'écrou sont rentrantes et sont en partie cachées respectivement par les hélices $B, E; B', E'$ qui sont saillantes.

fig. 67

154. **Propulseurs à hélices.** Les propulseurs à hélice employés dans la navigation sont des hélicoïdes gauches à plan directeur; ils sont à deux, trois ou quatre filets, selon qu'ils sont formés de deux, trois ou quatre ailes. La surface de chaque aile est, selon les cas, le quart le sixième ou le huitième de la surface engendrée dans une révolution de la génératrice autour de l'axe.

Celle que nous avons représentée est à deux ailes et, par conséquent à deux filets. Soient A et B les hélices externes projetées horizontalement in A'' et B'' sur la même circonférence; C est un moyeu cylindrique qui fait corps avec les ailes et qui doit recevoir l'arbre de couche sur lequel est monté le Propulseur; pour éviter l'engorgement de l'eau, les ailes sont évidées près du moyeu, et leurs projections horizontales respectives comprennent à peu près le quart de la surface du cercle de rayon $O''A''$. Le contour de chaque aile sera donc composé d'une portion d'hélice A et de deux courbes Z et Z' dont les projections horizontales sont connues. Pour tracer leurs projections verticales, il suffit de trouver celles des génératrices qui passent par leurs divers points. Ainsi D'' et la projection horizontale K'' de la génératrice II passant le point k intercepteront sur la circonférence A'' un arc $d\,z$ qui est compris dans la circonférence entière autant de fois que la distance verticale des génératrices D et K est comprise dans le pas. Si donc on divise le pas et la circonférence A'' en un même nombre de parties égales, en 12 par exemple, aux points 1, 2, 3, 4, ...; divisant ensuite en parties égales aux points 1', 2', 3', 4'; ... les parties 4 et 5 qui doivent comprendre les courbes Z et Z'; on a les projections K'' ... des génératrices dans les projections horizontales coupent Z'' et Z''' en des points k'' ... qui, relevés sur II'', ... en K'' ... donnent lieu aux divers points de Z'' et de Z'''. Enfin les ailes coupent le moyeu C respectivement suivant les hélices Y et X qui sont faciles à déterminer.

155. L'application de l'hélicoïde gauche à plan directeur se rencontre encore dans les surfaces des limons et des plafonds d'escalier tournant, les vis d'Archimède, etc.

Fin de la 2me Partie.

Notions sur le tracé des Ombres.

155. La lumière, libre dans l'espace, se propage en ligne droite.

Pour s'en convaincre, il suffit de s'enfermer dans une chambre complètement obscure dont un côté est exposé au soleil, pratiquant dans la paroi de ce côté une petite ouverture par laquelle on puisse faire passer un rayon solaire, on reconnaîtra que ce rayon, parfaitement apparent dans la chambre obscure, se dirige en ligne droite.

156. Si l'on présente au rayon de lumière des corps non polis comme le fer brut, le bois, le papier, etc. il ne traversera pas leur substance; il paraîtra s'anéantir à leur surface, ou du moins il ne jaillira de cette surface que des filets de lumière presqu'insensibles, et qui seront renvoyés dans toutes les directions.

Ces corps s'appellent Corps opaques et les faibles filets qu'ils renvoient en tous sens forment la lumière reflétée.

157. Si le corps présenté au rayon lumineux est poli, ce rayon sera renvoyé sans altération sensible; on nomme Réflexion le phénomène qui produit ce renvoi, et la lumière renvoyée s'appelle lumière réfléchie.

158. On appelle Point d'incidence celui en lequel le rayon de lumière rencontre un corps; alors le rayon est dit incident.

Si, par le point d'incidence, on conçoit une normale au corps rencontré, le rayon incident, la normale et le rayon réfléchi sont dans un même plan.

159. On appelle angle d'incidence l'angle que le rayon incident fait avec la normale, et angle de réflexion celui que le rayon réfléchi fait avec cette même normale.

Ces deux angles sont toujours égaux.

160. On appelle Point brillant celui qui réfléchit à l'œil du spectateur le rayon qui lui arrive. Plus la surface est polie, plus le point brillant a d'éclat.

161. Le cas le plus simple, et qu'on traite le plus souvent dans la pratique, consiste à considérer le corps lumineux placé à une distance infinie du corps opaque dont on s'occupe; les rayons lumineux sont alors parallèles.

Pl. 25. fig. 68 162. La direction du rayon lumineux est généralement celle de la diagonale d'un cube dont une face (K, V) est parallèle au plan vertical, et l'autre (K, H) parallèle au plan horizontal; d'où on conclut que les projections $a^x b$ et $a^b b$ du rayon lumineux $a b$ ou R font avec la ligne de terre et dans le même sens des angles de 45°.

163. Le rayon lumineux R fait des angles égaux avec chacun des plans de projection. En effet, les triangles $a b a^x$ et $a b a^b$ sont égaux, parceque $a b$ est commun, $a.a^x = a.a^b$ comme côtés d'un même cube, et $a^x b = a^b b$ comme diagonales de carrés égaux. Par conséquent angle $a b a^x$ = angle $a b a^b$. Si

on construit un de ces triangles, celui $a\,b\,a°$ par exemple, on trouve que l'angle $a\,b\,a°$ est de 35° 16'.

Ainsi le rayon lumineux, que nous considérons, fait un angle de 35° 16' avec chacun des plans de projection, et ses projections font avec la ligne de terre et dans le même sens des angles de 45°.

fig. 69. — D'après cela, on déduira facilement la projection R^h sur un plan H perpendiculaire à LT, et celle R^v sur un second plan vertical V. (1re Partie N°. 63).

164. Un corps exposé à la lumière se décompose en parties éclairées et parties dans l'ombre; si l'on conçoit qu'un rayon lumineux tangent à ce corps se meuve parallèlement à lui-même sans cesser d'être tangent, la suite des points de contact détermine une ligne qu'on appelle séparation d'ombre et de lumière.

Cette ligne est généralement à double courbure, et, dans quelques cas particuliers, elle est plane.

165. Le faisceau de rayons lumineux tangents au corps donné détermine une surface cylindrique dont la ligne de séparation d'ombre et de lumière est la directrice.

Si le corps donné est un polyèdre, les arêtes, intersections des faces éclairées et des faces dans l'ombre, forment un polygone généralement gauche. Ce polygone est la séparation d'ombre et de lumière et en même temps la base d'un prisme dont les arêtes sont parallèles au rayon lumineux.

167. Ainsi, dans tous les cas, le principe général consiste à considérer le corps comme enveloppé par une surface dont les génératrices sont parallèles au rayon lumineux et qui a pour directrice la ligne qui, sur la surface, sépare la partie éclairée de celle qui ne l'est pas.

168. La portion de l'espace, située derrière le corps éclairé et comprise dans la surface enveloppe, est entièrement privée de lumière; si donc un autre corps se trouve placé dans cet espace obscur, l'intersection de la surface enveloppe et de cet autre corps limite l'ombre portée du premier sur le second.

fig. 70. — 169. Problème. Trouver l'ombre portée d'un point sur chacun des plans de projection.

C'est chercher les traces du rayon lumineux R passant par le point donné m. Ainsi, la trace horizontale p est l'ombre portée du point m sur le plan horizontal, et la trace verticale q est l'ombre portée de ce même point sur le plan vertical.

170. Si, par l'ombre portée p sur le plan horizontal, on mène pa parallèle à LT, le triangle $m^h\,xp$ est égal au triangle $m^v\,yp^v$; car $pa = p^v y$, les angles en a et en y sont droits, et ceux $a\,m^h\,p$ et $y\,m^v\,p^v$ sont égaux, comme comprenant chacun 45°; donc $m^h x = m^v y$; donc $m^h x$ indique la distance du point m au plan horizontal. De même si, par l'ombre portée q sur le plan vertical, on mène qx parallèle à LT, on trouve que, par l'égalité des triangles $m^v qx$ et $m^v yq$, le côté $m^v x$ = celui $m^h y$. Donc aussi $m^v x$ indique la distance du point m au plan vertical.

Par conséquent un point de l'espace est déterminé par l'une de ses projections et son ombre portée sur le même plan de projection. C'est pourquoi, dans la pratique, on adopte généralement pour la direction du rayon lumineux, celle de la diagonale d'un cube dont une face est parallèle au plan horizontal, et l'autre au plan vertical.

Sur l'épure, les ombres portées p et q doivent se trouver sur la même parallèle à LT; car on a $m'y = m'z$, ou bien $m h x + p p' = m r y + q q^h$; donc $p p' = q q^h$. D'où l'on conclut que lorsqu'un point est également distant des deux plans de projection, ses ombres portées sur ces plans se confondent en un même point de la ligne de terre.

171. Si par une droite donnée on fait passer un plan parallèle au rayon lumineux, ce plan contiendra tous les rayons lumineux qui passeront par les différents points de la droite. Par conséquent l'ombre portée d'une droite sur une surface est l'intersection de cette surface et du plan mené par la droite parallèlement au rayon lumineux.

fig. 74.   172. Problème. Trouver l'ombre portée d'une droite sur chacun des plans de projection.

Soit D la droite donnée. On prend sur la droite deux points a et b le plus éloignés possible et on cherche les ombres portées p et q sur le plan horizontal; joignant p et q, on a l'ombre portée M de la droite D sur le plan horizontal (n°171.) De même, joignant les ombres portées m et n des points a et b sur le plan vertical, on a l'ombre portée N de la droite D sur ce plan de projection.

Les deux ombres portées M et N doivent couper la ligne de terre au même point k, car ce point est l'intersection de trois plans.

173. Lorsqu'une droite est parallèle à un plan, son ombre portée sur ce plan lui est parallèle et par suite, lui est égale en longueur.

174. Lorsqu'une droite est perpendiculaire à un plan, son ombre portée sur ce plan est parallèle à la projection du rayon lumineux sur le même plan; car le plan, parallèle au rayon lumineux et conduit suivant la droite donnée, est parallèle au plan projetant le rayon lumineux sur le plan donné.

175. D'après les deux principes précédents, on voit que lorsqu'une droite est perpendiculaire à l'un des plans de projection, son ombre portée sur ce plan est parallèle à la projection du rayon lumineux sur le même plan, et son ombre portée sur l'autre est perpendiculaire à la ligne de terre.

fig. 72.   176. Problème. Trouver l'ombre portée d'une courbe sur chacun des plans de projection.

Soit C la courbe donnée. L'ombre portée sur le plan vertical sera la ligne M formée par les ombres portées m, p, z,..., sur le plan vertical, des divers points a, b, c,... de la courbe C. De même l'ombre portée sur le plan horizontal sera la ligne N formée par les ombres portées n, q, s,..., sur le plan horizontal, des mêmes points a, b,...

177. Les notions qui précèdent sont la base de la détermination des lignes d'ombre. Bien que les constructions à effectuer varient avec la nature géométrique de la surface donnée, elles dépendent néanmoins toutes des principes que nous avons énoncés.

Détermination de la ligne de séparation d'ombre et de lumière.

fig. 73.   178. Problème. Trouver la ligne de séparation d'ombre et de lumière sur un prisme.

Soit P le prisme donné dont les arêtes sont perpendiculaires au plan horizontal. La base supérieure M est évidemment éclairée et la base inférieure N est dans l'ombre. Les plans X et Y, menés par les arêtes O et θ parallèlement au rayon lumineux R, sont perpendiculaires au plan horizontal ; donc H^x et H^y sont les parallèles à R^h menées respectivement par C^h et par G^h ; ces plans partagent la surface latérale du prisme en deux parties, l'une $GABC$ qui reçoit la lumière, l'autre $GFDC$ qui en est privée ; les arêtes C et G sont donc de séparation d'ombre et de lumière ; par conséquent la ligne polygonale formée par les côtés $cdfg$ de la base supérieure, par ceux $onmp$ de la base inférieure et par les arêtes C et G, est la ligne de séparation d'ombre et de lumière cherchée, car chacun de ces côtés est l'intersection d'une face éclairée et d'une face dans l'ombre.

179. Dans les dessins au trait, on a coutume d'écrire en lignes fines les arêtes intersections de faces éclairées, et en lignes fortes celles qui font partie de la séparation d'ombre et de lumière ainsi que les intersections de deux faces dans l'ombre. Cependant lorsque deux faces dans l'ombre forment un angle rentrant, leur intersection est exprimée en trait fin, par assimilation au reflet produit par les corps éclairés environnants. Il faut observer que cette différence de grosseur n'existe que pour les lignes qui doivent être pleines et non pour les lignes pointillées. Par cette manière de dessiner, non seulement on donne du relief au dessin, mais encore ceux qui ont quelque habitude peuvent distinguer immédiatement si un corps est percé, s'il possède des parties creuses ou des parties saillantes ; on peut plus facilement reconnaître une ligne sur un dessin convenablement fait et qui renferme plusieurs projections d'un même corps, car cette ligne sera fine ou forte dans toutes les projections où elle est visible. En effet le principe de la représentation géométrique d'un corps consiste à considérer ce corps comme entouré d'autant de plans de projection qu'il est nécessaire pour que cette représentation soit complète et claire, et à déterminer les projections de ce corps sur chacun de ces plans, le corps restant immobile dans l'espace ; et, comme la direction du rayon lumineux est constante, quelle que soit la position du plan auxiliaire de projection, la ligne de séparation d'ombre et de lumière ne variera pas sur le corps ; et une ligne quelconque de la surface sera représentée de la même manière dans toutes les projections. Ainsi, en passant un dessin à l'encre, on saura que la projection d'une ligne visible sur un plan auxiliaire doit être fine ou forte selon que la projection de cette même ligne sur le plan horizontal ou sur le plan vertical est fine ou forte.

Lorsqu'on ne pourra pas reconnaître immédiatement sur les projections horizontale et verticale quelles sont les parties éclairées et les parties dans l'ombre, on procédera comme il est dit plus loin (N° 182, 3°) à l'occasion du cylindre de révolution.

fig. 73.

180. Problème. Trouver la ligne de séparation d'ombre et de lumière sur une pyramide.

Soit Q la pyramide donnée. Les plans menés par chacune des arêtes parallèlement au rayon lumineux R se couperont tous suivant la droite K menée par le sommet s parallèlement à ce rayon ; joignant la trace k de K sur le plan de la base à deux sommets c et f, de telle sorte que cette base soit comprise toute entière dans l'angle ckf, les droites ck et fk sont les traces H^x et H^y des deux plans X et Y menés par les arêtes C et F parallèlement au rayon lumineux et qui partagent la pyramide en deux parties, l'une $OABGF$ qui est éclairée, l'autre CDF qui ne l'est pas ; et comme la base E est dans l'ombre, il s'ensuit que les arêtes C et F et les côtés cb, ba, ag et gf de la base forment la ligne

de séparation d'ombre et de lumière cherchée. On en conclut les traits fins
et les traits forts comme précédemment; et nous avons exprimé par des hachures
les faces visibles qui sont dans l'ombre.

181. La ligne de séparation d'ombre et de lumière sur une surface développable
est une génératrice rectiligne, car toutes les tangentes à la surface menées parallèlement
au rayon lumineux sont situées dans un même plan parallèle à ce rayon et tangent
à la surface donnée.

fig. 74   182. Problème. Trouver la ligne de séparation d'ombre et de lumière sur un cylindre
de révolution.

Soient C le cylindre donné et O son axe.

1°. L'axe O est perpendiculaire au plan horizontal. Les plans X et Y, tangents
au cylindre et parallèles au rayon lumineux R, sont parallèles au plan projetant
horizontalement ce rayon; donc H^x et H^y seront les tangentes à la base B menées
parallèlement à R^h. On en déduit les génératrices G et K de contact, qui sont de
séparation d'ombre et de lumière; de sorte que la partie GMK de la surface cylindrique
est éclairée, et celle GNK est dans l'ombre.

La génératrice qui paraît la plus éclairée L est l'intersection du cylindre
et du plan A bissecteur de l'angle dièdre formé par deux plans passant par l'axe O,
dont l'un P est parallèle au rayon lumineux, et l'autre Q passe par l'œil du spectateur qui est supposé placé à une distance infinie et perpendiculairement au plan
vertical; cette génératrice L est dite ligne de plus grand éclat.

D'après la direction du rayon lumineux que nous avons choisie, le cylindre
n'admettra pas de points brillants, car la normale et le rayon visuel sont perpendiculaires à l'axe O, tandis que le rayon lumineux est oblique par rapport à cet axe; ces
trois droites ne pourront donc jamais être situées sur le même plan (N°s 158, 159 et 160);
pour qu'il pût y avoir des points brillants, il faudrait que le rayon lumineux fût
aussi perpendiculaire à l'axe. On conçoit donc que, sur les surfaces cylindriques, on
n'obtiendra des éléments brillants que par une disposition du rayon lumineux
particulière pour chaque cas.

fig. 75.   2°. L'axe O est parallèle à la ligne de terre. Les plans X et Y, tangents au
cylindre et parallèles au rayon lumineux R, sont perpendiculaires au plan de la base
B; ils sont donc parallèles au plan projetant ce rayon R sur cette base. Si donc on
considère le plan de B comme un nouveau plan de projection, $L'T'$ se confond avec
B, et R^b est la nouvelle projection du rayon lumineux. Menant donc H^x et H^y
tangentes à la base B, on en déduira les génératrices G et K de séparation d'ombre et
de lumière; la partie GMK du cylindre est éclairée, et celle GNK est dans l'ombre.

fig. 76   3°. L'axe O est oblique par rapport aux deux plans de projection. Par
le centre o de la base B, menons une horizontale A et une verticale B du plan de
cette base; A^h et B^v sont respectivement perpendiculaires à o^h et à O^v. Cherchons la
projection sur le plan de B du rayon lumineux R passant par le centre o; il suffit
d'abaisser d'un point z de cette droite une perpendiculaire D sur la base; D^h et D^v
sont parallèles à O^h et à O^v; cherchant l'intersection z de D avec la base B,

(1re Partie, N°. 106 2°), joignant o et o', on a la projection I cherchée. Si donc on mène X et Y, tangentes à la base B et parallèles à I, ce sont les intersections du plan de cette base avec les plans parallèles au rayon lumineux et tangents au cylindre; donc les génératrices G et K, qui passent par les points de contact x et y, sont de séparation d'ombre et de lumière; la partie GMK du cylindre est éclairée, et celle GNK est dans l'ombre.

183. Problème. Trouver la séparation d'ombre et de lumière sur un cône de révolution.

fig. 77.   Soit Q le cône donné et O son axe.

1° Si l'axe O est perpendiculaire au plan horizontal. Les plans X et Y, tangents au cône et parallèles au rayon lumineux R, se coupent suivant une droite D passant par le sommet s et parallèle à R. Par la trace horizontale D' de D menons deux tangentes à la base B, on a H^x et H^y; on en conclut les génératrices de contact G et K qui sont de séparation d'ombre et de lumière (N° 181); par suite, la partie GMK du cône est éclairée, et celle GNK est dans l'ombre.

Pour trouver la génératrice de plus grand éclat, par le sommet s menons un rayon lumineux R et le rayon réfléchi Z passant par l'œil du spectateur placé à l'infini; construisons la bissectrice I de l'angle des droites R et Z (1re Partie N°s 109 et 113); le plan déterminé par cette bissectrice et par l'axe O coupe le cône suivant la génératrice cherchée M. Si la droite I est normale à la surface conique, tous les points de la génératrice M seront brillants.

fig. 78.   Si le cône est renversé, on obtiendra les génératrices G, K et M, en répétant mot pour mot ce qui a été dit pour le cas précédent, et en suivant les indications sur la fig. 78.

2° Si l'axe O est parallèle à LT. Considérons le plan de la base B comme un nouveau plan de projection; $L'T'$ se confond avec B', et nous déterminons la nouvelle projection D^x de la droite D parallèle au rayon lumineux menée par le sommet s. Par la nouvelle trace D' de D, menons des tangentes à la base B, ces droites sont les nouvelles traces H^x et H^y des plans tangents au cône et parallèles au rayon lumineux. Donc les génératrices de contact G et K sont de séparation d'ombre et de lumière.

fig. 80.   184. Problème. Trouver la séparation d'ombre et de lumière sur une surface de révolution.

Soit I la surface de révolution, M la méridienne et O son axe qui est perpendiculaire au plan horizontal. Un plan P passant par l'axe O coupe la surface I suivant une méridienne N, qui contiendra généralement deux points de la ligne de séparation d'ombre et de lumière. Considérons cette méridienne N comme une tranche infiniment mince de la surface donnée I, cette tranche se confondra sensiblement avec le cylindre droit ayant pour base la méridienne N, de sorte que son plan tangent à ce cylindre sera aussi tangent à la tranche N, et l'intersection de ce plan avec le plan P sera tangente à la méridienne N et parallèle à la projection du rayon lumineux sur ce même plan P. Par un point o de l'axe O, menant une parallèle R au rayon lumineux, d'un point z de R abaissons sur le plan P une perpendiculaire Z, qui rencontre ce plan P en un point z que l'on joint au point o, et on a la projection A du rayon R sur le plan P. Amenons le plan P parallèle au plan vertical en le faisant tourner autour de l'axe O, la méridienne N viendra en N' se confondant avec celle M, et la projection A viendra en A', de sorte que les droites T' et U' parallèles à A' et tangentes à M en n et en $n'u'$ sont les nouvelles positions des traces sur le plan P de plans parallèles au rayon lumineux et tangents à la tranche M. Ramenant le plan P dans sa position primitive, les points n' et u' viendront en n et en u; ces points sont les traces sur le plan P des génératrices de contact de la tranche M; et comme ces droites ont une longueur infiniment petite, elles se réduisent à leurs traces. Donc les points n et u de la méridienne N appartiennent à la ligne S de séparation d'ombre et de lumière de la surface de révolution donnée. On obtiendra de la même manière les autres points de la courbe S.

On cherchera de préférence : 1° les points a et b situés sur le plan-méridien A perpendiculaire à R^h; de ce que la projection de R sur ce plan est perpendiculaire à H^h, les points a et b se trouvent sur l'équateur K, et on reconnaîtra que S^h doit se raccorder avec K^h en les points a^h et b^h. 2° Les points c et d situés sur le plan B parallèle au rayon lumineux R; les tangentes à la méridienne en chacun de ces points sont parallèles à R et donnent lieu au point le plus haut c et au point le plus bas d de S. 3° Les points f et g situés sur le plan Q parallèle au plan vertical et pour lesquels les tangentes à la méridienne N sont parallèles à R^v. 4° Enfin les points i et j situés sur le plan D perpendiculaire au plan vertical; de ce que les plans Q et D font des angles égaux avec le plan B les projections de R sur ces plans font avec l'axe O et dans le même sens des angles égaux; donc les points f et i sont sur le même parallèle, et on aura $o^v f^v = o^v i^v$; de même les points g et j sont sur le même parallèle et on aura $o^v g^v = o^v j^v$.

Dans un grand nombre de cas, ces huit points suffisent pour tracer facilement la courbe S.

Points brillants. La normale de la surface menée par un point brillant est la bissectrice de l'angle formé par le rayon lumineux incident et par le rayon réfléchi passant par l'œil du spectateur placé à l'infini et perpendiculairement au plan de projection. Soient donc R un rayon lumineux passant par le point v de l'axe O, et B le rayon réfléchi perpendiculaire au plan vertical; déterminant la bissectrice I de l'angle RoB, c'est la direction de la normale cherchée que l'on prouve facilement devoir être située sur le plan méridien (I, O). Amenons ce plan dans une position parallèle au plan vertical, la méridienne de section viendra se confondre avec celle M, et la bissectrice I viendra en I''; si donc on mène Y'' parallèle à I'' et normale à la méridienne M, on a la normale cherchée Y dans sa position parallèle au plan vertical. Ramenant le plan (I, O) dans sa position primitive, le point m', intersection de Y'' et de M, vient en m, et d'on a ainsi le point brillant de la surface pour la projection verticale; on observera que Y'' est la parallèle à I'' menée par t'', intersection de o'' et de Y'', et, comme la projection verticale du point m doit seule paraître brillante, on obtiendra m^v, sans s'occuper de m^h, à l'intersection de Y'' et de la parallèle à I'' menée par m''.

Un raisonnement et une construction analogues donneront lieu au point brillant k pour la projection horizontale. Ainsi le rayon réfléchi devant être perpendiculaire au plan horizontal, la bissectrice de l'angle RoO sera la direction de la normale passant par le point brillant cherché. Amenons le plan (R, O), qui se confond avec celui B, dans sa position $(R''O)$ parallèle au plan vertical, traçons J'' bissectrice de l'angle $R''oO$, et G'' normale à M et parallèle à J''; cette dernière est la normale cherchée dans sa position parallèle au plan vertical. Ramenons le plan B ou (R, O) dans sa position primitive, le point k'', intersection de G'' et de M, viendra en k, tel que k^h se trouve sur H^h;

il est inutile de chercher k".

Ainsi, dans le tracé de la surface z, le point m' sera le point brillant de la projection verticale, et le point k sera le point brillant de la projection horizontale.—

La méthode que nous venons d'exposer est d'une exécution facile et convient à toutes les surfaces de révolution, quelle que soit la méridienne.—

fig. 81

185. Séparation d'ombre et de lumière sur la sphère.

Soient z la sphère donnée et o son centre. Le faisceau de rayons lumineux tangents à la sphère détermine une surface cylindrique de révolution dont l'axe o est le parallèle au rayon lumineux menée par le centre o. La ligne de contact s sera donc une circonférence de grand cercle dont le plan est perpendiculaire à l'axe o. Les projections s'' et s' sont deux ellipses, dont les grands axes $a^b b^b$ et $f^g g^g$ sont respectivement perpendiculaires à o'' et à o', et dont on détermine les petits axes respectifs $c^b d^b$ et $p^g q^g$ en cherchant les points c et d, p et q situés sur les plans B et P passant par le centre o, parallèles au rayon lumineux R et respectivement perpendiculaires aux plans horizontal et vertical.

On déterminera les points brillants m, pour la projection verticale, et k, pour la projection horizontale, respectivement situés sur les normales I et J de la sphère, chacune de ces droites étant la bissectrice d'un angle formé par un rayon lumineux et par le rayon réfléchi passant par l'œil du spectateur placé à l'infini perpendiculairement au plan de projection.

Toutes les constructions à effectuer sont celles indiquées pour la résolution du problème précédent (N° 184).

En étudiant la figure, on peut remarquer que la direction du rayon lumineux adoptée permet de tracer l'une des projections de la courbe de séparation d'ombre et de lumière sur la sphère, sans le secours de la seconde projection.

186. Problème. Trouver la ligne de séparation d'ombre et de lumière sur une vis à filet triangulaire.

Pl. 26. fig. 87

Le plan horizontal est perpendiculaire à l'axe o de la vis.

Généralement la face M du filet est en grande partie dans l'ombre portée par la face N; nous chercherons donc la séparation d'ombre et de lumière seulement sur cette dernière face N.

Si l'on mène à la face N une série de plans tangents parallèles au rayon lumineux, la suite des points de contact donnera lieu à la ligne cherchée. Les plans tangents à une surface hélicoïde en les divers points d'une même hélice, sont tous également inclinés sur le plan horizontal, car chacun d'eux est déterminé par une génératrice et par une tangente à l'hélice. Ainsi la génératrice B, qui passe par le point b de l'hélice X, est coupée par le plan horizontal P en un point m que nous déterminons en amenant cette droite, en la faisant tourner autour de l'axe o, dans la position B' parallèle au plan vertical, on trouve m'' intersection de V^b et de B'; on en déduit m^b et, par suite, m' sur B'. La tangente T en le point b de l'hélice X est coupée par le même plan P en le point t tel que $b^b t^b =$ arc $b^b a^b$ rectifié (N° 123). Joignant les points t et m, on a la droite X, trace sur le plan P du plan tangent T en le point b de l'hélicoïde gauche N; et chacun des plans tangents à cet hélicoïde en les points de l'hélice X coupera le plan P suivant une droite qui fera avec la projection horizontale de la génératrice passant par le point de contact un angle égal à celui $k^b m^b B'$. Le plan T est aussi tangent à un cône de révolution Q dont le sommet est en s, intersection de la génératrice B et de l'axe o; si donc de s^b on abaisse sur k^b une perpendiculaire h^b, on a la projection horizontale de la génératrice h de contact du cône Q;

de sorte que, pour chacun des plans tangents à l'hélicoïde en les points de l'hélice X, la projection horizontale de la génératrice de contact du cône Q et celle de la génératrice de l'hélicoïde passant par le point de contact feront entre elles un angle égal à celui $B^h O^h A^h$.

Cela posé, si on mène au cône Q un plan tangent V parallèle au rayon lumineux, ce plan sera aussi tangent à l'hélicoïde N en un point de l'hélice X; sa trace T sur le plan P passera par celle r du rayon lumineux amené par le point S, et elle sera tangente à la circonférence C en laquelle le plan P coupe le cône Q. On en déduit la génératrice de contact F; puis menant G^h par O^h faisant avec F^h un angle $G^h O^h T^h =$ angle $B^h O^h A$, on a la projection horizontale de la génératrice G de l'hélicoïde située sur le plan tangent V. Donc le point m, en lequel cette droite coupe l'hélice X, est le point de contact du plan V et de l'hélicoïde N; par conséquent il appartient à la ligne S de séparation d'ombre et de lumière cherchée. On peut mener au cône Q un second plan tangent parallèle au rayon lumineux, on obtiendra alors sur l'hélice X un second point m' appartenant à la seconde branche S' de la ligne de séparation d'ombre et de lumière.

On déterminera les points n et n' de S et de S' situés sur l'hélice Y, par une opération analogue, c'est-à-dire qu'on cherchera d'abord le plan V' tangent à l'hélicoïde N, et le point c, intersection de l'hélice Y et de la génératrice B, puis le cône de révolution Q', tangent au plan V' et dont le sommet est en S, on connaîtra alors l'angle que font entre elles les génératrices respectives de l'hélicoïde et du cône situées sur le plan tangent commun. Menant enfin au cône Q' les plans tangents parallèles au rayon lumineux, les génératrices de l'hélicoïde situées sur ces plans donneront lieu aux points n et n'.

Les points m et n, m' et n' sont les limites des courbes S et S' sur la face N du filet; on obtiendra des points intermédiaires p et p' en construisant l'hélice Z et en opérant sur cette ligne comme il a été opéré sur celles X et Y.

Des Ombres portées.

187. Le faisceau de rayons lumineux qui enveloppe un corps détermine une surface prismatique ou cylindrique selon que la surface du corps éclairé est polyédrale ou courbe. Par conséquent chercher l'ombre portée d'un corps sur un autre, c'est déterminer l'intersection de cet autre corps avec un prisme ou un cylindre dont les arêtes sont parallèles au rayon lumineux et dont la directrice est la ligne de séparation d'ombre et de lumière sur le premier des corps donnés.

Pl. 26. fig. 82. 188. Problème. Trouver l'ombre portée d'un prisme sur un autre prisme.

Soient P et P' les prismes donnés. Les plans X et Y, menés par les arêtes B et C du prisme P' parallèlement au rayon lumineux, déterminent la partie $mnpq$ de la ligne de séparation d'ombre et de lumière du prisme P qui porte son ombre sur celui P'. Si donc par le point q on conçoit un rayon lumineux R, ce rayon coupera l'arête B en un point b, qui est l'ombre portée du point q sur la face (A, B). On obtiendra de même les autres points d, a, c, et, par suite, la ligne $bdac$ qui limite l'ombre portée du prisme P sur celui P'. Observons que les droites qp et nm sont respectivement parallèles aux faces (B, A) et (A, C); donc leurs ombres portées respectives bd et ac leur sont égales et parallèles. $(N^o 173)$. La partie np est perpendiculaire à la face (B, A), son ombre portée ad sur cette face doit être parallèle à la projection du rayon lumineux sur cette même face. $(N^o 174)$.

189. *Problème.* Trouver l'ombre portée d'un prisme sur un cylindre.

fig. 83   Soient P le prisme et C le cylindre de révolution donnés, les axes de ces corps se confondent en un seul O. Les plans X et Y, tangents au cylindre et parallèles au rayon lumineux, déterminent les génératrices G et K de séparation d'ombre et de lumière (N°. 182, 1°) sur ce cylindre; elles déterminent aussi la partie mnp de la ligne de séparation d'ombre et de lumière du prisme qui porte ombre sur le cylindre. Par les points n et p de cette ligne menant des parallèles au rayon lumineux, leur intersection g et k respectives de ces droites avec G et K seront les limites de l'ombre portée du prisme sur le cylindre. Par le point g menons un plan parallèle à ceux X et Y; ce plan coupera le cylindre C suivant une génératrice B dont l'intersection b avec le rayon lumineux mené par le point g est l'ombre portée de ce point g sur le cylindre. On déterminera de la même manière les autres points de la ligne d'ombre E cherchée; et on observera que cette ligne se composera de deux parties elliptiques kca et gba qui se coupent au point a, ombre portée du sommet de l'angle mn.

fig. 84.   190. *Problème.* Trouver l'ombre portée d'un cylindre sur un autre cylindre.

    Les cylindres donnés C et C' sont de révolution et leurs axes se confondent en une même droite O.

    Ainsi que l'indique la figure, c'est la même opération que pour le cas précédent. On cherchera de préférence les points g et k situés sur les génératrices G et K de séparation d'ombre et de lumière du cylindre C, celui a situé sur la génératrice limite A par rapport au plan vertical, et celui b situé sur le plan B passant par l'axe O et parallèle au rayon lumineux; ce dernier est le point le plus élevé de l'ombre portée E.

fig. 85   191. *Problème.* Trouver l'ombre portée d'un cylindre sur un tore de révolution.

    Soient C le cylindre et T le tore donnés, ces deux corps ayant même axe de révolution O.

    L'ombre portée E cherchée est déterminée par les intersections du tore avec les plans X et Y tangents au cylindre et parallèles au rayon lumineux; les origines x et y de ces courbes sont nécessairement les intersections des génératrices G et K de contact et du tore. Pour trouver un point quelconque, menant un plan R perpendiculaire à l'axe O, il coupe le tore suivant un parallèle P et les plans X et Y chacun suivant une horizontale qui se projette horizontalement sur H^x et sur H^y. On trouvera donc m^h et n^h à l'intersection de H^x et de H^y avec P^h; et on en conclut m^v et n^v sur P^v ou V^T.

    La ligne S de séparation d'ombre et de lumière sur le tore a été déterminée comme au N°. 184, ainsi que les points brillants m et k des projections verticale et horizontale.

fig. 86.   192. *Problème.* Trouver l'ombre portée de la base supérieure d'un piédouche.

    Le piédouche est composé d'une surface de révolution Z terminée par deux bases cylindriques B et B' dont les axes se confondent avec celui O de la surface Z. Le cercle C, commun à la base B et à la surface Z, est la directrice d'un second cylindre X dont les génératrices et l'axe K sont parallèles au rayon lumineux, et dont l'intersection avec la surface Z détermine l'ombre portée cherchée. Soit R un plan perpendiculaire à l'axe O, il coupe la surface Z suivant un parallèle P et le cylindre X suivant une circonférence X dont le centre y est l'intersection du plan R avec l'axe K. Les cercles P et X se coupent en deux points m et n qui appartiennent à l'ombre portée cherchée E. On cherchera de la même manière les ombres portées des autres points du cercle C. On peut déterminer directement le point le plus élevé x, il est situé sur le plan B parallèle au rayon lumineux et passant par l'axe O du piédouche; amenons ce plan dans la position B' parallèle au plan vertical, la méridienne F et le point f, en lesquels il coupe la surface Z et le cercle C, viennent en F' sur M et en f' le rayon lumineux R qui passe par le point f vient en R' et coupe la méridienne M en F' en le point x que, ramené dans la position primitive du plan B comme lieu à l'ombre portée x du point f sur la surface Z.

Opérant comme au N.º 184, on obtiendra les points brillants m et k des projections horizontales et verticales, ainsi que la ligne S de séparation d'ombre et de lumière. Les courbes S et S se coupent au point j, et la ligne nz nz₁... sépare sur le piédouche la partie éclairée de celle qui est dans l'ombre.

fig. 87.   193. Ombre portée sur la surface réglée du filet d'une vis.

Soit une vis à filet triangulaire dont l'axe C est perpendiculaire au plan horizontal. La ligne de séparation d'ombre et de lumière sur la vis est composée des lignes S et S', tracées sur la face N du filet, et de la portion m b m' de l'hélice X. Par le point b concevons un plan P parallèle au rayon lumineux et perpendiculaire au plan horizontal. Il coupe la face N du filet suivant une courbe C qui est déterminée par les points x y z en lesquels le plan P coupe les hélices X et A et les génératrices D et G de l'hélicoïde; l'intersection k de la courbe C et du rayon lumineux I passant par le point b est l'ombre portée de ce point b sur la face N du filet. On déterminera de la même manière les ombres portées des divers points des lignes S et S' et de l'hélice X; et unissant les points ainsi obtenus par une ligne continue, on a l'ombre portée E cherchée.

TABLE DES MATIÈRES.

1re Partie.

2me Partie.

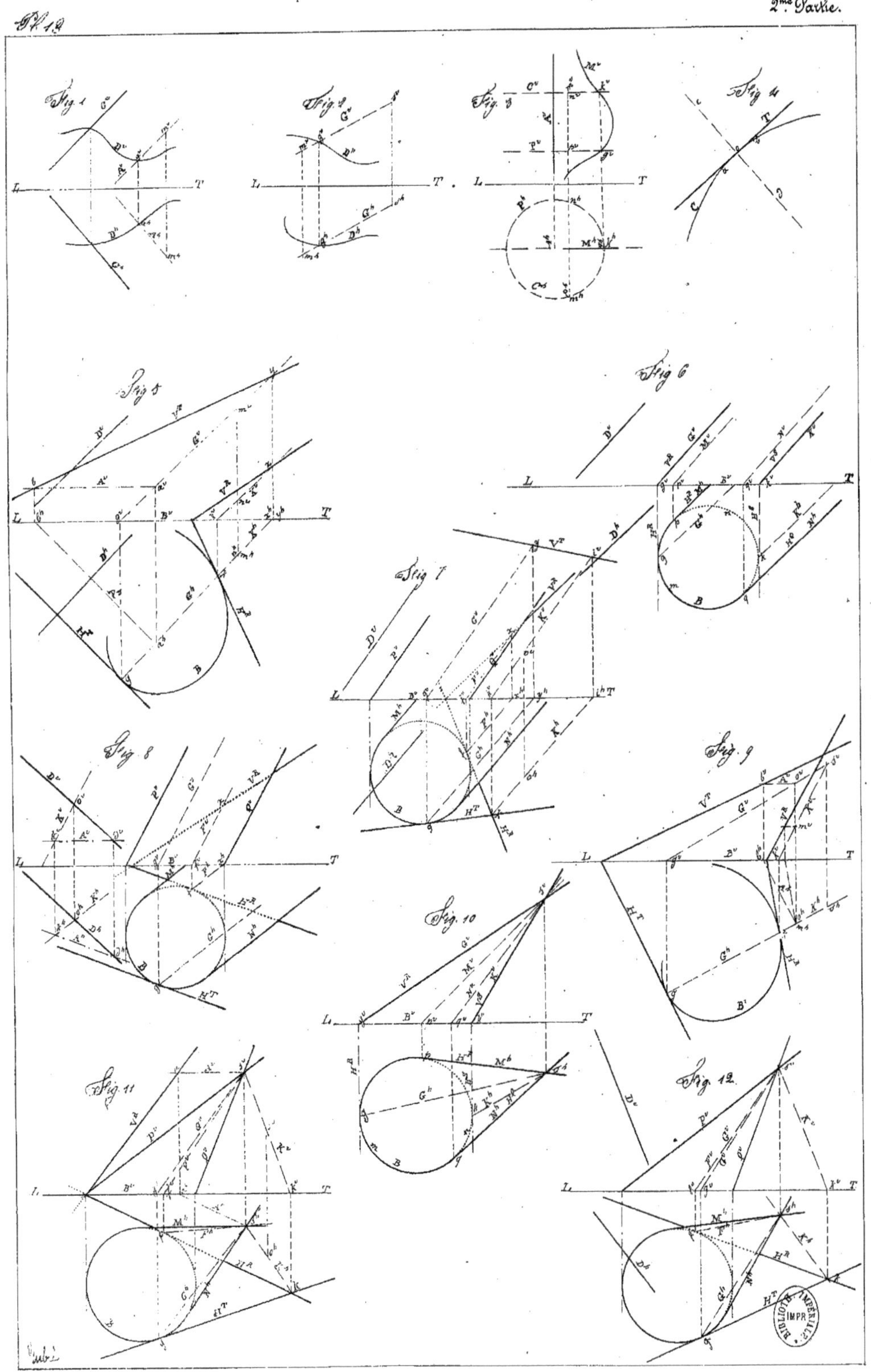
Fig. 1
Fig. 2
Fig. 3
Fig. 4
Fig. 5
Fig. 6
Fig. 7
Fig. 8
Fig. 9
Fig. 10
Fig. 11
Fig. 12

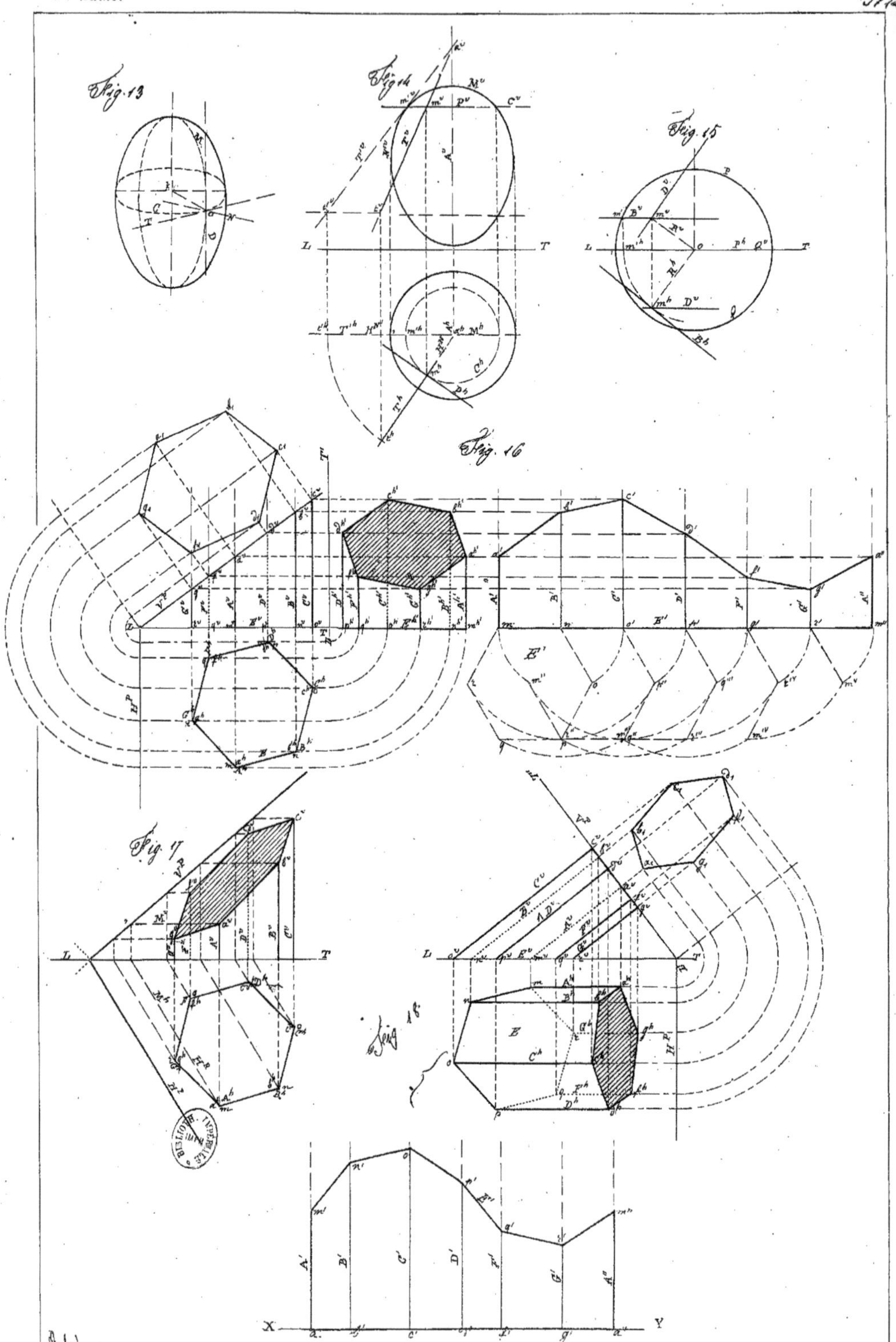

Fig. 13
Fig. 14
Fig. 15
Fig. 16
Fig. 17
Fig. 18

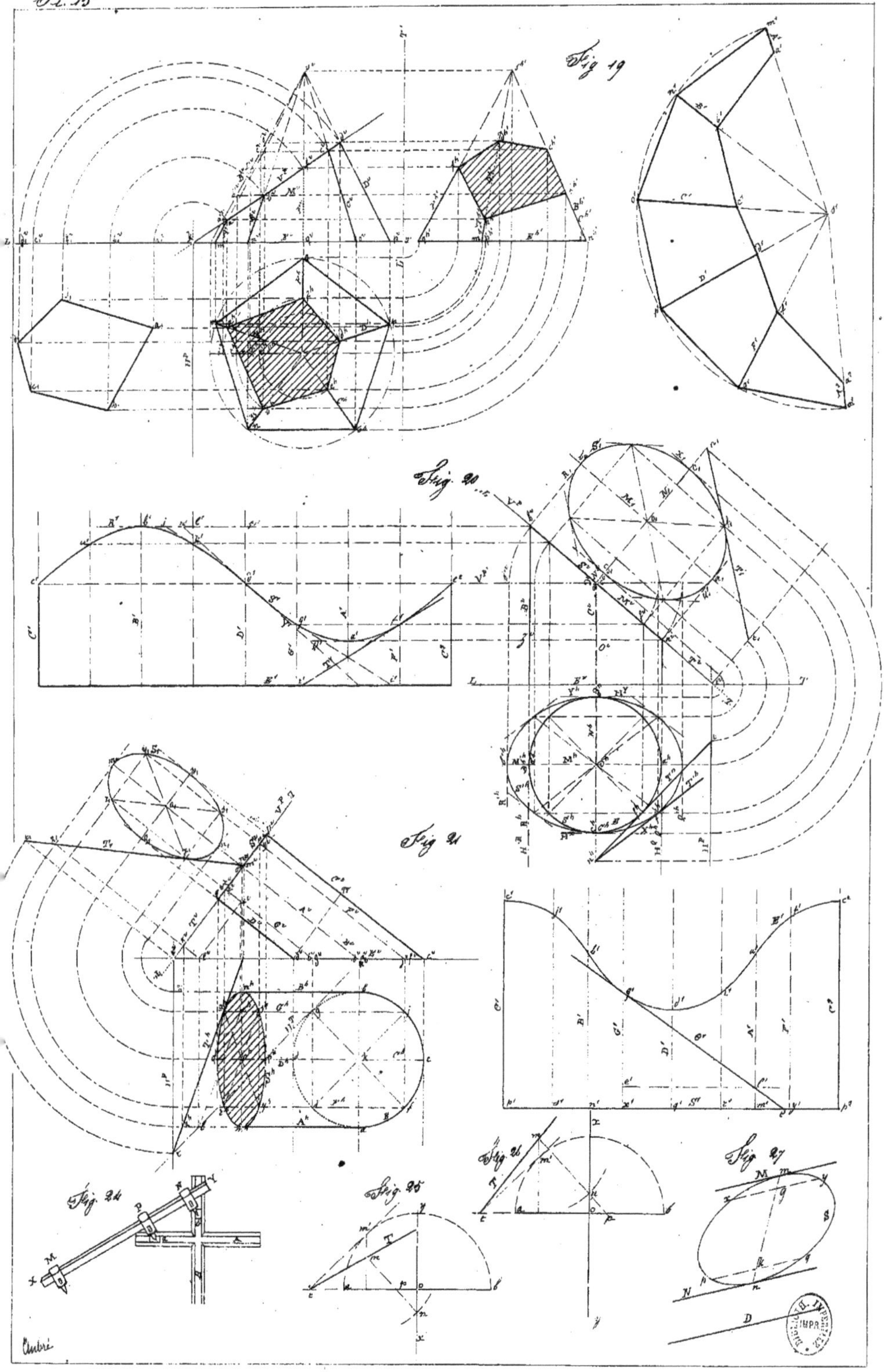

Fig. 19

Fig. 20

Fig. 21

Fig. 24

Fig. 25

Fig. 26

Fig. 27

Cambré

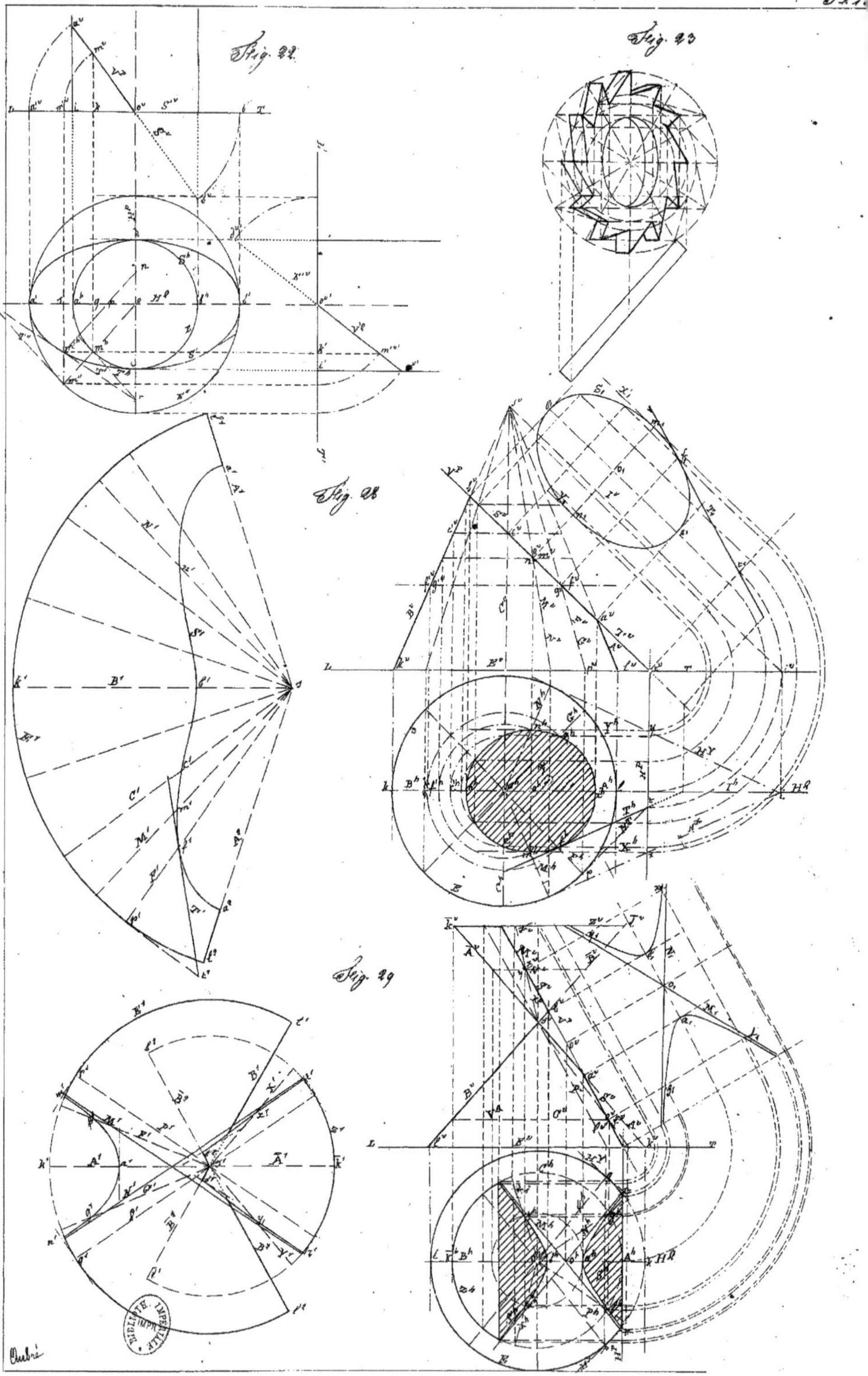

Aubré

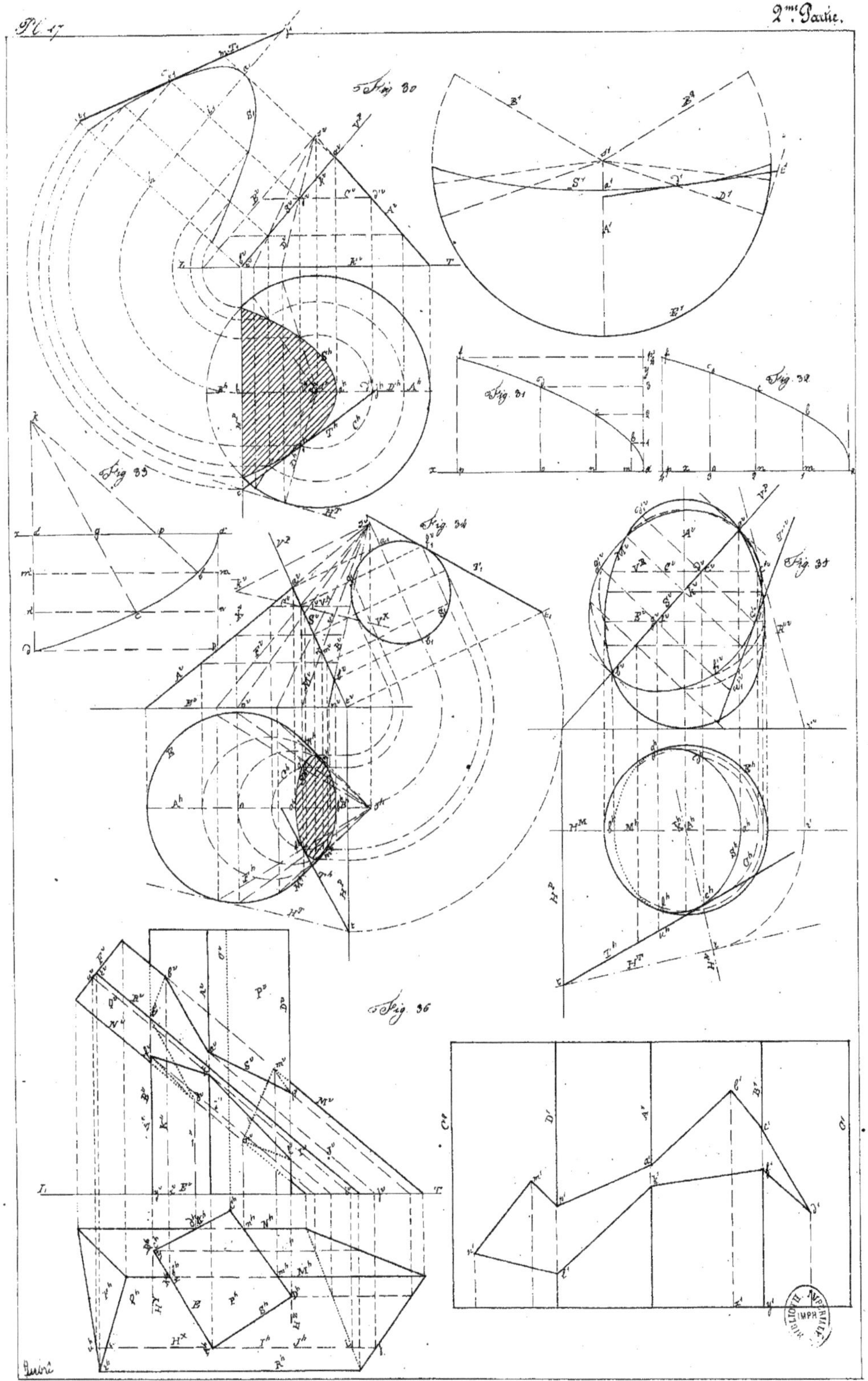
Fig. 30
Fig. 31
Fig. 32
Fig. 33
Fig. 34
Fig. 35
Fig. 36
Fig. 37

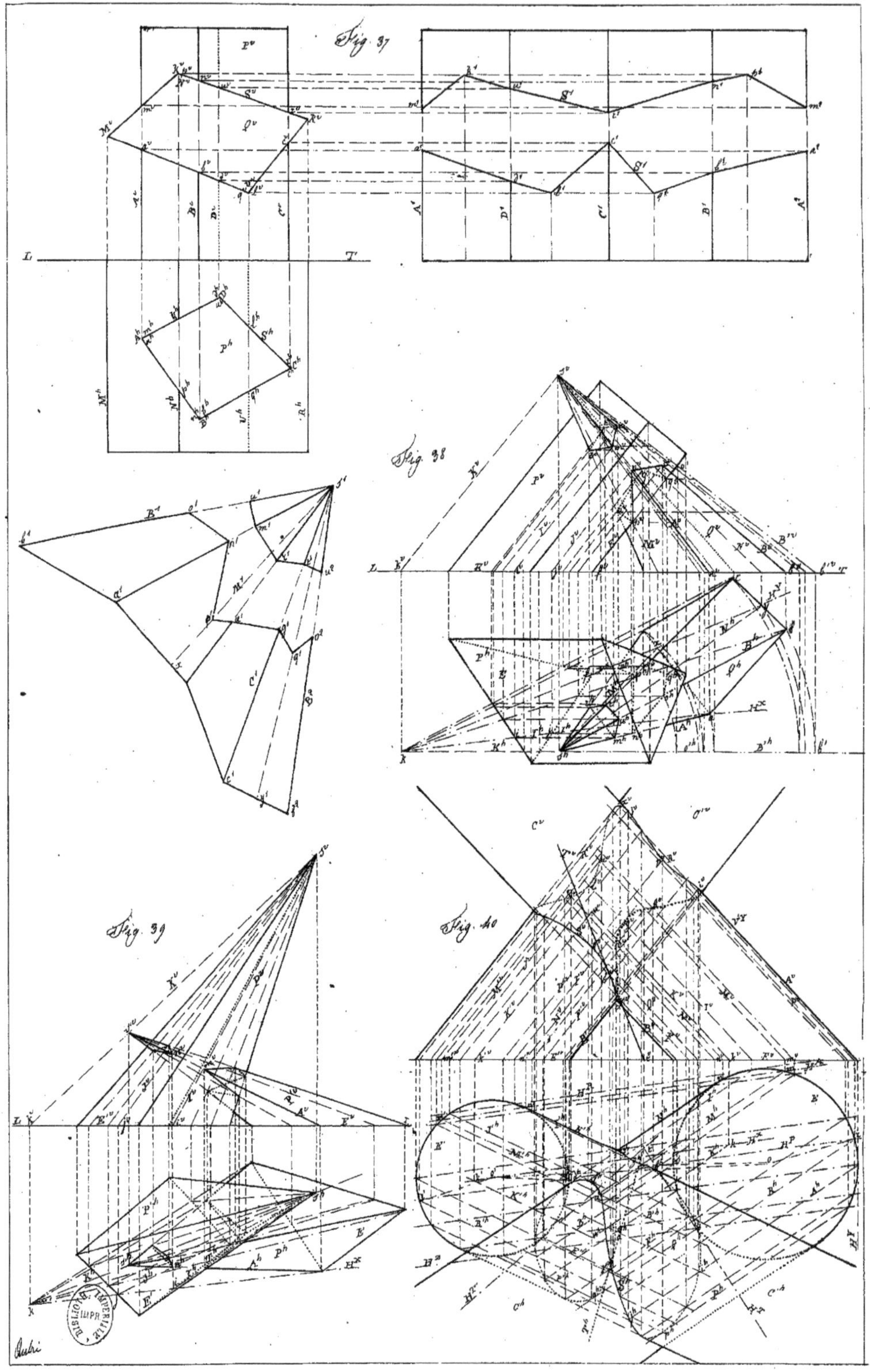
Fig. 37
Fig. 38
Fig. 39
Fig. 40

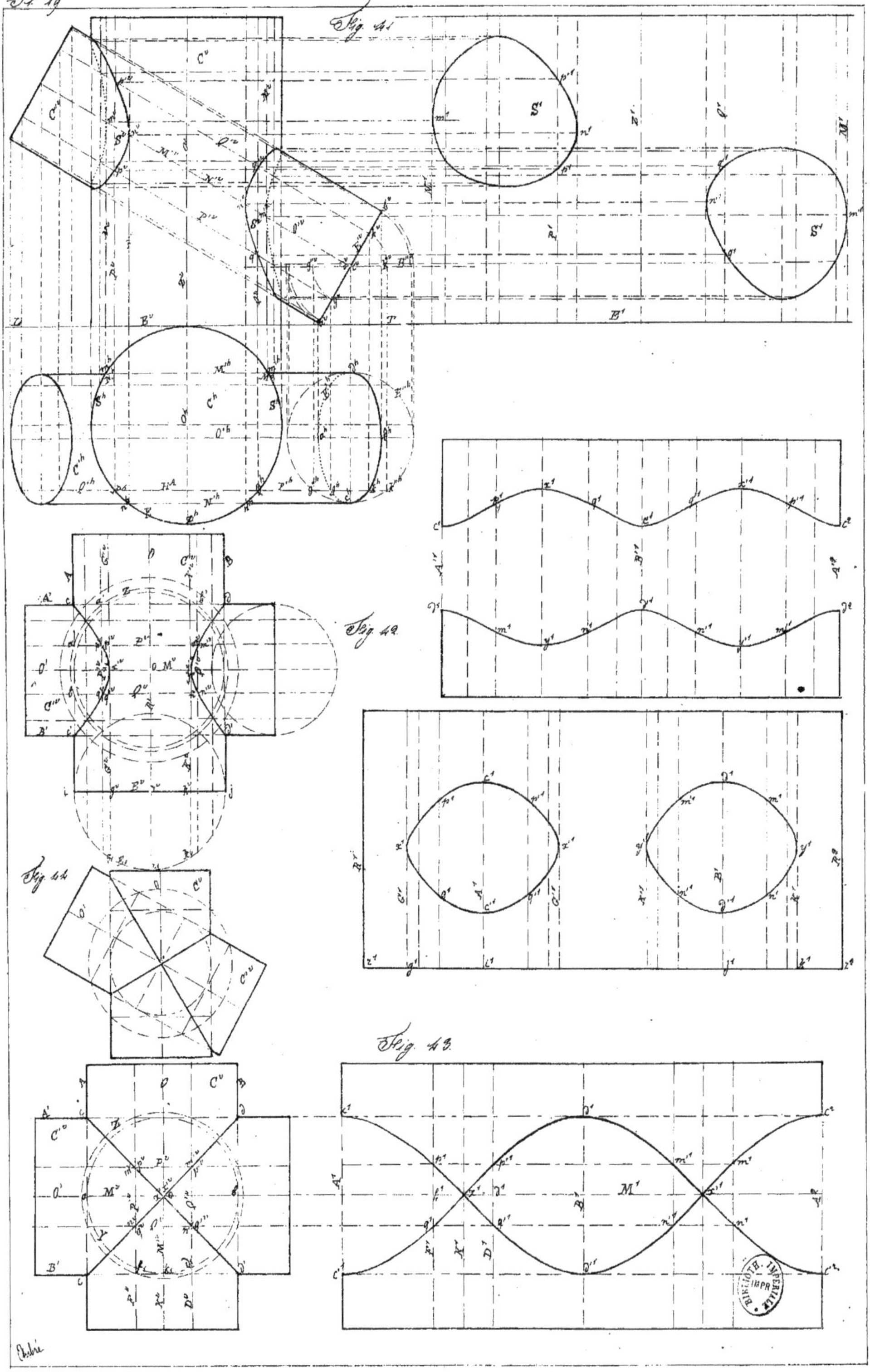

Fig. 41.

Fig. 42.

Fig. 44.

Fig. 43.

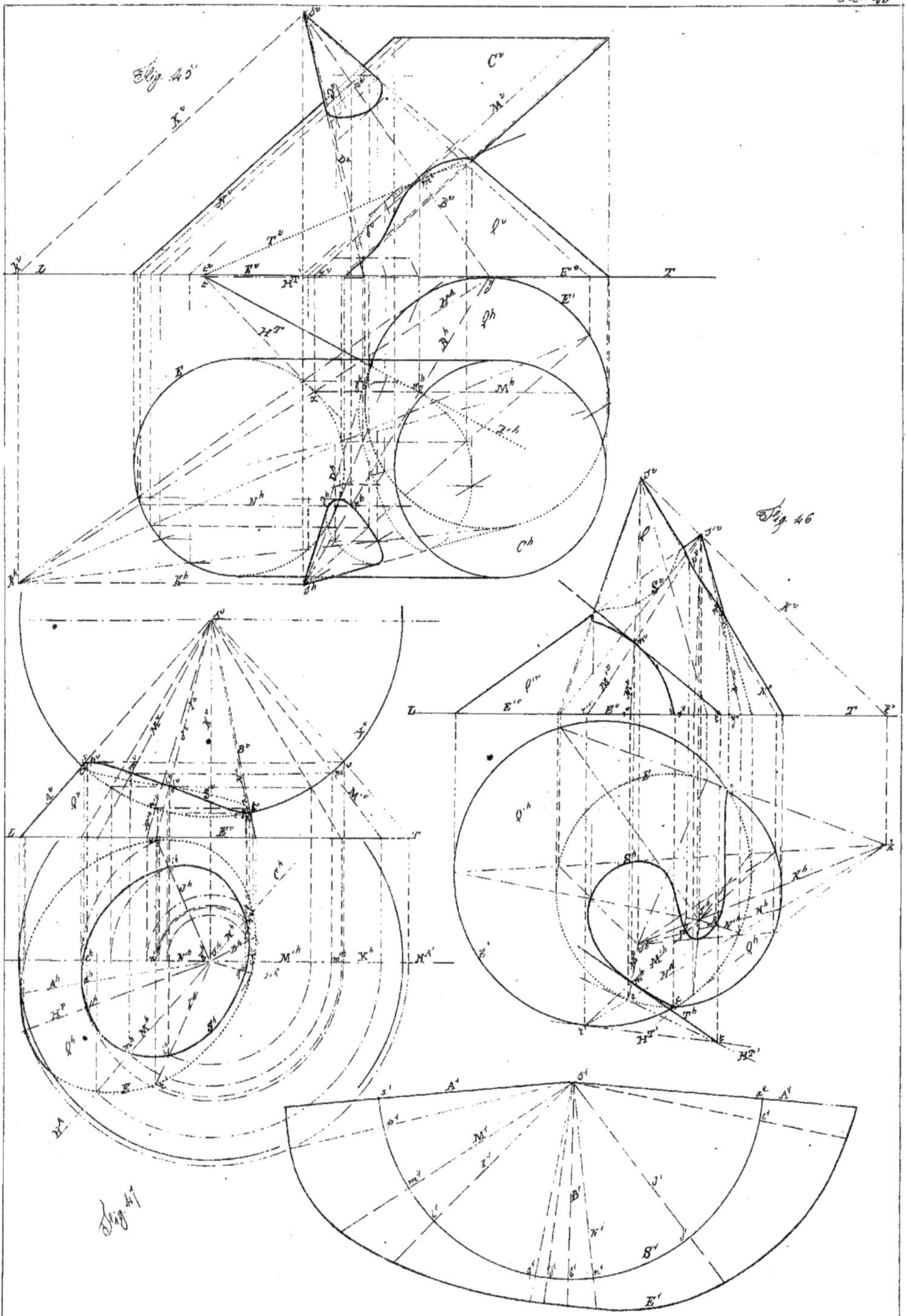

Fig. 45.

Fig. 46.

Fig. 47.

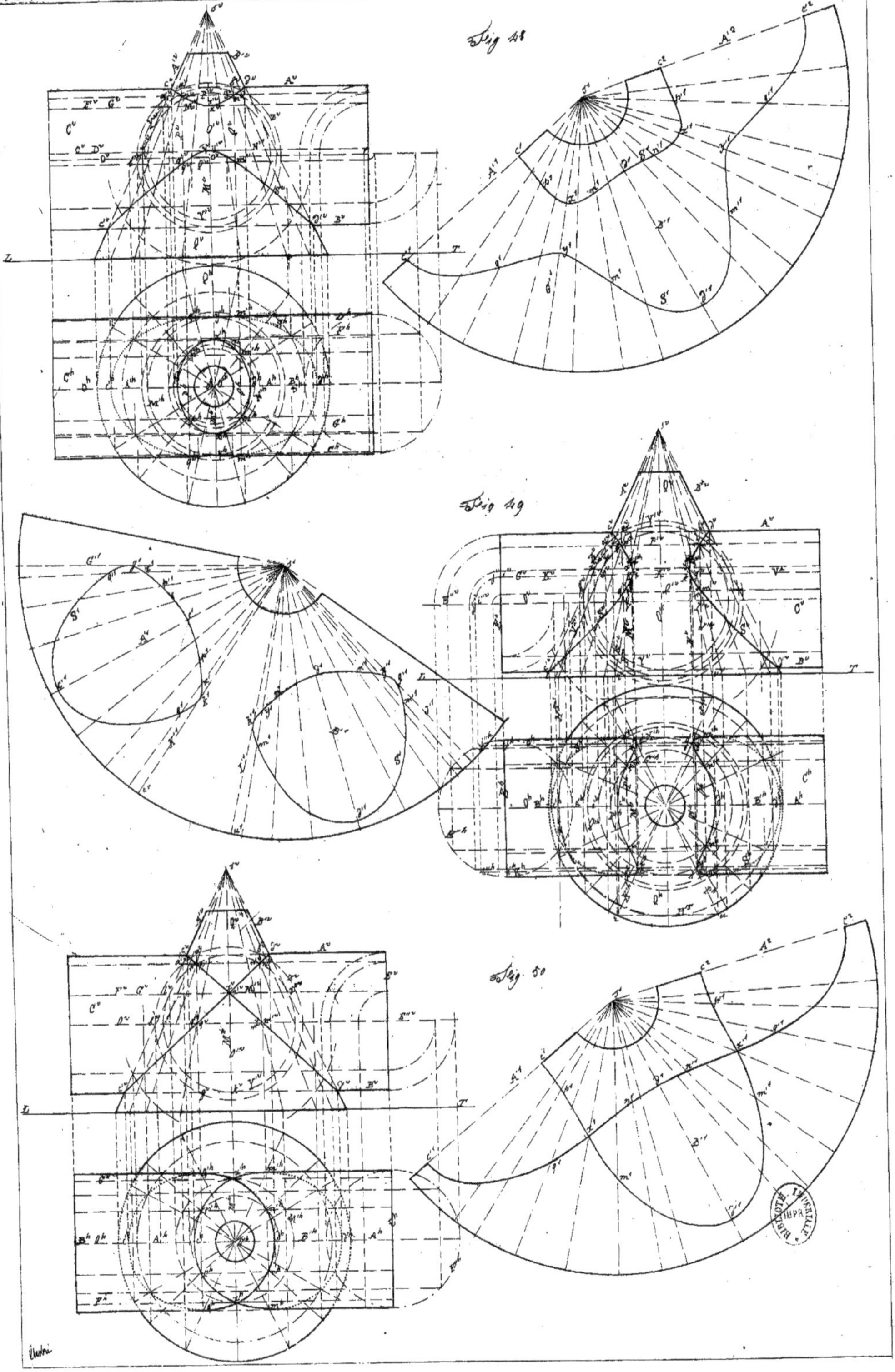

Fig. 48

Fig. 49

Fig. 50

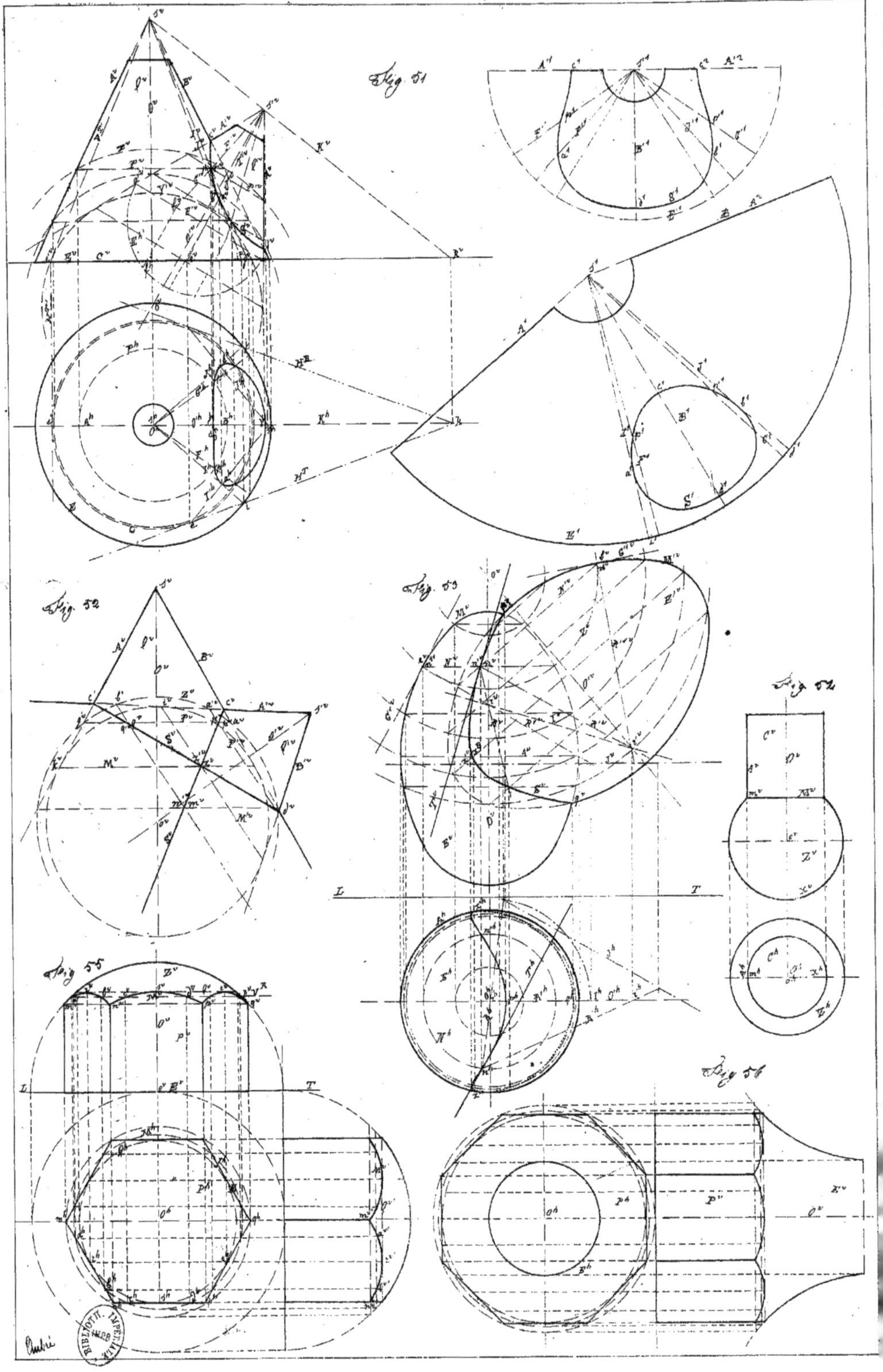

Fig. 51
Fig. 52
Fig. 53
Fig. 54
Fig. 55
Fig. 56

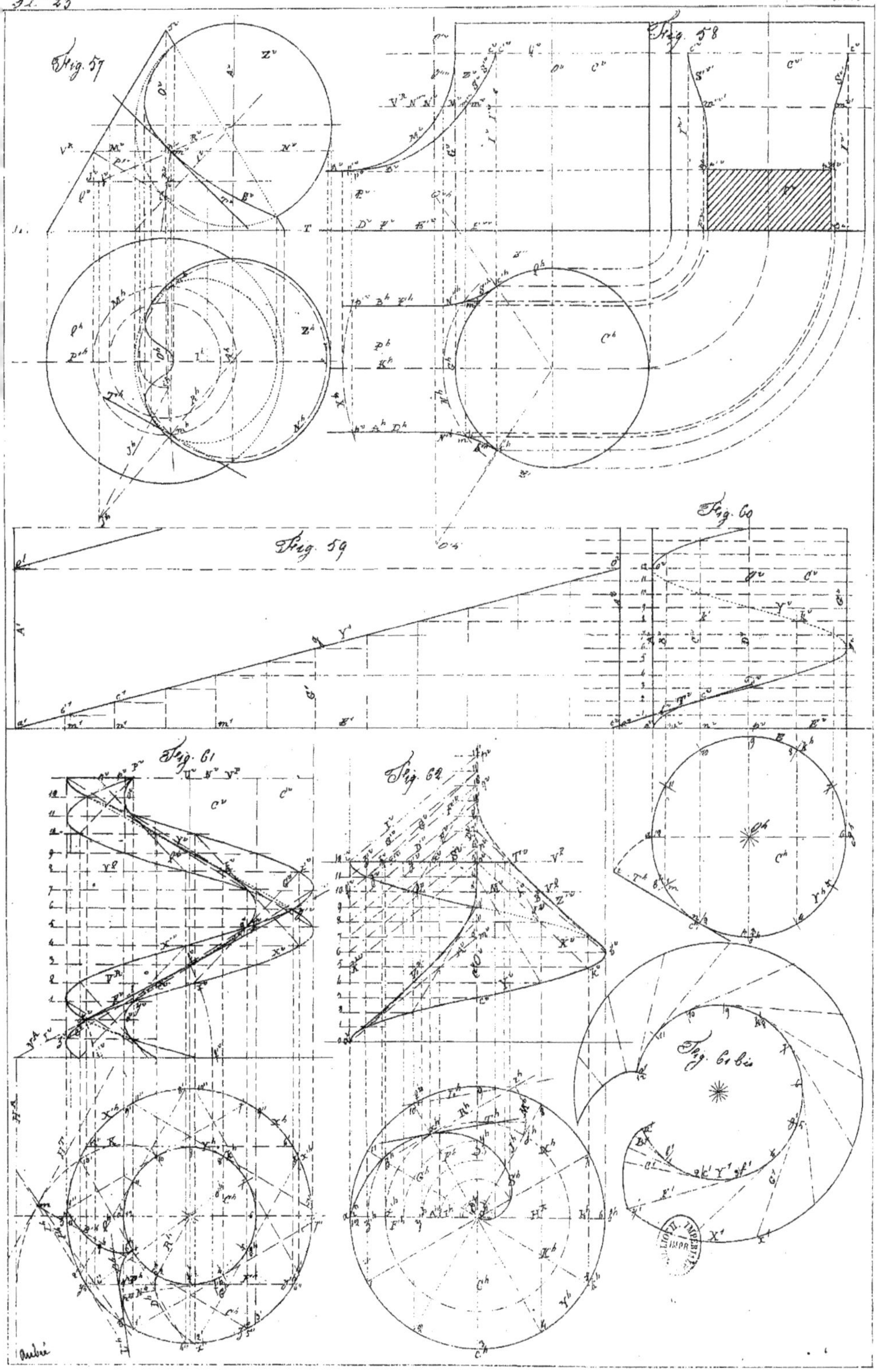

Fig. 57

Fig. 58

Fig. 59

Fig. 60

Fig. 61

Fig. 62

Fig. 61 bis

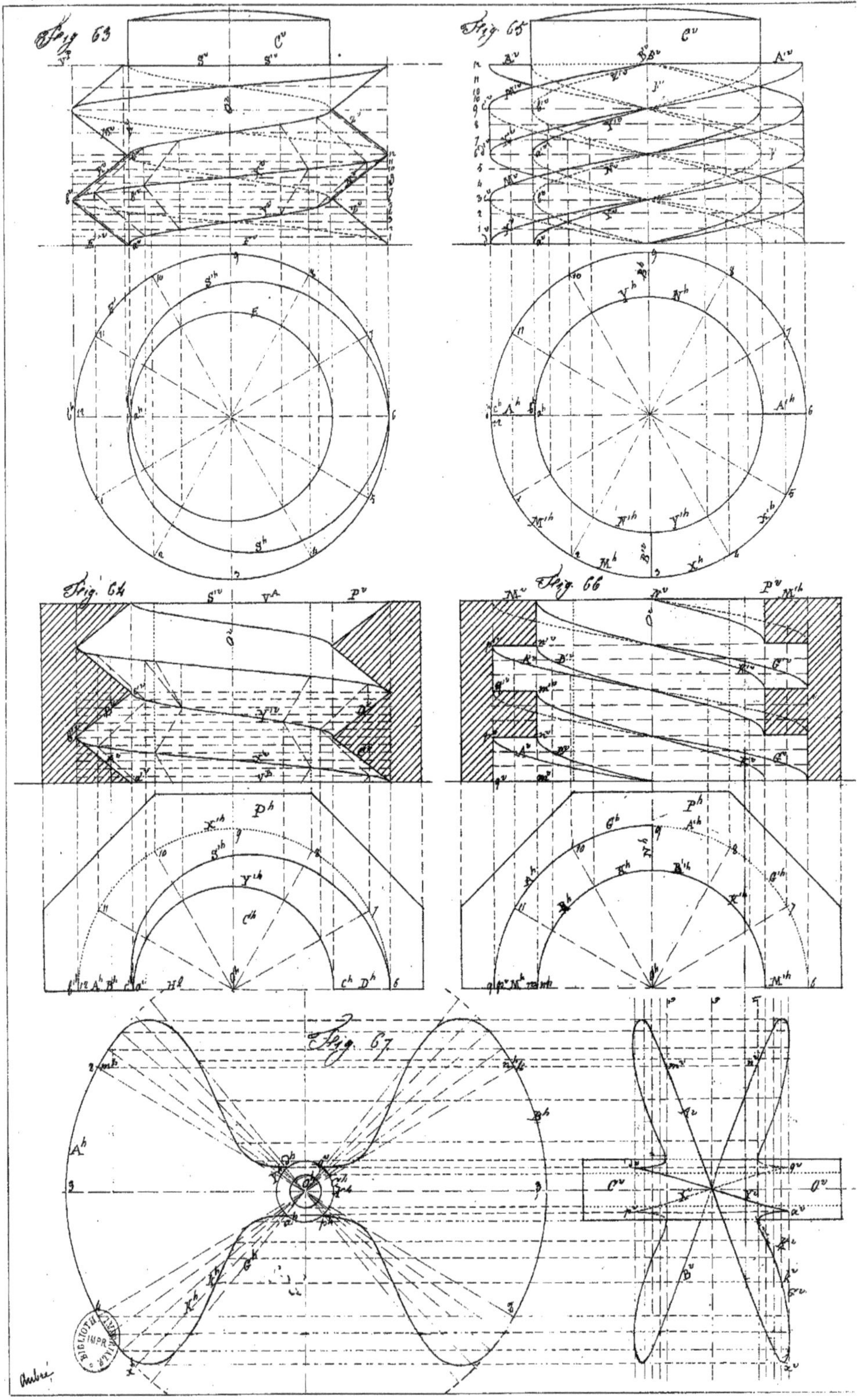

Fig. 63

Fig. 65

Fig. 64

Fig. 66

Fig. 67

Aubré

Fig. 67
Fig. 68
Fig. 69
Fig. 70
Fig. 71
Fig. 72
Fig. 73
Fig. 74
Fig. 75
Fig. 76
Fig. 77
Fig. 78
Fig. 79
Fig. 80
Fig. 81

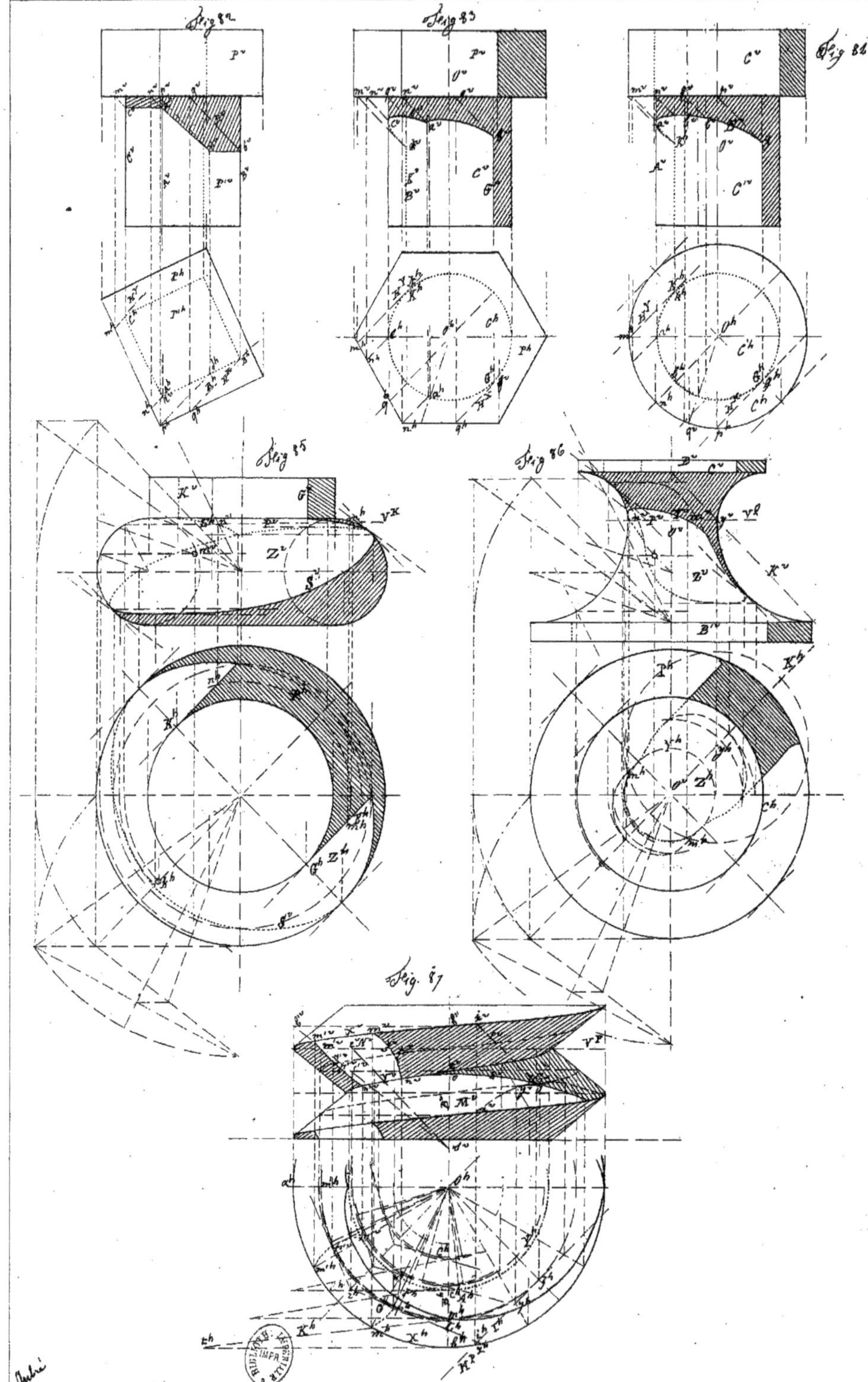

Fig. 82
Fig. 83
Fig. 84
Fig. 85
Fig. 86
Fig. 87